国家社会科学基金项目"智能化背景下新能源汽车产业创新发展分阶段情景预测及策略研究"（项目号：18BJY034）研究成果

智能化背景下
新能源汽车
产业发展情景预测

颜姜慧 杨孝骏 ◎ 著

中国财经出版传媒集团
经济科学出版社
Economic Science Press
·北 京·

图书在版编目（CIP）数据

智能化背景下新能源汽车产业发展情景预测／颜姜慧，
杨孝骏著 . -- 北京：经济科学出版社，2024.8.
ISBN 978 - 7 - 5218 - 5988 - 1

Ⅰ. F426.471

中国国家版本馆 CIP 数据核字第 2024G1Q635 号

责任编辑：张　燕
责任校对：齐　杰
责任印制：张佳裕

智能化背景下新能源汽车产业发展情景预测

颜姜慧　杨孝骏　著

经济科学出版社出版、发行　新华书店经销
社址：北京市海淀区阜成路甲 28 号　邮编：100142
总编部电话：010 - 88191217　发行部电话：010 - 88191522
网址：www. esp. com. cn
电子邮箱：esp@ esp. com. cn
天猫网店：经济科学出版社旗舰店
网址：http://jjkxcbs. tmall. com
固安华明印业有限公司印装
710 × 1000　16 开　14.25 印张　230000 字
2024 年 8 月第 1 版　2024 年 8 月第 1 次印刷
ISBN 978 - 7 - 5218 - 5988 - 1　定价：76.00 元

前　言

　　各国政府想了很多办法解决石化能源紧缺、大气污染和城市化过程中出现的交通拥堵等问题，汽车动力的新能源化无疑是其中之一。燃油车无法摆脱对石化能源的依赖，新能源汽车则有这个机会，新能源汽车归根结底是使用各种电池提供动力，我们可以提高风力、水力和太阳能等原料在发电能源结构中的占比，逐步降低对石化能源的依赖。但当前的情况进展显然并不如人意。同样地，新能源汽车可以在很大程度上减少车辆行驶过程中尾气排放对大气造成的污染，但如果从汽车动力电池生产、使用到报废的全生命周期看，它对环境造成的污染并不比燃油车少。最后，关于解决交通拥堵问题，我们已经看到，推广新能源汽车对此产生的积极效果微乎其微。这不得不让我们更多地思考推广新能源汽车的意义，虽然在很多国家，最初推广新能源汽车源于能源、环境和交通问题。

　　从市场角度观察，可以帮助我们更多地思考推广新能源汽车的意义。一种产品能够取代另一种产品需要在某些方面具备绝对的优势，简言之就是要有卖点，而新能源汽车在百秒加速、最高时速等车辆性能方面并没有明显优势，其在动力补给方面积累的使用成本优势也可能因为保值率低和维修成本高而被抹杀，新能源汽车推广早期在市场渗透率方面的惨淡表现说明了一切。就目前情况看，新能源汽车相较于燃油车的最大优势在于电力输出方面，燃油车的输出电压一般在12V，这极大地限制了车载系统的应用，特别是高性能车载系统一般至少需要48V的输出电压，在这个方面，新能源汽车具有绝对优势。所以，笔者的观点是，新能源汽车的"新"体现在车辆动力补给从"油"变成"电"，也体现在完成这一转化后，可以用更多"新的"方式获得电，比如除了风能、水能、太阳能以外，还可以通过氢燃料电池；汽车新能源化的本质是"电"，它为可搭载高性能车载系统和更多电子元件的智能汽车做好电的准备，新能源化只是这场汽车工业变革的前奏和铺垫，智能化才是方向和归宿，新能源汽车是智能汽车的最佳载具。我们的研究支持了这一观点，因此，在对新能源汽车产业未来发展情景预测时我们把研究对象聚焦在了智能汽车这一未来产品上。

本书的研究开始于 2016 年对新能源汽车产业科学文献的主路径分析，这是一种研究知识发展脉络并预测发展趋势的新方法。最早出现在科学文献知识脉络主路径上的文献发表于 1980 年，从减少石油能源依赖和提高石油能源使用效率的角度分析了推广新能源汽车的意义，此后的文献围绕关于市场渗透影响因素的研究形成发展脉络，这些因素涉及财务方面、车辆性能方面和消费心理方面等。研究发现，自 2013 年之后，多数文献研究认为，续航里程不再是制约新能源汽车市场渗透的关键因素，当然，补贴也不是，充电问题（比如充电时间、充电便捷性等）是制约新能源汽车市场渗透的关键因素，新能源汽车在"电力"属性方面的表现备受关注。同时，研究也发现，消费者偏好更具创新属性的新能源汽车，这里所说的创新属性，显然不是传统燃油车已经做到近乎完美的百公里加速、最高时速等车辆性能方面的属性，而是自动化驾驶、有更好体验的车载系统等智能化方面的属性。我们预测，加载智能属性的纯电动汽车是产业未来发展方向。

因此，在针对中国市场消费者的问卷调查中，我们保留了主路径分析中反映出的财务和消费心理方面的因素，同时增加了智能化方面的因素，将车辆性能方面的因素分为载具属性和智能属性两类。分析结果显示，新能源汽车的使用成本（充电）、续航里程、充电便捷性、辅助驾驶功能、人机共驾功能、购买和使用体验、品牌价值等 7 个因素对消费者购买意愿有显著影响。这里的结论与主路径分析的结果相吻合，除了续航里程和充电便捷性问题以外，初级自动驾驶和中级自动驾驶等智能化因素至关重要。

当然，在展开主路径分析研究之前，我们学习和梳理了新能源汽车产业发展史。起初，我们只是按照时间轴做了简单的梳理并划分为若干发展阶段。主路径分析和中国市场消费者调查的结果启发我们重新审视产业发展历程。从全球范围看，电动汽车发展的第一阶段是对车辆动力变革的探索，后畜力（比如马车）时代，蒸汽机车、电动汽车、内燃机汽车相继登上历史舞台，19 世纪末到 20 世纪 20 年代电动汽车经历了短暂的黄金发展期，终因内燃机技术更快的突破和石油开采量的提升而销声匿迹，这一轮燃油车完胜；第二阶段，电动汽车的复苏缘于第二次世界大战以后开始的石油供给短缺，但直到 2016 年，新能源汽车的市场占有率仍未超过 2%，其爆发式增长始于 2020 年以后，全球如此，中国也如此。这不禁让我们思考这一轮电动汽车复苏的本质意义，其并非解决石油危机，更不是解决环境问题，而是为第四次工业革命（即智能化革命）做好电动化和信息化准备。中国错过了第一次和第二次工业革命，当然也错失了内燃机汽车雄霸市场发展阶段，但在第三次工业革命的后期中国迎头赶上，并且在这一轮汽车工业革命中与汽车工业强国站在同一起跑线。这一轮的汽车工业变革是传统汽车向智能汽车过渡的探索，新能源化（或者说电动化）是开始和技术准备，智能化是目标。这些内容体现在本书第二章的分析中，这里顺便指出，第一章研究背景中关于工业革命历史进程的分析也包含一些作者独创性的观点，值得一读。

正是基于以上三个方面（产业发展历史梳理、科学文献主路径分析、消费者调查）的分析，我们把对产业未来发展情景的预测聚焦在有智能属性的新能源汽车上（即智能汽车）。这一转化容易使读者误以为我们的研究文不对题，所以在展开预测研究之前我们进一步剖析了新能源汽车和智能汽车的关联与特征。新能源汽车为智能汽车的发展做好了电动化准备，是智能汽车的最佳载具方案。但搭载智能属性的汽车，无法独立实现交通出行需求，正如我们熟悉的智能电视一样，没有内容平台、网络运行平台等方面提供的系统支持，只拥有一台智能电视无法真正满足我们的观看需求。相比较而言，可以真正满足出行需求的智能汽车需要来自智慧交通乃至整个智慧城市的更多系统支持。换言之，智能汽车具备明显的系统属性，它只是智慧交通系统的一个构成元素。如果从商业模式角度看，智能汽车是整个"系统"的流量接口，作为互联网产品的智能汽车与传统产品的盈利模式有着本质的区别。传统产品靠单品利润额和销售数量获利，而互联网产品则是靠各种后续服务收费获利。当下出现的座椅电加热功能收费现象遭人诟病，消费者甚至"吐槽"未来是不是进行一次车辆转向也要收费呢，这些看似匪夷所思、备受争议的商业行为，可能是商家为了推出互联网产品获利模式做的准备和铺垫。从商业模式角度讲，在没有形成成熟的互联网产品获利模式之前，搭载智能属性的新能源汽车并不是真正的智能产品。从系统属性和商业模式视角的认识，支持了后续关于情景预测和创新发展策略的研究。

在对产业未来情景进行预测时，充分考虑了智能汽车的系统属性。受政治、社会与环境、经济、技术等多方面因素影响，智能汽车产业未来发展可能出现不同的情景，研究结果显示，在最可能、最悲观和最乐观情景下，消费者对智能汽车的需求均表现出积极的态度，产业发展可能的阻碍来源于，在不同情景下，研发投入和智能路网建设、制度体系的建立健全等方面或有不同程度的减弱和滞后情况。而可能出现的投入不足问题并非针对造车本身，而是为了实现智能交通出行需求须对整个路网设施的巨额投入，事实上，当前对于车辆本身的投入已经出现了过热的苗头。以系统化思维，打造互联网产品获利模式，车企实现与智能路网运营公司利益的深度捆绑，是解决投入壁垒的有效途径。制度方面，站在整个智能汽车系统演进高度的一整套与产业发展阶段相契合的制度体系可以扫清发展过程中的制度壁垒。本书的第六至第八章对上述问题做了具体研究，预测了产业发展情景与进程，并从商业模式和系统角度探讨了产业创新发展策略。

我们的研究思路或许有些"跳跃"，但我们对研究的热情和投入是真实的，仅情景分析预测阶段的四轮专家访谈就历时两年有余。我们也在研究中提出了一些创新性观点和可能推动产业发展的有效对策。我们不拘泥于"标准化"的研究过程，旨在希望通过我们的研究为推动中国汽车工业的发展尽绵薄之力。研究肯定存在一些不足，但在互联网浪潮和智能化的大背景下，中国汽车工业有技术和市场的双重加持，一定可以抓住这次转型机遇实现"换道超车"，以汽车工业转型升级为突破口实现从中国制造向中国创造转变，迈开工业大国通向工业强国的步伐。

著者

于江苏徐州

目　录

第一章 绪 论

第一节 研究背景

一、机动车尾气排放等大气污染问题和"双碳"目标

随着全球气候变化问题日益突出，越来越多的国家采取了低碳政策应对环境挑战。数据表明，交通运输是全球温室气体排放的重要来源之一，汽车是污染物排放总量的主要贡献者，其排放的一氧化碳（CO）、碳氢化合物（HC）、氮氧化合物（NOx）和颗粒物（PM）超过90%。传统燃油车所产生的二氧化碳等温室气体是其中的主要组成部分，根据国际能源署数据，若不采取措施，到2050年，交通领域温室气体排放量将会占据全球排放总量的1/3[①]。根据中华人民共和国生态环境部发布的《中国机动车污染防治年报》显示，2016年全国机动车排放污染物4400万吨，2017年为4359.7万吨，2018年为4065.3万吨。2019年后，《中国机动车污染防治年报》变更为《中国移动源环境管理年报》，统计口径发生了变化，2019年，全国机动车四项污染物排放总量为1603.8万吨，2020年为1590万吨，2021年为1557.7万吨。值得注意的是，虽然机动车尾气排放仍然是空气污染的重要原因，但在不同的统计口径下，机动车污染物排放量均

[①] 资料来源：International Energy Agency（IEA）. Net Zero By 2050 [EB/OL]. https://www.iea.org/reports/net-zero-by-2050, 2021-03.

持续下降。2013~2018 年，中国在机动车保有量增加 32.7% 的情况下污染物排放量下降 11.1%①，这种机动车保有量增加而污染物排放量下降的情况一直持续，对比近年来《中国移动源环境管理年报》也可以发现，2019~2021 年，中国机动车保有量增加了 13.5%，尾气污染物排放减少了 6.4%。与自 2012 年以来，中国深入倡导"绿色出行"理念，坚持推行机动车排放标准升级，加速高排放车淘汰，大力发展新能源汽车等政策密不可分。绿色出行、节能减排已经成为当今汽车工业发展的主旋律。

中国政府在 2020 年 9 月 22 日的联合国大会一般性辩论上宣布，将采取更加有力的政策和举措，努力实现碳达峰并争取早日达成碳中和目标，具体时间点是在 2030 年前实现碳达峰，2060 年前实现碳中和。2021 年 9 月，中共中央、国务院发布《关于完整准确全面贯彻新发展理念做好碳达峰碳中和工作的意见》，明确要加快推进低碳交通运输体系建设。一是要优化交通运输结构。加快建设综合立体交通网，大力发展多式联运，提高铁路、水路在综合运输中的承运比重，持续降低运输能耗和二氧化碳排放强度。优化客运组织，引导客运企业规模化、集约化经营。加快发展绿色物流，整合运输资源，提高利用效率。二是要推广节能低碳型交通工具。加快发展新能源和清洁能源车船，推广智能交通，推进铁路电气化改造，推动加氢站建设，促进船舶靠港使用岸电常态化。加快构建便利高效、适度超前的充换电网络体系；提高燃油车船能效标准，健全交通运输装备能效标识制度，加快淘汰高耗能高排放老旧车船。三是要积极引导低碳出行。加快城市轨道交通、公交专用道、快速公交系统等大容量公共交通基础设施建设，加强自行车专用道和行人步道等城市慢行系统建设。综合运用法律、经济、技术、行政等多种手段，加大城市交通拥堵治理力度。新能源汽车作为低碳经济产业生态的重要一环，其推广可以有效地降低尾气排放，减少碳排放，对于防止全球气候变暖、达成低碳经济目标具有至关重要的意义。

---

① 资料来源：中华人民共和国生态环境部. 中国移动源环境管理年报（2019）[EB/OL]. https：//www. mee. gov. cn/hjzl/sthjzk/ydyhjgl/，2019 – 09 – 04.

二、交通拥堵等城市发展问题和智慧城市建设

交通拥堵是当前城市发展中最棘手的问题之一，其突出矛盾体现在两个方面：第一，交通拥堵增加出行时间和成本，并易导致交通事故，根据交通运输部发布的数据，每年，城市交通拥堵造成的损失相当于国内生产总值的 5% ~ 8%[①]；第二，交通拥堵增加尾气排放，加剧空气污染，消耗大量能源。为缓解交通拥堵问题，中国的城市，甚至县城、乡镇都在不断地拓宽道路并大力发展公共交通，但拓宽道路的速度赶不上汽车数量增长的速度，2013 ~ 2021 年，中国汽车保有量从 1.37 亿辆增加到 3.95 亿辆[②]，公共交通系统很难解决人们出行的"最后一公里"问题，导致公共交通的吸引力大打折扣。大城市实行的机动车牌照相关限制政策只能在有限程度上缓解交通拥堵症状，这些政策引起的公众不满和各种社会问题甚至超过了它的积极影响。

中国城市人口从 1950 年的 6544 万人增加到 2022 年的 9.21 亿人，城市化率从不到 12% 提升到 65.2%[③]，如图 1-1 所示。未来城市人口还将持续增长，伴随着城市化进程，交通拥堵、环境污染、资源稀缺、公共安全等一系列城市发展问题相继出现，城市发展质量下滑，城市管理与产业发展方向迷失。智慧城市在为治愈"城市病"提供可行方案的同时也为产业发展注入新动力。其概念源于 20 世纪末的"城市主义"和"精明增长"运动，旨在解决城市、社会、经济发展的诸多问题。2008 年金融危机在全世界蔓延，欧美国家率先尝试以建设智慧城市、推动传统产业智能化升级作为拉动经济增长的新动力，2010 年智慧城市概念引入中国，迅速渗透到社会经济生活的各个领域，掀起了智能化浪潮。交通拥堵、行车安全等问题仅依靠发展清洁能源汽车是无法根本解决的，智能化是当前汽

---

① 资料来源：科技日报 朱丽. 破解交通管控难题，提升智能交通运行效率 ［EB/OL］. 中国科学院，https://www.cas.cn/cm/202106/t20210624_4794695.shtml, 2021 - 06 - 23.

② 资料来源：根据《中国汽车工业年鉴》历年数据整理。

③ 资料来源：根据《中国统计年鉴》历年数据计算。

车发展的重要方向和主旨，也是创造性地解决交通顽疾的可行方案。长远来看，全面推进交通系统智能化重构是解决城市交通问题的终极方案。

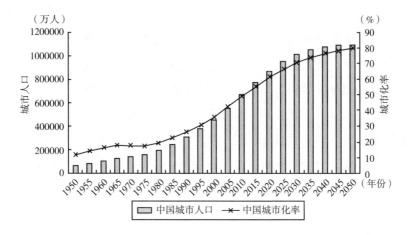

图 1-1 中国城市人口、城市化率走势

资料来源：United Nations. World Urbanization Prospects 2018 ［EB/OL］. https：//population. un. org/wup/, 2018.

三、工业革命的历史进程和中国汽车工业的发展机遇

环境和交通问题是汽车工业向新能源化转型的广为认可的现实背景，本书也认同这一观点，但更认为比环境和交通问题更为根本的深层背景是汽车工业的新能源化转型（也可以称为电动化①转型）是为即将到来的智能化革命做准备，是工业革命发展的必经阶段，而在这次工业革命中，中国终于有机会深度参与，与世界强国站在同一起跑线。

人类历史上已经完成了两次工业革命，第三次工业革命方兴未艾，正在全球持续蔓延扩散，也有观点认为自德国提出工业 4.0 开始，人类已经

---

① 我国新能源汽车产业的发展一直坚持以纯电技术路线为主，因此，在很多表述中电动化和新能源化的使用并没有明确的界限。再者，氢能源、太阳能等新能源归根结底还是要落实到电池上，氢能源汽车使用的是氢燃料电池，太阳能汽车使用的是太阳能电池。所以，本书认为，这一轮的新能源化本质上就是电动化，因此，研究中在一些表述中对电动化和新能源化的使用没有明确的界限，关于新能源化的本质是电动化的观点将在第二章第三节中予以详述。

进入了第四次工业革命时期，但本书认为第四次工业革命的说法为时尚早，我们应该处在信息化高度发展和广泛运用的第三次工业革命的高级阶段，正在等待一个像第一次工业革命的蒸汽机、第二次工业革命的电动机和内燃机、第三次工业革命的计算机和互联网一样的能够引发第四次工业革命的"关键突破"，这一突破或可能是以常温超导为代表的新材料的应用，从而全面引爆智能化变革。本书梳理历史资料，呈现工业革命发展历程，认为可以从技术、物质基础、创造力和社会经济等四个线索将人类历史上的工业革命分为两个阶段，具体如图1-2所示。

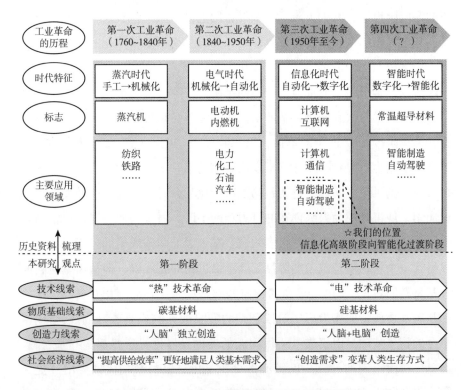

图1-2 工业革命历史进程两阶段划分解读

资料来源：笔者根据参考文献（克劳斯·施瓦布，2016；人民教育出版社历史室，2000）中关于四次工业革命的介绍和本书研究观点绘制。

第一次工业革命以蒸汽机的发明和应用为标志，实现了从手工作业向机械化的转化，第二次工业革命以电动机和内燃机的发明与广泛应用为标志，实现了从机械化向自动化的转化。从技术的本质看，这两次工业革命都是围绕"热"展开的，虽然说第二次工业革命涉及了"电"的部分，但其本质仍是通过火力发电、石油燃料燃烧提供机械化生产、生活所需的热能。如果蒸汽机是典型的热能革命，那么电动机和内燃机可以认为是实现了高效能的热向电的转化。第三次工业革命以计算机的发明与应用、信息通信技术的发展为标志，实现了从自动化向数字化的转化，这个阶段开始涉及微电子领域，而数字资料的存储和运算，以及未来的智能化革命中所需的各种高度信息化和智能化的电子元器件对用电总量，特别是电的使用效率提出了更高的要求。可以预见的是，常温超导技术成熟后，因其材料的零电阻性能，将大大降低单个设备用电量，但设备数量将呈几何级上升，只有更多的电子信息化设备才可以助力更高水平智能化的实现，从而真正引爆第四次工业革命，即智能化工业革命。

所以，本书将工业革命划分为两个阶段：第一次和第二次工业革命是第一阶段，第三次和即将到来的第四次工业革命是第二阶段。从技术角度看，第一阶段是"热"的革命，第二阶段是"电"的革命。从发动工业革命的创造力源泉看，在计算机发明之前的第一阶段，所有的创造力均源自人脑，到了第二阶段，也就是第三次工业革命时期，计算机的发明和广泛应用，使得其成为人脑创造的有力辅助手段，通过大型计算机模拟仿真进行的科学实验已经渗透到很多领域。基于以上两条线索的分析，我们可以得到一个从物质基础角度解释工业革命进程的新线索，即从碳基材料向硅基材料的转化。"热"革命的物质基础是煤炭、石油等化石材料，这些都是碳基物质，而作为第一阶段创造力源泉的人脑也是碳基物质，"电"革命的物质基础是由集成电路板构成的各种元器件，这些都是硅基材料，而第二阶段出现的计算机的核心部分也是由硅基材料构成的。用"更大胆、更科幻"的眼光看，这可能是世界从碳基主导向硅基主导的"进化"，工业革命加速了工业化、城市化的进程，同时也造成了严重的环境问题，导致资源短缺，恶化了碳基生命生存的环境，但硅基生命不同，它们只需要电，只要太阳还在，硅基生命就能获得生存所需的电能……

回到"现实"，再从社会经济线索看两个阶段的工业革命，虽然每一次工业革命都使生产力有了颠覆性的提升，但在工业革命的两个阶段，其意义和侧重点似乎不同。在第一次和第二次工业革命的第一阶段，从全人类社会角度看，供给严重不足，人类生存的基本需要都得不到满足，第一阶段的工业革命大大提高了供给效率，更好地满足了人类的基本生活需要，推动了社会经济的发展。第二次工业革命后期，已经出现了供给过剩，但这个过剩还只是结构性的，而随着第三次工业革命的到来，工业革命从社会经济角度也进入了第二阶段，供给过剩越来越成为席卷全球的普遍现象，信息化革命则通过"创造"新的需求拉动社会经济的进一步发展。计算除了可以使用算盘和计算器，还可以使用计算机，通信除了可以通过信件、电报和电话，还可以使用互联网……于是社会上出现了新的学科门类、新的产业部门。当下，到了信息化发展的高级阶段，教育可以在线完成，驾驶可以由车机系统部分主导，生产制造可以由工业机器人实现，医疗健康可以借助 VR 模拟，生产力的提升在人类基本需求的基础上催生了很多新的需求，如远程教育、远程医疗、无人驾驶、智能制造等。

在信息时代的高级阶段，互联网、物联网、大数据、人工智能等技术飞速发展，随着各种科技的发展和深度融合，为产业升级和社会进步提供了强大动力，汽车工业，更准确地说是自动驾驶是高度信息化的主要应用领域，也是智能化时代的重要阵地。在过去 200 多年世界工业化、现代化的历史上，中国曾先后失去过两次工业革命的机会，使得中国 GDP 占世界总量比重由 1820 年的 1/3 下降至 1950 年不足 1/20[①]，新中国成立后，在极低发展水平起点下，发动国家工业化，补上了第一次、第二次工业革命落下的进程，时至今日，中国已经成为全世界唯一拥有联合国产业分类中所列全部工业门类的国家。在信息化革命中，我们虽然不是领导者，但却是最有力的追赶者，特别是经过改革开放之后的数十年发展，现已成为世界最大的信息通信技术（ICT）生产国、消费国和出口国。进入 21 世纪，中国终于在信息化革命的高级阶段第一次与发达国家站在同一起跑线上，在加速信息工业革命的同时，准备迎接和引领第四次智能制造工业革命。

具体来看中国在汽车工业方面的发展历程和已经打下的坚实基础。新

---

① 资料来源：郑彪. 中国软实力 [M]. 北京：中央编译出版社，2015.

中国成立以后，中国开始培养本土汽车工业，也在 20 世纪 90 年代通过市场换技术的方式引入了大量的外资企业，但在内燃机汽车领域，始终无法在关键核心技术上占据优势地位，毕竟传统汽车工业强国从第二次工业革命就开始积累内燃机汽车的相关技术。大量合资车企进入中国市场后，中国车企在汽车制造组装方面取得了长足进步，很多国产车型的外观和内饰比进口车型更美观且更符合中国消费者的审美，但在关键的发动机、变速箱和底盘技术上仍处于劣势，这方面的短板短时期很难改变。但汽车动力向新能源的转变和汽车工业的智能化变革为中国汽车工业的发展提供了良好的历史机遇，中国在这方面做了充足的准备。如果新能源汽车相当于汽车产业的第二次工业革命（电气化革命），智能汽车则是在此基础上的 IT 革命。进入新能源汽车时代，中国与汽车强国几乎处于同一起跑线，加之中国在互联网应用上拥有的大市场优势及活跃度，可以说在汽车智能化的很多领域中国甚至处于世界先进水平。此外，21 世纪以来，中国汽车工业和汽车消费均迎来了快速增长期，2010 年首次成为全球汽车产销第一大国并蝉联至今，2015 年新能源汽车产销量超过美国来到世界第一的位置并蝉联至今。[①] 中国社会已经进入汽车时代，在汽车制造和消费方面均积蓄了力量，综合实力显著提升。在互联网浪潮和智能化的大背景下，中国汽车工业有技术和市场的双重加持，一定可以抓住这次转型机遇实现"换道超车"，以汽车工业转型升级为突破口实现从中国制造向中国创造转变，迈开工业大国通向工业强国的步伐。

四、智能汽车是新能源汽车未来发展方向的趋势日益凸显

随着新能源汽车渗透率的不断提升，产业规模不断扩大，智能化是新能源汽车未来发展方向的观点得到广泛认可。中国电动汽车百人会论坛[②]是新能源汽车领域一年一度的行业盛会，论坛汇聚来自政府、学界、产业

---

① 资料来源：中国汽车工业协会官网—统计数据，http：//www.caam.org.cn/tjsj。
② 该论坛对新能源化和电动化的看法与本书的观点一致，即此轮的新能源化就是电动化。

界的各界人士，每年一度的盛会已经成为新能源汽车行业当下热点和未来发展趋势的风向标。表 1-1 梳理了该论坛自设立以来历年讨论的热点主题，不难看出，除了与新能源汽车本身密切关联的核心技术、电池、充电基础设施等问题一直是行业关注的焦点外，自 2016 年开始的历年论坛，智能化、自动驾驶等问题一直备受关注。在 2020 年的论坛上，中国电动汽车百人会理事长断言"电动化只是汽车产业变革的 1.0 版本，未来汽车造福社会还有赖于网联化、智能化和出行服务的创新"①，"智能化将成为汽车市场竞争下半场"的观点在 2022 年的论坛上得到普遍认可，成为与会嘉宾讨论的重要话题。

表 1-1　中国电动汽车百人会论坛历年主题和热点（2015～2023 年）

年份	热点主题
2015	本次论坛的主题是"产业发展新生态"，围绕如何让消费者迅速接受电动汽车，行业真正实现规模化还需要多久，电动汽车产业自身包括动力电池等技术问题如何解决，低速的电动汽车又该如何规划发展等问题展开讨论
2016	本次论坛的主题是"构建竞争、创新、可持续的产业生态"，开设了行业发展的政策与监管改革、**智能时代的汽车与交通**；整车发展技术路线与生产方式变革；动力电池的发展与突破；基础设施与互联互通等主题论坛。本次论坛还举办了"车创未来"创新大赛，获得一等奖的是纳米吸能材料，获得二等奖的有星谷电机、**云驾车载智能副驾**
2017	本次论坛主题是"提升核心技术，创新引领发展"，开设了打造具有全球竞争力的电动汽车品牌；动力电池和燃料电池的技术进步与产业化；关键部件、核心技术及产业化；电动汽车应用出行综合解决方案；微型电动汽车的技术升级与政策趋势；**智能汽车与智能交通**；推动产融结合，打造行业金融生态圈；电动汽车全球产业对接与协同创新；全球电动汽车发展与政策圆桌会等主题论坛。本次论坛还举办了"中国创新创业大赛之国际**新能源及智能汽车**大赛"
2018	本次论坛主题是"把握全球变革趋势，实现高质量发展"，围绕核心技术、燃料电池、**智能汽车**、共享出行等行业热点问题进行讨论
2019	本次论坛主题是"汽车革命与交通、能源、城市协同发展"，围绕汽车零排放和电动化变革、能源转化及传统能源公司转型、未来交通和出行变革图景、下一代汽车关键技术发展、**汽车智能化和网联化趋势**、核心供应链培育、汽车生产组织方式变革、国际创新对接、产业政策调整等热点问题进行研讨

---

① 资料来源：中国电动汽车百人会. 第八届中国电动汽车百人会云论坛圆满闭幕［EB/OL］. https：//www.chinaev100.com/focus/detail/1032，2022-06-28.

续表

年份	热点主题
2020	本次论坛主题是"把握形势、聚焦转型、引领创新",开设了**自动驾驶**、电动汽车基础设施、电动汽车安全、新一代汽车核心技术、氢能与可再生能源、电动汽车市场与消费、新能源汽车技术路线、交通电动化科学家等主题论坛
2021	本次论坛主题是"新发展格局与汽车产业变革",开设了新能源汽车市场、未来电池、电动汽车基础设施、全球商用车**电动化与智能化可持续发展**、**智能汽车**、新能源汽车投资与创新等主题论坛
2022	本届论坛以"迎接新能源汽车市场化发展新阶段"为主题,开设了九场专题论坛:首届"双智论坛"集中讨论业界关注的**智能网联汽车与智慧城市建设的协同推进**问题;"**新一代汽车市场与消费论坛**"与"**新能源与智能汽车后市场论坛**",关注新能源汽车市场消费侧的市场需求、产品定义、营销创新、用户服务及后市场等问题;"动力电池论坛""全球智能汽车前沿峰会""新型交通能源基础设施协同发展论坛",则从前瞻性技术角度深入研讨了一系列影响产业高质量可持续发展的要点问题;"氢能产业论坛""商用车可持续发展论坛",聚焦重点场景中的技术产业化落地进程;"**新能源智能汽车投资与创新论坛**"关注金融如何助力新能源与智能网联汽车发展。**智能化、网联化为特征的"下半场"中的产业政策问题**成为本次论坛期间产业发展形势闭门研讨会上讨论的重点
2023	本次论坛以"推进中国汽车产业现代化"为主题,围绕全球汽车产业发展形势、新能源汽车高质量发展路径、**中国智能网联汽车发展战略**、新一代汽车消费变革趋势等多个话题展开讨论

注:本书根据公开资料整理,表中用加粗字体标注了与智能汽车相关的热点主题。

中国电动汽车百人会论坛还联合国家有关部门、研究机构,以及国内外积极参与自动驾驶技术创新与应用示范的优秀企业共同发起成立了智能汽车与智慧城市协同发展联盟。新能源汽车在现阶段发展和未来方向上都绕不开智能化问题。对此,本书在业界共识的基础上提出以下两个观点。

第一,智能化是这一轮汽车工业变革的目标,新能源汽车是智能化出行的最佳载具。业界普遍认可的电动化是汽车工业百年变革的上半场、智能化是下半场的观点表明了新能源汽车与智能汽车在技术上的传承,但未明确揭示本轮汽车工业变革的本质。不同于 19 世纪 20 年代前的那一轮汽车电动化浪潮是对汽车动力本身的纯粹尝试,本轮电动化是在为智能化做准备。智能汽车需要大量传感器和高性能车机系统,特别是到了中高智能化阶段,车机系统的正常运行至少需要 48V 的输出电压,新能源汽车在电力输出方面相较于传统汽车的突出优势决定了它是智能汽车的最佳载具方案。新能源汽车的低排放属性只是在道路运行期间相较于传统燃油车更具优势，若从电池生产、使用到报废的全生命周期看，其在节能环保方面的优势并不明显；同样的，新能源汽车在使用成本方面的优势也主要集中在能源补给上，若将维保费用、保值率、车险成本和补贴取消等考虑在内，其相较于传统燃油车的优势也不明显。所以，本质上来说，新能源汽车相较于传统燃油车的优势集中体现在电力输出方面，这是智能汽车不可或缺的基础技术支持。从时间轴上看，智能化在电动化之后，形成了汽车工业百年变革的上、下半场。但本质上来说，这更是一场纯粹的智能化变革，即从传统汽车向智能汽车的变革，新能源化为智能汽车的最终目标提供了关键技术支持。在这一点上，新能源汽车的历史意义类似于触屏手机之于传统手机向智能手机变革的价值，触屏为智能手机替代传统手机提供了技术支持，但非智能的触屏手机产品非常"短命"，如摩托罗拉"明"，诺基亚 7700 等。所以，触屏手机从外观上看，与传统按键手机有本质区别，但它并非手机变革浪潮中的独立阶段，而是与新能源汽车一样，是"非智能产品"向"智能化产品"过渡的一个阶段。

第二，智能汽车是新能源汽车的"互联网＋"。"互联网＋"利用信息通信技术以及互联网平台，让互联网与传统行业进行深度融合，推动经济形态不断地发生演变，并创造新的发展生态。从本质上说，智能汽车是"互联网"产品，新能源汽车是"传统产品"，智能化是在汽车产业做好硬件技术方面的电动化准备后的一场"互联网＋"变革。智能化对产业的冲击不仅是信息化的介入，更是一场商业模式的变革。不同于传统产品依靠单品利润获益，互联网产品的利润取决于用户数和各种服务收费。这种不同的商业获利模式在传统手机与智能手机、传统电视与智能电视等"传统产品"与"智能产品"上已经得到了验证。理解了传统产品与智能产品的这一区别，也就能够理解当前在汽车行业为人诟病的座椅电加热付费、车机系统付费等现象，实际上是汽车行业为日后打通智能汽车靠"互联网＋"商业模式获益的尝试，智能汽车的背后还有"系统"，智能汽车只是这一系统的付费入口。

上述关于新能源汽车与智能汽车关系的观点，本书将在第五章（智能汽车：新能源汽车的发展方向）进行详细阐述，这也是本书在预测新能源汽车产业未来发展情景时聚焦智能汽车（智能化的新能源汽车）产业并以"互联网＋"的重构思维提出产业发展策略的原因。

第二节　研究内容

本书是国家社科基金项目"智能化背景下新能源汽车产业创新发展分阶段情景预测及策略研究"的研究成果，随着研究的深入展开，发现智能化不仅是本书研究的重要背景，更是产业发展的方向，即存在从新能源汽车向智能汽车发展的产业趋势。研究从对历史资料的分析入手，包括产业发展历程的梳理和应用主路径分析法对相关文献的研究，初步得到新能源汽车产业发展指向智能化的启示；然后通过问卷调查分析市场现实表现数据，得到了包括新能源汽车产业发展指向智能化的若干重要启示；历史资料研究和现实数据分析的结论均指向智能化，故在对产业发展未来进行预测之前，从技术和商业模式视角深入分析了新能源汽车和智能汽车的关系；接着，预测智能化的新能源汽车（智能汽车）产业发展情景；最后，根据研究结论给出产业创新发展策略。研究的整体技术路线如图1-3所示。

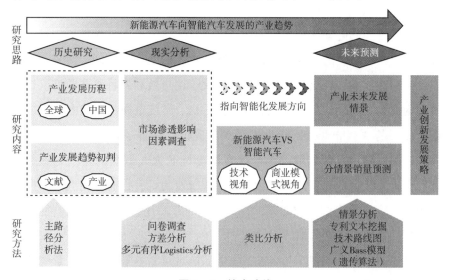

图1-3　技术路线

一、历史资料研究：指向智能化

在历史资料研究部分，重点分析了新能源汽车产业发展历程与既往科学文献。这两方面的研究均初步揭示了新能源汽车智能化发展方向。

在对产业发展历程的研究中，分别对全球和中国市场新能源汽车的发展脉络做了概括和梳理。从全球视角看，电动汽车比燃油车出现得更早，但在经历了一段短暂的辉煌期后，其技术进步的速度和经济性远不及后来居上的燃油车，此后，其发展经历了很长时间的低谷期。电动汽车再度进入公众视野的起因是能源危机和环境问题，但其近十余年再度爆发性增长则是得益于以三电技术（电池、电机、电控）为核心的技术进步。从中国市场看，新能源汽车的爆发式增长也经历了从政策驱动向市场驱动（特别是技术驱动）的发展历程。总而言之，技术创新是推动新能源汽车产业发展的关键，新能源汽车的"新"集中体现在电力驱动技术的创新上，而电力驱动是汽车智能化的基础技术准备。

在对历史文献研究的过程中采用了主路径分析法，该方法可以处理海量文献并得到研究主题的发展脉络进而探析未来趋势，当主路径分析法用于某产业或技术专利相关文献的引证网络分析时，可以从文献研究的发展脉络中探析产业或者技术的未来发展趋势。相较于人工分析，主路径分析法显著提高了对历史文献和资料研究的深度和广度，可以得到更多有益的结论和启示。本书在对新能源汽车产业相关文献资料的分析中，发现了以下结论：第一，市场渗透影响因素是新能源汽车产业研究的焦点；第二，2013 年之前续航里程是影响新能源汽车市场渗透的关键因素，2013 年之后充电问题成为影响新能源汽车市场扩散的关键因素；第三，购买和使用成本等财务因素、加速和最高时速等汽车载具属性、补贴等政策因素都不是新能源汽车"战胜"燃油车的核心因素，智能化的"创新"属性才是新能源汽车相较于燃油车的核心优势。基于上述研究发现，得到以下重要启示：智能属性是新能源汽车相较于传统汽车的核心竞争力，搭载智能属性的纯电动汽车是新能源汽车的未来发展方向。

二、现实数据分析：指向智能化

在历史资料研究中，市场渗透影响因素一直是新能源汽车产业的研究焦点，因此，在现实数据分析部分，重点探讨需求方即消费者对影响新能源汽车市场渗透因素的观点和结论。构成消费者调查问卷的 19 个影响因素源自上一部分产业发展文献主路径分析的结论，将所有 19 个因素归类整理，分为财务因素、载具属性因素、智能属性因素和消费心理因素四个方面，再结合消费者的个体特征和选择偏好，形成完整的调查问卷。问卷分为两个部分：第一部分是关于消费者个体特征、选择偏好方面的问题；第二部分则是针对市场渗透影响因素的调查。

通过问卷星向消费者发放问卷，获取中国市场消费者对这些影响因素看法的基础数据并进行深入分析。对个体特征方面的数据用多因素方差分析进行深入研究，对选择偏好方面的数据用单因素方差分析进行深入研究，对市场渗透影响因素方面的数据用多元有序 Logistics 分析进行深入研究。这个部分的研究发现了消费者的一些特征，比如新能源汽车的消费群体以中青年为主，了解程度的提升有利于提高新能源汽车购买意愿，偏好纯电车型的消费者对政府补贴、车载智能属性、从众和追求新潮、购买和使用体验等市场渗透影响因素的在意程度明显高于偏好其他车型的消费者，偏好传统品牌和中大型车的消费者更关注新能源汽车的保值率等。更为重要的是，在针对市场渗透影响因素的分析中发现充电便捷性和自动驾驶功能是显著影响新能源汽车市场渗透的关键因素，但从当前数据看，这一影响是负向的，也就是说，当前，消费者对充电和智能属性并不满意，因此改善这些负向影响因素尤其是充电便捷性和自动驾驶功能是推动新能源汽车产业发展的关键。

三、新能源汽车与智能汽车的内涵及关联性分析

这部分研究内容是衔接历史资料分析、现实数据分析与未来发展趋势预测的关键环节，是后续将产业发展预测研究聚焦到智能汽车产业的依

据。对新能源汽车产业历史文献和针对市场渗透影响因素的市场调查研究均指向一个重要的方向——智能化，且随着新能源汽车市场渗透率的提升和产业发展的推进，各界人士也普遍接受和认可新能源化和智能化分别是汽车工业百年变革的上、下半场。因此，本书在深入剖析新能源汽车和智能汽车内涵的基础上，重点从技术模式和商业模式两个视角研究了新能源汽车和智能汽车的联系与区别。

在技术方面，新能源汽车与智能汽车既有联系也有区别，一方面，智能汽车的发展需要新能源汽车在载具属性（重点是电力驱动方面）上做好基础技术准备，可以说，新能源汽车是智能汽车，特别是搭载 L3 级以上自动驾驶系统的"真正"意义上的智能汽车的最佳载具方案，智能汽车是新能源汽车的技术传承；另一方面，二者也有区别，这种区别主要体现在"系统"属性上，智能汽车，特别是 L3 级以上的中、高级智能汽车的实际商业化应用与推广需要智能路网、智慧交通系统的支持，虽然当前很多车企宣称已经实现了 L4 级甚至 L5 级的自动驾驶，但这只是就车辆本身而言的，没有智能路网和智慧交通系统支持的"单机版"智能汽车是无法真正满足用户的实际出行需求的，相比之下，没有加载自动驾驶系统的新能源汽车对路网基础设施没有这样高的依赖程度，所以说智能汽车是智慧交通系统的一个组成元素，具有很强的"系统"属性。在技术上，新能源汽车可以发展成智能汽车，但不是"智能汽车系统"，两者在"系统"属性方面的技术差别也渗透到商业模式方面。从商业模式的角度看，新能源汽车与智能汽车有着本质的区别，在这一点上与已经发展成熟的传统功能机电视和智能电视进行了类比分析，新能源汽车与传统功能机电视一样，是传统产品，而智能汽车则与智能电视机类似，均是相应"系统"的接入"端口"，是互联网产品，这就决定了两类产品的不同获利模式，传统产品看重单品价差和销量，互联网产品则仅把硬件部分看作流量入口，在获利方式上依靠的是各种服务收费。

四、未来发展预测：智能化是新能源汽车的未来发展方向

对历史资料和现实数据的分析，均得到智能汽车是新能源汽车未来发展方向的观点，对于新能源汽车产业发展趋势的预测分析转向这一未来趋势，即针对智能汽车（智能化的新能源汽车）产业展开情景预测分析。

从政治、社会与环境、经济、技术等方面挖掘影响智能汽车产业发展的因素和驱动力，依照直觉逻辑情景分析法的基本步骤展开研究，研究中进行了四次专家访谈，分别是：第一次，设计一份关于智能汽车产业发展的多维度影响因素及驱动力体系，请专家判断影响因素的重要性以及驱动力的冲击程度和不确定程度，根据访谈结果构建不确定性轴并生成情景矩阵；第二次，请专家从情景矩阵中选择智能汽车产业未来最可能、最乐观、最悲观的情景，根据选择结果勾勒出智能汽车产业未来发展可能出现的多种情景；第三次，结合第一次和第二次访谈的结果，请专家判断影响智能汽车产业发展的重要因素在不同发展情景下的实现节点，描绘出产业发展路径图；第四次，预测不同情景下的销量情况，请专家对分情景销量预测中采用的广义 Bass 模型所需的相关参数进行判断。

这部分研究在直觉逻辑情景分析法的研究步骤中融合了专利文本挖掘（鉴于智能汽车的高技术属性，在技术维度影响因素和驱动力体系设计时对相关专利进行了分析及文本挖掘，以期形成全面、科学的指标体系）、技术路线图（将智能汽车产业的多元化发展情景描绘在统一的路线图框架下）和广义 Bass 模型（针对研究对象和情景分析结果修订模型，预测市场扩散情况），形成了研究创新产业发展预测的定性、定量相结合的研究框架，描绘出了智能汽车产业至 2050 年的整体产业发展路径，并对 2023～2030 年 L3 级智能汽车的销量进行了预测。研究中还发现，人工智能技术、智能路网投入和制度保障体系是制约产业发展的关键壁垒，这为有针对性地研究和提出产业创新发展策略指明了方向。

五、产业创新发展策略分析

产业创新发展策略的分析以解决情景分析中得到的阻碍产业发展的各种壁垒为切入点，考虑到智能汽车互联网产品的商业模式特征和系统属性，整体的创新发展策略从打造契合产业发展趋势的商业模式和以系统化思维提升产业整体发展环境两个角度提出。

第三节　研究价值

一、学术价值

（一）丰富了产业发展趋势预测分析的研究框架

从整体研究的角度看，形成了融合多种定性、定量分析方法的产业发展趋势预测分析的研究框架。本书透过科学文献引证网络的主路径分析挖掘新能源汽车产业的研究焦点初步探析产业发展趋势，结合产业现实构建新能源汽车市场渗透影响因素体系，通过消费者问卷调查收集中国市场数据，并采用方差分析和 Logistics 分析等实证分析方法深入挖掘影响中国市场新能源汽车产业市场渗透的因素。基于以上两方面的研究，发现智能化是新能源汽车产业未来发展的方向，继而以情景分析法对产业发展进行预测。在采用情景分析法进行预测的过程中，融合了专利文本挖掘法以解决直觉逻辑情景分析法主观性强的缺陷，以技术路线图法将情景分析中得到的多元化发展趋势进行统一呈现，并在情景分析的基础上基于改进的针对中级智能化新能源汽车的广义 Bass 模型预测了 L3 级智能汽车的销量。以上研究方法的融合，形成了针对缺乏历史数据且未来可能存在多元化发展趋势产业的预测分析研究框架。

（二）构建了针对智能汽车创新扩散预测的广义 Bass 模型

考虑到充电问题和智能属性是产业发展的关键影响因素，因此，以智能汽车与非智能汽车的价格比和充电桩布设情况改进广义 Bass 模型的市场效能函数，形成针对智能汽车创新扩散预测的模型。在缺乏历史数据的情况下，以美国智能汽车市场扩散情况拟合出 Bass 模型预测分析中所需的创新系数、模仿系数，以及市场效能函数中的价格因素系数和基础设施因素系数。再根据中国市场的情况，结合情景分析的结果，分情景设定市场容量和市场效能函数中的相关数据，并采用遗传算法进行具体的预测分析，得到了中国市场 L3 级智能汽车 2023～2030 年的分情景销量数据。这不仅构建了针对智能汽车创新扩散预测的广义 Bass 模型，也为政府和相关企业进行产业布局和规划提供了客观参考数据。

（三）从系统和商业模式视角解读了新能源汽车和智能汽车的关系

以往研究对于新能源汽车和智能汽车的关系多从技术角度进行解读，本书除了从技术上分析得出新能源汽车是智能汽车最佳载具方案的观点，更是进一步从"系统"属性角度解读了两者的区别。相比较而言，新能源汽车的发展主要依赖"单车"技术的提升，而智能汽车的发展除了需要"单车"智能属性的提升，还需要智能路网和智慧交通系统的支持，从这个角度讲，智能汽车更具"系统"属性，需要与系统之间进行通信，所以智能汽车是一个互联网产品。不同的技术属性决定了两者从商业模式角度看隶属于不同的产品，新能源汽车是传统产品，而智能汽车是互联网产品，传统产品和互联网产品有着不同的商业获利模式。这一认识有别于大部分研究中多从纯技术角度对新能源汽车和智能汽车内涵的分析，而是发现了两者在技术方面的"系统"属性以及基于此产生的商业模式的不同，这对关于产业发展方向的分析更有价值，也为产业发展趋势预测分析和针对性地提出产业创新发展对策指明了方向。

二、实践价值

（一）明晰中国汽车工业的历史机遇和挑战，助力国家和企业树立自主发展的信心

通过研究，梳理和明晰了汽车工业的智能化变革是信息化工业革命高级阶段向智能化工业革命过渡的重要阵地，新能源汽车是汽车工业向智能

化发展的基础和过渡。不同于第一次和第二次工业革命中中国仅作为旁观者和追赶者，中国在第三次工业革命的后期逐渐与世界工业强国站到了同一起跑线，且在汽车智能化领域，得益于新能源技术的布局和发展，以及广阔的互联网应用市场，中国甚至在某些领域处于领先地位。汽车工业是中国从制造大国向制造强国过渡的重要抓手和阵地，本书的相关预测和研究结论为政府和企业进行产业布局规划与相关投入提供决策参考依据。

此外，就当前的产业发展情况看，汽车工业很有可能是"中国制造2025"的最大亮点，因其涉及众多高新技术。本书在智能汽车产业发展情景分析中重点考虑了地缘政治因素和以芯片为主的关键"卡脖子"技术。研究结论是，地缘政治环境对中国智能汽车产业的发展有一定的影响，但在不考虑出口和国际市场问题时，这一问题不是左右产业发展的关键因素。由地缘政治环境引发的芯片等关键"卡脖子"技术短期会影响智能汽车产业的发展，但随着中国企业自主研发和生产能力的提升，芯片供应问题有望在 2035 年之前得到解决。① 这些研究结论给予了国家和企业树立全力以赴、自立自主发展智能汽车产业的信心支撑。

（二）呈现了新能源汽车向智能汽车发展的产业路径，为政策规划的制定提供参考

研究中得到影响中国新能源汽车产业市场渗透因素的相关结论，预测了其智能化发展过程中的关键壁垒和未来销量，并从构建"互联网＋"商业模式和优化系统环境角度提出产业创新发展策略，为政府相关产业政策制定和制度法规修订提供参考，帮助产业链中的各企业提升全局视野，确立长期战略，分阶段地集约化构建核心技术竞争力，确立该产业从中国制造走向中国创造的路径和具体步骤。

特别是从技术模式和商业模式两个方面对新能源汽车和智能汽车联系与区别的分析，更加明确了两者在技术上的"传承"，以及由"系统"属性引发的根本区别，不仅帮助新能源汽车企业明确和坚定了智能化发展的

---

① 资料来源：根据本书情景分析专家访谈结论得到。

未来方向，更明确了作为传统产品的新能源汽车和作为互联网产品的智能汽车的不同获利模式。使相关企业明确这样一个容易被忽视的重要问题：在新能源汽车智能化发展过程中，仅依靠单车技术实现智能化突破是不够的，还需要整个智能路网和智慧交通系统的支持，更为重要的是，智能汽车走向成熟的商业化应用、企业保持持续获利能力还需要创新与之相匹配的"互联网＋"商业模式。

参 考 文 献

［1］董扬，许艳华，庞天舒，等．中国汽车产业强国发展战略研究［J］．中国工程科学，2018，20（1）：37－44．

［2］管克江，冯雪珺，王如君，等．寄望第四次工业革命［N］．人民日报，2016－02－22（023）．

［3］胡振华，朱亚力．可持续发展背景下新能源汽车发展策略的演化博弈分析［J］．工业技术经济，2022，41（9）：11－17．

［4］克劳斯·施瓦布．第四次工业革命［M］．北京：中信出版社，2016．

［5］李克强．在第十一届夏季达沃斯论坛开幕式上的致辞［N］．人民日报，2017－06－28（003）．

［6］李强．浅谈新能源汽车动力和环境分析［J］．环境工程，2021，39（12）：313．

［7］刘建丽．工业4.0与中国汽车产业转型升级［J］．经济体制改革，2015（6）：7．

［8］人民教育出版社历史室．世界近代现代史［M］．北京：人民教育出版社，2000：66－70，105－110．

［9］王广斌，张雷，刘洪磊．国内外智慧城市理论研究与实践思考［J］．科技进步与对策，2013，19：153－160．

［10］卫庶，朱虹，靳博，等．聚焦第四次工业革命 凝聚转型力量［N］．人民日报，2016－06－26（008）．

［11］肖易潞，孙春霞．国内智慧城市研究进展述评［J］．电子政务，2012，11：100－104．

［12］《中国公路学报》编辑部．中国汽车工程学术研究综述·2017［J］．中国公路学报，2017，30（6）：1－197．

［13］ Calthorpe P. The next American metropolis: Ecology, community & the American dream ［M］. Harper & Row, 1993: 175.

［14］ Robert W B, David L, Catherine C G. Smart growth: More than a ghost of urban policy past, less than a bold new horizon ［J］. Housing Policy Debate, 2000, 11 (4): 821 –879.

［15］ Yan J H, Liu J P, Tseng F M. An evaluation system based on the self-organizing system framework of smart cities: A case study of smart transportation systems in China ［J］. Technological Forecasting and Social Change, 2020, 153 (12).

第二章　产业发展历程分析

第一节　全球新能源汽车产业发展历程

相较于传统内燃机汽车，新能源汽车是使用非常规燃料的新型产品，但若追溯电动汽车的起源，至今已有近 200 年的历史了。在内燃机汽车量产之前，电动汽车已经发展了近百年，20 世纪初，电动汽车经历了 20 年左右的黄金发展期，此后几乎销声匿迹。第二次世界大战后，欧洲和日本出现的石油供给紧张问题使电动汽车重回公众视野，尤其是 20 世纪 70 年代爆发的第一次石油危机，世界各国对大气环境和清洁能源越发重视，包括电动汽车在内的各种新能源汽车迎来了新的黄金发展期。本书将全球新能源汽车产业的发展分为两个百年历程分别介绍。第一个百年历程从 19 世纪 30 年代至 20 世纪 30 年代，这一阶段从电动机第一次被安装在马车上到电动汽车第一次黄金发展期结束；第二个百年历程从 20 世纪 40 年代电动汽车重新回到公众视野到当下正在经历的电动汽车的又一次高速发展期。

一、第一个百年发展历程[*]

（一）从发明尝试到商业化运营的探索

早在 19 世纪 30 年代，苏格兰发明家伯特·安德森便成功地将电动

---

　　[*] 资料来源："一、第一个百年发展历程"目录下所有数据资料均参考如下书籍第一章内容：徐艳民. 电动汽车动力电池及电源管理 [M]. 北京：机械工业出版社，2015.

机安装在一辆马车上，1842 年又与托马斯·戴文波特合作，打造出世界上第一辆以电池为动力的电动汽车，采用不可充电的玻璃封装蓄电池，开创了电动车辆发明和应用的历史。1847 年，美国人摩西·法莫制造了第一辆以蓄电池为动力可乘坐两人的电动汽车。受制于技术和市场需求等方面因素，电动车在这一时期发展非常缓慢。1881 年 11 月，法国人古斯塔夫·特鲁夫在巴黎展出了一台电动三轮车，总重量约 160 千克，时速达到了 12 千米，奠定了他电动汽车之父的地位。1882 年，威廉姆·爱德华·阿顿和约翰·培理也制成了一辆电动三轮车，车上还配备了照明灯，这辆车的总重量提高到了 168 千克，时速提高到了 14.5 千米。随后的 1890 年，威廉姆·莫瑞逊在美国制造了一辆能行驶 13 小时、车速为 14 英里/小时的电动汽车。1891 年，美国人亨利·莫瑞斯制成了第一辆电动四轮车"Electrobat"，实现了从三轮向四轮的转变，这是电动车向实用化方向迈出的重要一步。1895 年，亨利·莫瑞斯又和皮德·罗沙·龙制造了"Electrobat Ⅱ"，这台车安装了两台驱动电机，能以 20 英里/小时的速度行驶 25 英里。1897 年，美国费城电车公司研究制造的纽约电动出租车实现了电动车的商用化运营。但由于技术不成熟，很快就停产停运了。

（二）从短暂的黄金发展期迅速走向衰落

到了 1899 年，德国人波尔舍发明了一台轮毂电动机，以替代当时在汽车上普遍使用的链条传动，随后开发了 Lohner-Porsche 电动车，该车采用铅酸蓄电池作为动力源，由前轮内的轮毂电动机直接驱动，这也是第一部以保时捷命名的汽车。同年贝壳汽车公司在美国成立，公司生产的电动赛车的车速能超过 120 千米/小时，而且是第一辆在座位上装有安全带的乘用车。同年 5 月，比利时人弥勒·杰纳茨驾驶一辆 44 瓦双驱轮胎为动力的后轮驱动子弹头型电动汽车，创造了时速 110 千米的纪录，并且行驶里程达 290 千米，这也是世界上第一辆时速超过 100 千米的汽车。1900 年，法国的 BGS 公司生产的电动汽车创造了单次充电行驶 180 英里的最长里程纪录，电动汽车在出租车领域得到应用。

19 世纪末到 1920 年是电动车发展的一个高峰。据统计，到 1890 年在全世界 4200 辆汽车中，有 38% 为电动汽车，40% 为蒸汽机汽车，22% 为内燃机汽车。1900 年，美国制造的汽车中，电动汽车为 15755 辆，蒸汽机汽车为 1684 辆，而内燃机汽车只有 936 辆。美国首先实现了早期电动车的商业运营，成为发展最快、应用最广的国家。1911 年，就已经有电动出租汽车在巴黎和伦敦的街头上运营。1912 年，已经有几十万辆电动汽车遍及世界，并广泛应用于出租车、送货车、公共汽车等领域。据统计，1912 年，在美国登记的电动汽车数量达到了 34000 辆。

但是，从 1890～1920 年，全世界石油生产量增长了 10 倍，汽油价格大幅下跌，大大降低了汽油车的使用成本。1908 年，福特汽车公司推出了 T 型车，并开始大批量生产，到了 1913 年，福特建立了内燃机汽车装配流水线，几乎使装配速度提高了 8 倍，每隔 10 秒就有一台 T 型车驶下生产线，内燃机汽车进入了标准化、大批量生产阶段，内燃机汽车的生产成本大幅度下降，从 1909 年的 850 美元降到了 1925 年的 260 美元。内燃机汽车应用方便、价格低廉的优点逐步显现。虽然同一时期电动汽车使用的动力电池技术也在飞速发展，在 1910～1925 年，电池存储的能量提高了 35%，寿命增长了 300%，电动汽车的行驶里程增长了 230%，价格降低了 63%。但汽油的质量能量密度是电池的 100 倍，体积能量密度是电池的 40 倍，在使用性能方面，燃油汽车的续航里程是电动汽车的 2.3 倍，动力电池充电时间也明显长于内燃机汽车燃油的加注时间。电动汽车续航里程短、充电时间长成为无法与内燃机汽车相抗衡的致命因素。随着道路交通系统的改善，对长距离运输车辆的需求不断增加，电动汽车的黄金时代仅维持了 20 多年，便走向衰退。第一次世界大战后，电力牵引技术应用的重点转移到公共交通领域，如火车、有轨电车和无轨电车。随着内燃机汽车设计和制造技术的发展，在很多地区，有轨电车和无轨电车也逐步被柴油驱动的内燃机汽车取代，20 世纪 20 年代，电动汽车几乎消失了。

二、第二个百年发展历程

（一）能源紧缺与大气污染推动新一轮复苏 *

第二次世界大战后，欧洲和日本的石油供给紧张，电动汽车在局部地区出现了复苏迹象。1943 年，仅在日本就有 3000 多辆电动汽车处于注册状态。但此时的电动汽车续航里程只有 50 ~ 60 千米，最高时速仅为 30 ~ 35 千米/小时，其性能仅能满足短途、低速运输的需要。进入 20 世纪 60 年代，内燃机汽车大批量使用导致了严重的空气污染，不仅如此，更严重的是内燃机汽车对石油的过分依赖，导致一系列的政治问题和国家安全问题。20 世纪 70 年代初，世界石油危机对美国乃至世界经济产生了重要影响，而电动汽车以其良好的环保性能和能摆脱对石油依赖的优势，重新得到各界的重视。

在 1970 年，美国颁布了《清洁空气法案》，再加上 1973 年爆发的第一次石油危机，燃起了人们开发燃油汽车替代品的兴趣。到 1976 年，美国国会采取措施，通过了《电动和混合动力汽车研究、开发和示范法案》，该法案由美国能源部授权，拨款 1.6 亿美元资助用于支持和开发电动汽车和混合动力汽车。1977 年，第一次国际电动汽车会议在美国举行，公开展出了 100 多辆电动汽车。1978 年，美国通过《第 95 – 238 公法》，予以修订增加对电动汽车研发的拨款，政府同时责成能源部电力研究所与电力公司加快研制电动汽车的技术，并加大资金投入，责成阿岗国家实验室与电池公司合作研制供电动汽车用的高性能蓄电池。从此，国际上开始了第二轮的电动汽车研发高潮。

在 20 世纪 70 年代，越来越多的电动汽车出现了，但是大多销量一般，主要受限于时速、续航里程和外形设计。70 年代的电动汽车生产市场上，两家公司成为领导者，其中排名第一的是赛百灵—先锋（Sebring-Vanguard）公司，它生产了超过 2000 辆 CitiCars 电动汽车。到 2011 年，

---

* 资料来源："（一）能源紧缺与大气污染推动新一轮复苏"目录下所有数据资料参考如下书籍第一章内容：徐艳民. 电动汽车动力电池及电源管理 [M]. 北京：机械工业出版社，2015.

CitiCars 及它的系列电动汽车仍旧是美国生产量最多的电动汽车（后来被特斯拉电动跑车所超越）。CitiCars 最高时速能够达到 44 英里/小时，续航里程在 50~60 英里。另一家是电动小汽车（Elcar）公司，其生产的 Elcar 电动汽车最高时速能够达到 45 英里/小时，续航里程为 60 英里，价格在 4000~4500 美元。1972 年夏季奥林匹克运动会时展示了其首款电动汽车——宝马 1602E，这款电动汽车由 12 个铅酸启动蓄电池组驱动，拥有 42 马力电机，最高时速能够达到 62 英里/小时，不过，这款汽车并没有投入生产。70 年代末期，德国戴姆勒—奔驰汽车公司生产了一批 LE306 电动汽车，采用铅酸电池，最高时速为 50 英里/小时，续驶里程可达 120 英里。意大利为了降低空气污染，20 世纪 80 年代末建立了电动汽车车队，共投入 52 辆铅酸电池电动汽车试验。1990 年菲亚特汽车公司生产的 Panda，载重量为 1330 千克，车速为 70 千米/小时，续航里程为 100 千米，采用铅酸电池，或改用镍镉电池，车速可达 100 千米/小时，续航里程达 180 千米。1988 年，在美国洛杉矶地区的市议会上曾有人提出，引入国际竞争机制，以达到年产 10000 辆电动车辆的计划（包括 5000 辆卡车和 5000 辆两座乘用车）。1989 年 2 月 13 日，加利福尼亚州空气资源委员会（CARB）对汽车排放制定了规划，该项规划要求到 20 世纪 90 年代，在加利福尼亚州销售的所有车辆中，有 2% 要是符合零排放标准的车辆，满足该标准的车辆只能是纯电动汽车或氢燃料电池电动汽车。随后，美国纽约、马萨诸塞等州也颁布了类似的法律。在 1990 年颁布的《清洁空气法修正案》和 1992 年颁布的《能源政策法案》促使市场对电动汽车再次进行投资。加利福尼亚州空气资源委员会甚至还通过一项新的法规，要求汽车生产商生产和销售零废气排放的汽车，这样才允许他们在该州出售其他车辆。

1991 年美国通用汽车公司、福特汽车公司和克莱斯勒汽车公司共同成立了先进电池联合体（USABC），共同研究开发新一代电动汽车所需要的高能电池。1991 年 10 月 USABC 与美国能源部签订协议，在 1991~1995 年投资 2.26 亿美元来资助电动汽车用高能电池的研究。1991 年 10 月美国电力研究院（ERPI）也参加了先进电池联合体来参与高能电池与电动汽车的开发，主要有镍—氢、钠—硫、锂聚合物和锂离子等高能电池。之后，美国通用汽车公司在底特律建成 EV1（纯电动汽车）电动轿车总装线，1996 ~ 1999 年，通用共生产了 1117 辆 EV1 电动汽车。起初，EV1 只在南加州和亚利桑那州以租赁的方式销售，租户们不乏社会名流，他们对 EVI 赞不绝口。这款电动汽车续航里程能够达到 100 英里，从 0 加速到 60 英里/小时的速度只需要 7 秒时间。由于 EV1 并不盈利，通用在租赁期到后，全部召回了这些电动汽车。EV1 一代车型的设计里程单次充电续航里程是 80 ~ 112 千米，而二代镍氢电池车辆则可行驶 120 ~ 208 千米，充电可采用磁感应充电装置，15 小时充满，EV1 还另配一套传统电源充电系统，镍氢电池可以在 2 ~ 3 小时完成充电 80%，理论上 4 个小时充满。受充电时间、续航里程等因素影响，通用最终停止了该项目，回收了所有出租车辆，销毁了其中的绝大多数，剩下的一些送去了博物馆或者其他组织。

（二）从丰田普锐斯（Prius）全球热卖开始的爆发期

第一批丰田 Prius 1997 年在日本生产，2000 年进入全球市场，它也是第一批规模化生产的混合动力汽车，在全球推出的第一年，这款电动汽车共卖出了 5 万辆，到 2022 年 7 月累计销量突破 500 万辆，是全球最畅销的混合动力电动车。[①] 特斯拉则在全球市场缔造了纯电车销售的一座座里程碑。2006 年，特斯拉宣布计划推出续航里程达到 200 英里的电动汽车，到 2011 年，特斯拉拥有了其第一款电动汽车 Roadster，其续航里程超过了 240 英里，售价超过 10 万美元，2017 年，特斯拉规模化生产其面向大众市场的电动汽车 Model 3，这款汽车续航里程超过 200 英里，售价在 3.5 万美元左右，截至 2021 年第二季度末，特斯拉 Model 3 的全球交付量达到了 1031588 台，成为第一款累计销售超过 100 万辆的纯电动汽车，2019 年 3 月 15 日，特斯拉推出了一款中型 SUV Model Y，这款车型一经推出立刻

---

① 资料来源：日本汽车工业协会官网，https：//jamaserv. jama. or. jp/newdb/eng/index. html。

得到市场认可，2022 年 Model Y 在全球共销售 74.7 万辆。① 另外一款现象级电动车是 2010 年推出的日产 LEAF，累计销量突破 65 万台。②

　　日本传统汽车巨头丰田、尼桑和为新能源汽车而生的特斯拉吹响了新能源汽车爆发式增长的号角，新能源汽车是汽车产业未来发展的大势所趋，德国传统车企大众、宝马、奔驰等纷纷加入，市场竞争日益激烈。自 2010 年以来，新能源汽车产业进入了真正的爆发期，至 2020 年底，全球年销量超过 1000 万台，市场占有率达到 14%，如图 2 - 1 所示。

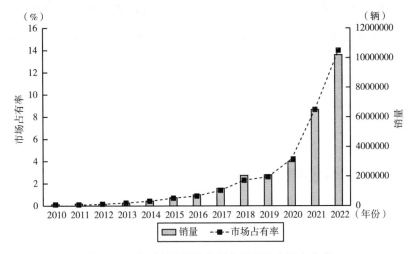

图 2 - 1　全球新能源汽车历年销量和市场占有率

资料来源：IEA. Global EV Outlook 2022［EB/OL］. https：//www. iea. org/reports/global - ev - outlook - 2022，2022 - 03.

第二节　中国新能源汽车产业发展历程

　　中国错过了第一次和第二次工业革命，在全球电动汽车发展的第一个百年历程和第二个百年历程的早期均没有中国的身影，中国新能源汽车产业发展的起源可追溯到 20 世纪 80 年代末，在这 30 多年的发展过程中，

---

　　① 资料来源：销量数据来源于美国交通运输部官网，https：//www. transportation. gov/；价格数据来源于美国汽车交易网站的公开资料，https：//teslamotorsclub. com/tmc/。

　　② 资料来源：日本汽车工业协会官网，https：//jamaserv. jama. or. jp/newdb/eng/index. html。

先后经历了准备与起步阶段、政策扶持主导阶段、市场与政策双驱动阶段，未来将进入高速市场化发展阶段。

一、准备与起步阶段

1988 年，温州商人叶文贵耗时 6 个月，组装出了充电 8 小时、续航 200 千米、最高速度 109 千米/小时的"叶丰号"，1990 年，这款造型时尚的鸥翼门混合动力小轿车获得了年度国家级新产品称号。[①] 1992 年，钱学森院士建议发展新能源汽车，得到政府的高度认可和重视，时任国务院副总理邹家华亲自与钱学森共同探讨电动汽车，随后"电动汽车研究计划"被列入"八五"计划并作为国家重点科技攻关项目，中国新能源汽车项目正式立项。[②] 1995 年企业家孙逢春造出了第一辆电动客车"远望号"，该车的动力系统、电机控制器、电池等最初由美国政府的合作项目提供，1997 年完成自主研发的电机控制系统和自动变速传动系统。2001 年，中国启动"863"计划电动汽车重大专项，确立了"三纵三横"的研发布局，在新能源汽车领域与世界汽车制造强国同时起步。2007 年，《新能源汽车生产准入管理规则》正式实施，国家开始通过"863"计划组织新能源汽车的研发，投入资金近 20 亿元，中国正式开启了新能源汽车产业发展之路。[③]

二、政策扶持主导阶段

2008～2017 年，在一系列扶持政策落地实施，尤其是强有力的补贴政策刺激下，中国新能源汽车市场迎来了第一次井喷式发展，随着 2016 年爆出"骗补"事件[①]，新能源汽车产业的发展也在 2017 年迎来了第一次

① 资料来源：佚名. 叶文贵：砸锅卖铁为造车 [J]. 温州人，2009.
② 资料来源：曲青山，吴德刚. 改革开放四十年口述史 [M]. 北京：中国人民大学出版社，2019.
③ 资料来源：科技部. 我新能源汽车预计到 3 月底示范推广近 4 万辆 [EB/OL]. https://www.most.gov.cn/ztzl/kjzjbxsh/kjzjbxmt/201302/t20130204_99599.html，2013 - 01 - 07.
④ 资料来源：工信部. 新能源汽车骗补行为　规范产业发展秩序 [EB/OL]. https://www.miit.gov.cn/jgsj/zbys/qcgy/art/2020/art_f80e5c85920447fa846ce1c3f157c694.html，2016 - 12 - 20.

转折点，由政策扶持向政策与市场双驱动发展模式过渡。

2008 年可以认为是中国新能源汽车发展的元年，北京奥运会开始批量使用 595 辆新能源汽车，科技部在同一年开始"十城千辆"计划，主要内容是，通过提供财政补贴，计划用 3 年左右的时间，每年发展 10 个城市，每个城市推出 1000 辆新能源汽车开展示范运行，涉及这些大中城市的公交、出租、公务、市政、邮政等领域，力争使全国新能源汽车的运营规模到 2012 年占到汽车市场份额的 10%。① 虽然此后又陆续增加了第二批、第三批试点城市，但到 2012 年时并未达到上述市场份额的目标，此后随着一系列密集扶持政策的出台，新能源汽车产业才第一次驶入快速发展轨道，2014 年、2015 年中国新能源汽车销量出现井喷式增长，同比分别增长了 326% 和 405%。② 2015 年，全球新能源汽车累计销售 52.3 万辆，中国销售 33.11 万辆，中国超越美国成为全球新能源汽车产销量和保有量最大的国家。③ 作为全球最大最活跃的新能源汽车市场，中国新能源汽车产销量的火爆很大程度上源于补贴政策的刺激。按照中国 2013 ~ 2015 年的补贴政策标准，以一辆 6 ~ 8 米纯电动客车为例，中央加地方两级补贴可达 60 万元，已经接近或超过了车辆的生产成本。④ 2016 年爆出的"骗补"事件给中国新能源汽车产业敲响了警钟，很多车企存在严重投机心理，忽视研发，将主要精力放在骗取高额补贴上。因此有业内人士担忧离开了补贴中国的新能源汽车产业"没有未来"，2017 年一季度乘用电动车销量的同比负增长似乎印证了这一担忧。

2017 年开始，中国的新能源汽车补贴政策门槛大幅提高，补贴幅度大幅下降，补贴标准更具技术性。以乘用车为例，纯电动乘用车按续航里程不同补贴分别由 2.5 万元、4.5 万元、5.5 万元，降至 2 万元、3.6 万

---

① 资料来源：科技部. 十城千辆节能与新能源汽车示范推广应用工程［EB/OL］. https://www.chinanews.com.cn/auto/scxw/news/2009/01 - 07/1517480.shtml，2009 - 01 - 07.

② 资料来源：中国汽车工业协会官网—统计数据，http://www.caam.org.cn/tjsj。

③ 资料来源：新华社. 我国已成为全球最大的新能源汽车市场 2015 年销量有望达 20 万辆［EB/OL］. https://www.gov.cn/xinwen/2015 - 08/29/content_2921930.htm，2015 - 08 - 29.

④ 资料来源：财政部. 关于继续开展新能源汽车推广应用工作的通知［EB/OL］. https://www.gov.cn/zhuanti/2013 - 09/17/content_2595776.htm，2013 - 09 - 17.

元、4.4 万元；插电式混合动力乘用车补贴也由 3 万元降至 2.4 万元；地方财政单车补贴额从不超过中央财政的 100% 降至 50%。[①] 如表 2 − 1 所示，2017 年购买新能源乘用车的政府补贴比 2016 年最高将减少 4.4 万元。客车和专用车补贴也有大幅退坡，燃料电池车补贴标准虽然基本未变，但增加了额定功率和续航里程的要求，2017 年补贴政策规定补贴力度每年逐步退坡 20%。除了补贴额大幅退坡、补贴技术门槛提高，这一年双积分政策正式颁布实施，倒逼中国新能源汽车产业必须抛弃政策主导的发展模式，与此同时，以互联网为代表的造车新势力掀起的造车狂潮，也预示着中国新能源汽车产业以市场为主导的双驱动发展模式正在形成。

表 2 − 1　　　　中国新能源乘用车 2016 年 VS 2017 年补贴对比　　　　单位：万元

新能源乘用车续航里程	2016 年	2017 年		2017 年比2016 年减少
	中央 + 地方（1：1）	中央 + 地方（1：0.5）	电池组质量能量密度≥120Wh/kg按 1.1 倍补贴	
纯电动 100≤R<150	2.5 + 2.5 = 5	2 + 1 = 3	3.3	2/1.7
纯电动 150≤R<250	4.5 + 4.5 = 9	3.6 + 1.8 = 5.4	5.94	3.6/3.06
纯电动 R≥250	5.5 + 5.5 = 11	4.4 + 2.2 = 6.6	7.62	4.4/3.83
插电式（增程式）R≥50	3 + 3 = 6	2.4 + 1.2 = 3.6		2.4

资料来源：笔者根据财政部发布的新能源汽车财政支持政策（财建〔2015〕134 号、财建〔2016〕958 号）整理。

三、市场与政策双驱动阶段

2017 年开始，新能源汽车补贴政策逐年退坡，至 2022 年底，购车补贴全面退出市场，同时，国家发展改革委还颁布《汽车产业投资管理规定》，对投资股比、选址、资质、技术、研发和制造能力提出具体要求，

---

① 资料来源：财政部. 关于 2016 ~ 2020 年新能源汽车推广应用财政支持政策的通知 [EB/OL]. https：//www. gov. cn/xinwen/2015 − 04/29/content _ x2855040. htm? eqid = e09a4311000177fa00000004645 af329, 2015 −04 −26. 财政部. 关于调整新能源汽车推广应用财政补贴政策的通知 [EB/OL]. https：// www. gov. cn/xinwen/2016 −12/30/content_5154971. htm#3, 2016 −12 −30.

逐步从直接补贴引导步入严格管理阶段。在这样的背景下，2018年新能源汽车产销量均突破百万辆，资本开始追捧新能源汽车行业，特斯拉超级工厂落户上海（这是中国首个外商独资整车制造项目），以蔚来、小鹏、理想为代表的国内造车新势力在2014～2015年成立以后其发展也开始步入加速发力的快车道，频频推出新款车型。2017年12月蔚来第一款车型ES8首次亮相，并于2018年6月上市销售；蔚来ES6于2018年11月首次亮相，并于2018年12月上市销售；2018年9月12日，蔚来汽车完成了在美国纽约证券交易所的上市。2018年1月，小鹏汽车交付了39辆新车，并成为首家进入乘联会新能源车销量榜的互联网造车企业，① 2020年8月27日，小鹏汽车正式登陆美国纽约证券交易所；2021年7月7日，小鹏汽车正式于香港联合交易所主板挂牌交易；2021年9月15日，小鹏P5上市；同年10月11日上午，小鹏汽车第10万台整车正式下线②。理想汽车的首款产品理想ONE于2018年10月发布，2019年5月1日，首批分别位于北京、天津、上海、广州以及深圳的5家理想零售中心正式开业；2019年11月20日，理想汽车常州基地开始量产，理想ONE正式下线；2020年7月30日，理想汽车在美国纳斯达克证券交易所正式挂牌上市；2021年8月12日，理想汽车在香港联合交易所主板挂牌上市。以上是这一时期热火朝天的新能源汽车市场的若干剪影，表明中国新能源汽车市场已经走出"骗补"风波的影响，进入了市场与政策双驱动发展阶段，也迎来了新能源汽车产业的第二次高速发展期。

经历了2018年的强势起飞，2019年中国新能源汽车销量同比略有下降，但全年销量仍超过120万辆，其中国产特斯拉占总销量的30%（全年销量达36.75万辆），2020年席卷全球的新冠疫情对社会经济的方方面面产生了极大的冲击，在这样的背景下，新能源汽车行业融资首次突破千亿元，销量同比2019年上涨了9.8%。③ 国家发展改革委继2012年国务院颁

① 资料来源：乘用车市场信息联合会官网，http：//data.cpcaauto.com/。

② 资料来源：乘用车市场信息联合会官网，http：//www.cpcaauto.com/newslist.php?types=bgzl&id=1035。

③ 资料来源：中国汽车工业协会官网—统计数据，http：//www.caam.org.cn/tjsj。

布《节能与新能源汽车产业发展规划（2012～2020年)》之后又颁布了
《新能源汽车产业发展规划（2021～2035年)》，继续以顶层设计引导新能
源汽车产业健康发展。2021年虽然出现了全球供应链短缺，中国新能源
汽车企业和一些跨界造车新势力依旧保持高度热情，小米宣布进入新能源
汽车领域，五菱宏光MINI EV以低价和精准的细分市场定位成为现象级车
型，2020年上市半年即销售11万辆，2021年全年销售近40万辆，2022
年超55万辆①。政策方面，2018年开始实施的双积分政策正在以更加市
场化的手段引导车企转型，2020年9月22日"双碳"目标首次提出，
2021年写入政府工作报告，在未来很长一段时间内，"双碳"政策将对包
括新能源汽车产业在内的很多行业产生影响。

　　在市场和政策的合力推动下，新能源汽车产业迎来了爆发式增长。
图2-2展示了中国新能源汽车市场自2010年以来销量和市场占有率发展
趋势，可以发现，2021年，新能源汽车市场占有率从2020年的5.4%
一跃来到13.4%，2022年全年销量突破600万辆，市场占有率超过25%，

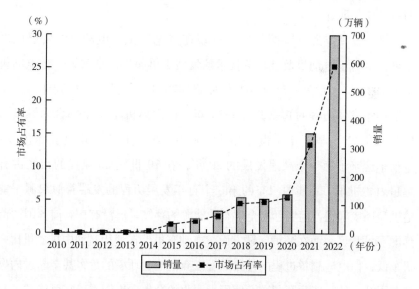

图2-2　中国新能源汽车历年销量和市场占有率

资料来源：中国汽车工业协会官网—统计数据，http：//www.caam.org.cn/tjsj。

---

① 资料来源：达示数据网，https：//www.daas-auto.com/supermarket_data_De/727.html。

新能源汽车出口也首次突破百万辆。更值得欣喜的是，2022 年 80% 的销量贡献来自自主新能源汽车品牌，比亚迪获得全球新能源汽车销售冠军。这一成绩出现在购车补贴政策即将全面退出市场的一年，让我们有理由相信，中国新能源汽车产业会平稳进入接下来的高速市场化发展阶段。

第三节　基于产业发展历程的结论与启示

一、基于全球历程的结论与启示

梳理全球新能源汽车产业在两个百年发展历程里的兴衰可以得到以下一些有益的启示。新能源汽车产业的兴起并非因为环境污染和能源危机，而是因为电技术的发展，推广电动化的新能源汽车是为即将到来的智能化做准备。并且，技术进步是推动产业发展的不竭动力，政策在产业发展早期引导作用明显。

第一，新能源汽车的"新"体现在"电"上。电动车的发展比油车更早，得益于电动机及其相关技术的发展更早起步，全球第一台电动机发明于 1821 年，而第一台内燃机发明于 1876 年，因此，全球新能源汽车第一个百年发展历程的起点源于 1834 年，比内燃机车（第一台内燃机车诞生于 1885 年）早了半个世纪还多。随着电机，特别是电池技术的发展，电动车迎来了第一个高速发展的 20 年，在 20 世纪 20 年代的市场占有率远超内燃机车。新能源汽车的第二个百年发展历程的发端看似起源于能源危机和环境问题，但实际上全球石油能源的存储量远没有达到使各国"能源焦虑"的程度，而在环境问题方面，电动车虽然在使用过程中排放量比内燃机车低，但电池制备过程的排放以及废弃电池对环境的危害甚至超过内燃机车。因此，从新能源车制造、使用、回收的全生命周期看，它可能并不是一个环境友好型产品。事实上，在第二个百年发展历程的第一个阶段，也就是各国政府因能源危机和环境问题倡导和推广新能源汽车的阶段，其普及速度非常低，新的爆发式增长期仍是在电池技术飞速发展之后。全球典型的现象级车型丰田普锐斯和特斯拉都掌握"电"方面的核心技术。

第二，技术进步是推动产业发展的不竭动力，政策只能起到引导作用。纵观人类经历的历次工业革命，都是首先发端于技术的进步，进而提升不同行业的生产效率。在新能源汽车产业的发展历程中也同样如此，虽然电动车的发展早于内燃机车，但从 20 世纪 30 年代起逐步被内燃机车彻底打败，以至于退出市场。原因正是内燃机的技术进步速度全方位碾压了电池技术的发展速度，更为先进的内燃机技术推动了燃油车的快速发展，电动车一度没落。即使到了第二次世界大战以后，各国政府从能源和安全角度考虑再一次大力引导和推广电动车，正如前文所述，新的爆发仍然是在电池、电机、电控技术取得突破性进展以后才开始，各国政府出台的相关政策起到了很好的引导作用，但并不能为新能源汽车产业的发展输入源源不断的能量。这一点，在中国市场的发展历程中体现得更为突出。

二、基于中国历程的结论与启示

梳理中国新能源汽车产业发展的三个阶段，可以发现：政策支持在中国新能源汽车产业发展过程中的作用不容忽视，2016 年的"骗补"事件是中国新能源汽车产业发展的分水岭，这一事件客观上倒逼了政策和市场两大力量在产业发展中发挥的作用更快、更好地朝着积极健康的方向演化；后政策时代的产业发展需要更多关注市场中需求侧的力量，即对消费者需求和偏好的满足。

同其他战略新兴产业发展历程类似，新能源汽车产业在中国的发展离不开政策的扶持，国家扶持新能源汽车产业发展的决心和力度可以从相关政策出台的频次窥见一斑。本书仅整理了国家各部委（没有涉及地方政府出台的相关政策）出台的部分政策，已达近百项之多，如附录 2－1 所示。自 1992 年钱学森院士最早通过信件向时任国务院副总理邹家华提出发展新能源汽车计划开始，扶持政策历经了早期的各类专项扶持政策，逐步演化为与促进消费提振经济的相关政策深度融合（这一特征在 2022 年之后的相关政策中表现得尤为突出）。这些政策无疑为中国新能源汽车产业从无到有、从有到强发挥了重要作用。具体而言,针对新能源汽车产业的扶持政策大致包含补贴与购置税减免政策、产业规划政策、推广政策和其他相关政策等。在补贴和购置税减免政策方面,购置税减免的相关政策自2014年首次实施以来,先后进行了3次延期,一直延续至今,补贴政策则是从2017年起门槛逐步提高,额度逐年下降,这是2016年出现"骗补"事件后的调整,更是我国新能源汽车产业从政策驱动为主向政策与市场双驱动发展阶段演化的必然选择。在产业政策方面,可以看出,相关政策既涉及产业的战略部署等宏观层面,也涉及行业标准化等具体措施。在推广政策方面,包括了城市试点的逐步铺开和车型推广等,2020年以后,新能源汽车的推广开始渗透到农村,工信部、农业农村部和商务部等部门每年都在开展新能源汽车下乡活动。相关配套政策方面,主要包括充电桩、新能源等领域的支持政策,特别是在2020年之后,政策体现出了与智能化的深入融合,揭示了汽车产业未来发展的战略方向。

政策力量在中国新能源汽车产业发展历程中发挥了重要作用,同时,市场力量也不容忽视。自2008年中国新能源汽车产业元年开始,在政策和市场的驱动下产业发展经历了两轮高速发展期,不同发展阶段驱动产业发展的关键力量也在演化,如图2-3所示。2008~2016年,得益于政府对新能源汽车产业发展的大力支持与补贴政策,新能源汽车产销量迎来了第一次发展高速期,政府通过制定一系列政策,如购车补贴、免征购置税等,推动新能源汽车产业的发展,此时期政府的政策出台为新能源汽车提供了市场准入和发展的基础,在2015年,中国新能源汽车产销量超过美国,自那时起,中国成为全球新能源汽车产销第一大国。2016年的"骗补"事件成为新能源汽车产业发展的第一个分水岭,2017年第一季度一度出现了负增长的情况,但政府迅速调整了补贴政策,提高了补贴门槛,鼓励和支持掌握先进核心技术的企业投资建设新能源汽车生产线,提供相关的技术支持和资金补贴,2016~2022年新能源汽车产销量第二次高速发展,这一时期的特点是驱动产业发展的关键动力由政策转向"政策+市场(主要是供给侧)"双驱动模式。2022年以后,2017版补贴政策全面退坡,新能源汽车市场竞争日渐激烈,逐渐进入淘汰赛,如何把握消费者需

求、提升新能源汽车产品本身的性能或将成为推动新能源汽车产业第三次
高速发展的关键驱动力量。

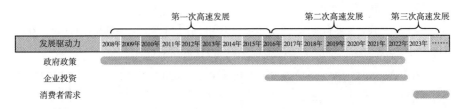

图 2 - 3　中国新能源汽车市场各发展阶段主要驱动主体和驱动力量示意
注：笔者根据本书观点整理绘制。

简言之，如果说2016 年之前的第一波高速发展期得益于政府政策的强
势推动，即政策驱动，车企的大力投入在 2016 年至今的第二波高速发展期
中发挥了至关重要的作用，即来自供给方的市场驱动，那么，在 2022 年补
贴政策退坡和新能源车企洗牌开始的当下，政府和企业两大经济主体轮番上
阵、贡献力量之后，新能源汽车产业的发展需要另一个经济主体——消费者
的支撑，即更加充分发挥市场驱动的需求方力量，无论是政府政策还是车企
投入的方向，都需要更多地关注消费者的需求。这也是本书在第四章通过消
费者调查问卷重点考察影响新能源汽车市场渗透因素的一个原因。

参 考 文 献

［1］艾新平，杨汉西．电动汽车与动力电池 ［J］．电化学，2011 (2)：8 - 18.

［2］安海彦．我国新能源汽车产业政策解读及对策建议 ［J］．科技管理研究，
2012, 32 (10)：29 - 32, 41.

［3］白玫．全球新能源汽车产业竞争格局研究 ［J］．价格理论与实践，2020
(1)：25 - 31.

［4］白雪洁，孟辉．新兴产业、政策支持与激励约束缺失——以新能源汽车产业
为例 ［J］．经济学家，2018 (1)：50 - 60.

［5］抄佩佩，胡钦高，万鑫铭，等．我国新能源汽车"十二五"发展总结及"十
三五"展望 ［J］．中国工程科学，2016, 18 (4)：61 - 68.

［6］陈柳钦．中国新能源汽车政策盘点 ［J］．汽车工业研究，2012 (3)：8.

［7］邓立治，刘建锋．美日新能源汽车产业扶持政策比较及启示 ［J］．技术经济

与管理研究，2014（6）：77 – 82.

［8］郭燕青，李磊，姚远. 中国新能源汽车产业创新生态系统中的补贴问题研究［J］. 经济体制改革，2016（2）：29 – 34.

［9］胡建兵. 补贴新能源汽车，政府应提高门槛［EB/OL］. 搜狐网.［2016 – 09 – 05］［2022 – 08 – 05］. http://www. sohu. com/a/113568098_115910.

［10］节能与新能源汽车产业发展规划（2012～2020 年）［J］. 中国资源综合利用，2012，30（7）：10 – 14.

［11］李珺，战建华. 中国新能源汽车产业的政策变迁与政策工具选择［J］. 中国人口·资源与环境，2017，27（10）：198 – 208.

［12］李苏秀，刘颖琦，王静宇，等. 基于市场表现的中国新能源汽车产业发展政策剖析［J］. 中国人口·资源与环境，2016，26（9）：158 – 166.

［13］路甬祥. 电动汽车发展的动力与机遇［J］. 科学中国人，2016（7）：6 – 9.

［14］马建，刘晓东，陈轶嵩，等. 中国新能源汽车产业与技术发展现状及对策［J］. 中国公路学报，2018，31（8）：1 – 19.

［15］马亮，仲伟俊，梅姝娥. 政府补贴、准入限制与新能源汽车产业发展［J］. 上海经济研究，2017（4）：17 – 25.

［16］彭婷婷，宋兹鹏等. 新能源汽车发展历程［J］. 中国商界，2017（11）：62 – 63.

［17］唐葆君，刘江鹏. 中国新能源汽车产业发展展望［J］. 北京理工大学学报（社会科学版），2015，17（2）：1 – 6.

［18］王小峰，于志民. 中国新能源汽车的发展现状及趋势［J］. 科技导报，2016，34（17）：13 – 18.

［19］徐艳民. 电动汽车动力电池及电源管理［M］. 北京：机械工业出版社，2015.

［20］"十三五"国家战略性新兴产业发展规划（全文）［J］. 中国战略新兴产业，2017（1）：57 – 81.

［21］袁博. 中国新能源汽车产业发展战略及路径研究［J］. 区域经济评论，2017（6）：126 – 134.

［22］张贵群，张欣. 新能源汽车产业发展面临的路径依赖及其破解［J］. 工业技术经济，2014，33（2）：75 – 80.

［23］左世全，赵世佳，祝月艳. 国外新能源汽车产业政策动向及对我国的启示［J］. 经济纵横，2020（1）：113 – 122.

附录 2 –1　国家各部委颁布的支持政策（部分）

年份	政策名称	主要内容
1992	电动汽车研究计划（"八五"计划之一）	钱学森院士建议中国的汽车工业应该跳过用汽油、柴油的阶段，直接进入减少环境污染的新能源阶段；制订蓄电池能源的汽车计划。时任国务院副总理邹家华立即回信讨论发展新能源汽车的可行性，并责令相关部门制订了"电动汽车研究计划"，在"八五"计划期间安排了当时堪称巨款的1500万元用来重点研究电动汽车
2001	"863"电动汽车重大专项	确立了"三纵三横"的研发布局，在新能源汽车领域与世界汽车制造强国同时起步
2007	《新能源汽车生产准入管理规则》	根据新规，新能源生产企业必须提交申请，核准后方可生产，对符合生产准入条件的企业以《公告》形式公布；不符合生产准入条件的企业，原则上6个月后方可重新提出生产准入申请。生产企业如发现产品存在影响安全、环保、节能等严重问题，应当立即停止生产和销售相关车辆产品，并对已销售车辆进行召回。生产新能源汽车的企业必须至少掌握车载能源系统、驱动系统、控制系统三大核心技术之一，并通过国家发展改革委的资质审定纳入公告管理
2007	《产业结构调整指导目录（2007年本）》	汽车产业鼓励类目录出现压缩天然气、氢燃料、生物燃料、合成燃料、二甲醚类燃料以及灵活燃料汽车和混合动力汽车、电动汽车、燃料电池汽车等新能源汽车整车及关键零部件（燃料电池及电催化器、电极、复合膜和双极板等电池关键材料，质子交换膜）开发及制造
2009	《关于开展节能与新能源汽车示范推广试点工作的通知》	在北京、上海、重庆、长春、大连、杭州、济南、武汉、深圳、合肥、长沙、昆明、南昌等13个城市开展节能与新能源汽车示范推广试点工作，以财政政策鼓励在公交、出租、公务、环卫和邮政等公共服务领域率先推广使用节能与新能源汽车，对推广使用单位购买节能与新能源汽车给予补助，其中，中央财政重点对购置节能与新能源汽车给予补助，地方财政重点对相关配套设施建设及维护保养给予补助
2009	《节能与新能源汽车示范推广财政补助资金管理暂行办法》	针对公共服务领域购车进行一定的补贴。在补贴标准设计的乘用车和轻型商用车中，混合动力汽车按照节油率分为五个补贴标准，最高每辆车补贴5万元；纯电动汽车每辆补贴6万元；燃料电池汽车每辆补贴25万元。这一补贴政策并没有涉及私人购车领域

续表

年份	政策名称	主要内容
2009	十城千辆节能与新能源汽车示范推广应用工程（简称"十城千辆"计划）	通过提供财政补贴，计划用3年左右的时间，每年发展10个城市，每个城市推出1000辆新能源汽车开展示范运行，涉及这些大中城市的公交、出租、公务、市政、邮政等领域，力争使全国新能源汽车的运营规模到2012年占到汽车市场份额的10%
2009	《汽车产业调整和振兴规划》	以新能源汽车为突破口，加强自主创新，培育自主品牌，形成新的竞争优势，促进汽车产业持续、健康、稳定发展
2009	《节能与新能源汽车示范推广应用工程推荐车型目录》	2009年8月至2015年，共发布了76批新能源车推荐目录，3409款节能与新能源车型获批。按照《节能与新能源汽车示范推广财政补助资金管理暂行办法》，被纳入《节能与新能源汽车示范推广应用工程推荐车型目录》中的乘用车将享受每辆车5万~25万元不等的财政补贴。2016年后，该目录废止，以《新能源推广应用推荐车型目录》替代，进入新目录的车型减少，废止旧目录，源于技术提升、产品标准更规范
2010	《关于开展私人购买新能源汽车补贴试点的通知》	根据汽车产业基础、居民购买力等情况和有关要求，选择5个城市（上海、长春、深圳、杭州、合肥）编制私人购买新能源汽车补贴试点实施方案
2010	《关于扩大公共服务领域节能与新能源汽车示范推广有关工作的通知》	在原有13个试点城市的基础上，增加天津、海口、郑州、厦门、苏州、唐山、广州7个试点城市。第3批又增加沈阳、呼和浩特、成都、南通和襄樊5个试点城市，节能与新能源汽车示范推广范围进一步扩大到25个城市
2010	《国务院关于加快培育和发展战略性新兴产业的决定》	根据战略性新兴产业的特征，立足我国国情和科技、产业基础，现阶段重点培育和发展节能环保、新一代信息技术、生物、高端装备制造、新能源、新材料、新能源汽车等产业
2011	《中华人民共和国车船税法》	对节约能源、使用新能源的车船可以减征或者免征车船税
2011	《国家"十二五"科学和技术发展规划》	全面实施"纯电驱动"技术转型战略。实施新能源汽车科技产业化工程。坚持"三纵三横"的研发布局，建立"三纵三链"产业技术创新战略联盟。全面掌握核心技术，加快整车系统技术成果的产业化和规模示范，形成整车及零部件工业体系，建设新能源汽车基础设施、产业标准体系和检验检测系统，使我国跻身新能源汽车产业先进国家行列

续表

年份	政策名称	主要内容
2011	《关于促进战略性新兴产业国际化发展的指导意见》	推动传统汽车制造企业向新能源汽车领域发展，培育本土龙头企业和新能源汽车跨国公司；鼓励境外申请专利；鼓励参与国际标准制定，逐步与国际标准接轨；建立产业联盟和行业中介组织，规范市场秩序；鼓励新能源汽车零部件企业"走出去"，在海外投资建厂
2011	《关于进一步做好节能与新能源汽车示范推广试点工作的通知》	对试点城市和示范产品生产企业均提出了更多要求，着力点集中在为新能源汽车创造消费环境和加快提升产品品质两方面，最大的亮点是对车企提出更明确的销售底线，并全方位促进新能源汽车的消费
2012	《节能与新能源汽车产业发展规划（2012 ~ 2020 年)》	在 2015 年，新能源汽车动力电池、电机和电控技术取得重大进展，动力电池模块比能量达到 150 瓦时/千克以上，电驱动系统功率密度达到 2.5 千瓦/千克以上。纯电动汽车和插电式混合动力汽车累计产销量力争达到 50 万辆。初步形成与市场规模相适应的充电设施体系和新能源汽车商业运行模式。在 2020 年形成新能源汽车动力电池、电机和电控技术创新发展能力，动力电池模块比能量达到 300 瓦时/千克以上。纯电动汽车和插电式混合动力汽车累计产销量超过 500 万辆。充电设施网络满足城际和区域内纯电动汽车运行需要，实现规模化商业运营。整体水平达到国际先进水平
2012	《新能源汽车产业技术创新工程财政奖励资金管理暂行办法》	中央财政从节能减排专项资金中安排部分资金支持新能源汽车产业技术创新，奖励资金安排和使用坚持"集中投入、重点突破"的原则，重点支持全新设计开发的新能源汽车车型及动力电池等关键零部件
2012	《电动汽车综合标准化技术体系》	将动力电池及系统列为标准制订的重点领域，截至 2012 年底，累计发布 60 多项新能源汽车相关标准，涉及电动汽车及动力电池安全、能耗消耗量测量、充电接口及通信协议等领域
2013	《国务院关于加快发展节能环保产业的意见》	加快新能源汽车技术攻关和示范推广。加快实施节能与新能源汽车技术创新工程，大力加强动力电池技术创新，重点解决动力电池系统安全性、可靠性和轻量化问题，加强驱动电机及核心材料、电控等关键零部件研发和产业化，加快完善配套产业和充电设施，示范推广纯电动汽车和插电式混合动力汽车、空气动力车辆等

续表

年份	政策名称	主要内容
2013	《关于印发大气污染防治行动计划的通知》	大力推广新能源汽车。公交、环卫等行业和政府机关要率先使用新能源汽车，采取直接上牌、财政补贴等措施鼓励个人购买。北京、上海、广州等城市每年新增或更新的公交车中新能源和清洁燃料车的比例达到60%以上
2013	《关于继续开展新能源汽车推广应用工作的通知》	依托城市推广应用新能源汽车；对消费者购买新能源汽车给予补贴；对示范城市充电设施建设给予财政奖励
2013	《第一批新能源汽车推广应用城市或区域名单》	北京市、天津市、太原市、晋城市、大连市、上海市、宁波市、合肥市、芜湖市、青岛市、郑州市、新乡市、武汉市、襄阳市、长株潭地区、广州市、深圳市、海口市、成都市、重庆市、昆明市、西安市、兰州市；河北省城市群［石家庄（含辛集）、唐山、邯郸、保定（含定州）、邢台、廊坊、衡水、沧州、承德、张家口］、浙江省城市群（杭州、金华、绍兴、湖州）、福建省城市群（福州、厦门、漳州、泉州、三明、莆田、南平、龙岩、宁德、平潭）、江西省城市群（南昌、九江、抚州、宜春、萍乡、上饶、赣州）、广东省城市群（佛山、东莞、中山、珠海、惠州、江门、肇庆）
2014	《关于加快新能源汽车推广应用的指导意见》	加快新能源汽车的推广应用，有效缓解能源和环境压力，促进汽车产业转型升级。该指导意见提出了包括总体要求、加快充电设施建设、积极引导企业创新商业模式、推动公共服务领域率先推广应用、进一步完善政策体系等政策措施
2014	《关于免征新能源汽车车辆购置税的公告》	自2014年9月1日至2017年12月31日，对购置的新能源汽车免征车辆购置税。此后进行了三次延期，新能源汽车免征车辆购置税政策延续至今
2014	《关于新能源汽车充电设施建设奖励的通知》	为加快新能源汽车充电设施建设，推进新能源汽车产业稳步发展，按照《国务院办公厅关于加快新能源汽车推广应用的指导意见》等文件精神，中央财政拟安排资金对新能源汽车推广城市或城市群给予充电设施建设奖励
2015	《关于2016～2020年新能源汽车推广应用财政支持政策的通知》	2016～2020年继续实施新能源汽车推广应用补助政策，在全国范围内开展新能源汽车推广应用工作，中央财政对购买新能源汽车给予补助，实行普惠制
2015	《关于节约能源 使用新能源车船车船税优惠政策的通知》	为促进节约能源，鼓励使用新能源，对节约能源车船减半征收车船税，对使用新能源车船免征车船税

年份	政策名称	主要内容
2015	《中国制造2025》	继续支持电动汽车、燃料电池汽车发展，掌握汽车低碳化、信息化、智能化核心技术，提升动力电池、驱动电机、高效内燃机、先进变速器、轻量化材料、智能控制等核心技术的工程化和产业化能力，形成从关键零部件到整车的完整工业体系和创新体系，推动自主品牌节能与新能源汽车同国际先进水平接轨
2016	《关于"十三五"新能源汽车充电基础设施奖励政策及加强新能源汽车推广应用的通知》	旨在加快推动新能源汽车充电基础设施建设，培育良好的新能源汽车应用环境，2016~2020年中央财政将继续安排资金对充电基础设施建设、运营给予奖补
2016	《关于促进绿色消费的指导意见》	严格执行政府对节能环保产品的优先采购和强制采购制度，扩大政府绿色采购范围，健全标准体系和执行机制，提高政府绿色采购规模。具备条件的公共机构要利用内部停车场资源规划建设电动汽车专用停车位，比例不低于10%，引进社会资本利用既有停车位参与充电桩建设和提供新能源汽车应用服务。2016年，公共机构配备更新公务用车总量中新能源汽车的比例达到30%以上，到2020年实现新能源汽车广泛应用
2016	《关于推进"互联网+"智慧能源发展的指导意见》	鼓励充换电设施运营商、电动汽车企业等，集成电网、车企、交通、气象、安全等各种数据，建设基于电网、储能、分布式用电等元素的新能源汽车运营云平台。促进电动汽车与智能电网间能量和信息的双向互动，应用电池能量信息化和互联网化技术，探索无线充电、移动充电、充放电智能导引等新运营模式。积极开展电动汽车智能充放电业务，探索电动汽车利用互联网平台参与能源直接交易、电力需求响应等新模式
2016	《关于调整新能源汽车推广应用财政补贴政策的通知》	(1) 提高推荐车型目录门槛并动态调整。(2) 在保持2016~2020年补贴政策总体稳定的前提下，调整新能源汽车补贴标准。其中，除燃料电池汽车外，各类车型2019~2020年中央和地方补贴标准和上限，在现行标准基础上退坡20%。(3) 改进补贴资金拨付方式。除此之外，还将建立惩罚机制。对违规谋补和以虚报、冒领等手段骗补的企业进行处罚
2017	《关于加快单位内部电动汽车充电基础设施的通知》	到2020年，公共机构新建和既有停车场要规划建设配置充电设施比例不低于10%；中央国家机关及所属在京公共机构比例不低于30%；在京中央企业比例力争不低于30%

续表

年份	政策名称	主要内容
2017	《汽车产业中长期发展规划》	设定短期目标：到 2020 年，新能源汽车年产销达到 200 万辆，动力电池单体比能量达到 300 瓦时/千克以上，系统比能量力争达到 260 瓦时/千克、成本降到 1 元/瓦时以下；到 2025 年，新能源汽车占汽车产销 20% 以上，动力电池系统比能量达到 350 瓦时/千克
2017	《关于促进储能技术与产业发展的指导意见》	拓展电动汽车等分散电池资源的储能化应用。开展电动汽车智能充放电业务，探索电动汽车动力电池、通信基站电池、不间断电源（UPS）等分散电池资源的能源互联网管控和储能化应用。完善动力电池全生命周期监管，开展对淘汰动力电池进行储能梯次利用研究
2017	《乘用车企业平均燃料消耗量与新能源汽车积分并行管理办法》	该管理办法以年产量或进口量 3 万辆为要求门槛：不足 3 万辆的传统燃油乘用车企不设定新能源积分比例要求；3 万辆以上的从 2019 年开始实施积分考核。2019 年与 2020 年新能源汽车积分比例分别为 10% 和 12%
2017	《关于免征新能源汽车车辆购置税的公告》	2017 年 12 月 31 日之前已列入《目录》的新能源汽车，对其免征车辆购置税政策继续有效
2018	《新能源汽车动力蓄电池回收利用管理暂行办法》	办法明确动力电池生产企业产品的设计要求、生产要求和回收责任等。旨在加强新能源汽车动力蓄电池回收利用管理，规范行业发展，推进资源综合利用，保护环境和人体健康，保障安全，促进新能源汽车行业持续健康发展
2018	《关于调整完善新能源汽车推广应用财政补贴政策的通知》	第一，对非个人购买新能源汽车申请财政补贴的运营里程要求从"3 万公里"调整为"2 万公里"。同时，车辆销售上牌后将按申请拨付一部分补贴资金，达到运营里程要求后全部拨付，补贴标准和技术要求按照车辆获得行驶证年度执行。第二，破除地方保护，建立统一市场。各地不得采取任何形式的地方保护措施，包括但不限于设置地方目录或备案、限制补贴资金发放、对新能源汽车进行重复检验、要求生产企业在本地设厂、要求整车企业采购本地零部件等措施。第三，除了燃料电池汽车补贴力度保持不变之外，新能源客车、专用车补贴标准均有所下降，而新能源乘用车的补贴标准则按照成本变化等情况进行优化
2018	《关于开展 2017 年及以前年度新能源汽车推广应用补助资金清算申报的通知》	各级牵头部门提交本地汽车生产企业 2017 年 1 月 1 日至 12 月 31 日中央财政补贴资金清算申请报告。对于 2015 年度、2016 年销售上牌但未获补贴的车辆按照对应年度补贴标准执行。除私人购买新能源乘用车、作业类专用车，党政机关公务车，民航机场场内车辆外，其他类型新能源汽车累计行驶里程须达到 2 万公里（截至 2017 年 12 月 31 日）即可获得补贴

续表

年份	政策名称	主要内容
2018	《汽车产业投资管理规定》	对投资股比、选址、资质、技术、研发和制造能力提出具体要求，逐步从直接补贴引导步入严格管理阶段
2018	《关于 2019 年进出口暂定税率等调整方案的通知》	取消新能源汽车用锂离子电池单体的进口暂定税率，恢复执行最惠国税率。继续对国内发展亟需的航空发动机、汽车生产线焊接机器人等先进设备、天然饲草、天然铀等资源性产品实施较低的进口暂定税率
2019	《进一步优化供给推动消费平稳增长促进形成大国内市场的实施方案（2019 年）》	方案要求，持续优化新能源汽车补贴结构，坚持扶优扶强的导向，将更多补贴用于支持综合性能先进的新能源汽车销售，鼓励发展高技术水平新能源汽车
2019	《关于进一步完善新能源汽车推广应用财政补贴政策的通知》	通知内容为五点：一、优化技术指标，坚持"扶优扶强"；二、完善补贴标准，分阶段释放压力；三、完善清算制度，提高资金效益；四、营造公平环境，促进消费使用；五、强化质量监管，确保车辆安全
2019	《关于支持新能源公交车推广应用的通知》	从 2019 年开始，新能源公交车完成销售上牌后提前预拨部分资金，满足里程要求后可按程序申请清算。在普遍取消地方购置补贴的情况下，地方可继续对购置新能源公交车给予补贴。落实新能源公交车免征车辆购置税、车船税政策
2019	《2019 年新能源汽车标准化工作要点》	2019 年新能源汽车标准化工作要点包括以下三个方面：一、优化标准体系，推动标准创新发展；二、研究重点领域，满足产业发展需求；三、强化国际参与，提升国际影响力
2019	《绿色出行行动计划（2019 - 2022 年）》	以习近平新时代中国特色社会主义思想为指导，贯彻落实党中央、国务院决策部署，切实推进绿色出行发展，坚持公共交通优先发展，努力建设绿色出行友好环境、增加绿色出行方式吸引力、增强公众绿色出行意识，进一步提高城市绿色出行水平。到 2022 年，初步建成布局合理、生态友好、清洁低碳、集约高效的绿色出行服务体系，绿色出行环境明显改善，公共交通服务品质显著提高，在公众出行中的主体地位基本确立，绿色出行装备水平明显提升，人民群众对选择绿色出行的认同感、获得感和幸福感持续加强
2019	《推动重点消费品更新升级 畅通资源循环利用实施方案（2019 ~ 2020 年）》	鼓励地方对无车家庭购置首辆家用新能源汽车给予支持。鼓励有条件的地方在停车费等方面给予新能源汽车优惠，探索设立零排放区试点

年份	政策名称	主要内容
2020	《智能汽车创新发展战略》	智能汽车是全球汽车产业发展的战略方向，包括新能源汽车产业在内的相关产业发展为中国发展智能汽车产业打下了坚实的基础。战略提出到2025年，中国标准智能汽车的技术创新、产业生态、基础设施、法规标准、产品监管和网络安全体系基本形成；展望2035～2050年，中国标准智能汽车体系全面建成、更加完善
2020	《关于促进快递业与制造业深度融合发展的意见》	支持制造企业联合快递企业研发智能立体仓库、智能物流机器人、自动化分拣设备、自动化包装设备、无人驾驶车辆和冷链快递等技术装备，加快推进制造业物流技术装备智慧化。鼓励快递企业加快推广甩挂运输和多式联运等先进运输组织模式，淘汰更新老旧车辆，提高新能源车辆使用比例
2020	《关于促进消费扩容提质加快形成强大国内市场的实施意见》	以绿色产品供给、绿色公交设施建设、节能环保建筑以及相关技术创新等为重点推进绿色消费，创建绿色商场。落实好现行中央财政新能源汽车推广应用补贴政策和基础设施建设奖补政策，推动各地区按规定将地方资金支持范围从购置环节向运营环节转变，重点支持用于城市公交；对轻型纯电动货车不限行或少限行
2020	《关于加快建立绿色生产和消费法规政策体系的意见》	以电器电子产品、汽车产品、动力蓄电池、铅酸蓄电池为重点，加快落实生产者责任延伸制度，适时将实施范围拓展至轮胎等品种，强化生产者废弃产品回收处理责任。加大对分布式能源、智能电网、储能技术、多能互补的政策支持力度，研究制定氢能、海洋能等新能源发展的标准规范和支持政策。建立完善新能源汽车推广机制，有条件的地方对消费者购置节能新能源汽车等给予适当支持。鼓励公交、环卫、出租、通勤、城市邮政快递作业、城市物流等领域新增和更新车辆采用新能源和清洁能源汽车
2020	《2020年新能源汽车标准化工作要点》	深入贯彻实施发展新能源汽车的国家战略，秉承创新、融合、开放、合作的理念，持续优化标准体系，加快电动汽车整车、燃料电池、动力电池、充换电领域相关标准研制，深化国际交流合作，发挥标准对技术创新和产业升级的引领作用，支撑我国新能源汽车高质量发展
2020	《关于完善新能源汽车推广应用财政补贴政策的通知》	通知明确了2020年新能源汽车补贴标准，同时还将新能源汽车推广应用财政补贴政策实施期限延长至2022年底，2020～2022年补贴标准分别在上一年基础上退坡10%、20%、30%，城市公交、道路客运、出租（含网约车）、环卫、城市物流配送、邮政快递、民航机场以及党政机关公务领域符合要求的车辆，2020年补贴标准不退坡

续表

年份	政策名称	主要内容
2020	《关于开展新能源汽车下乡活动的通知》	北汽新能源、长城、上通五菱、重庆长安、奇瑞新能源、江淮汽车、比亚迪股份、东风汽车、一汽奔腾、合众新能源 10 家车企的 16 款车型参与此次新能源汽车下乡活动，活动时间为 2020 年 7 月 ~ 2020 年 12 月
2020	《关于开展燃料电池汽车示范应用的通知》	示范期暂定为四年，重点支持燃料电池商用车示范应用
2020	《新能源汽车产业发展规划（2021 ~ 2035 年)》	明确引导新能源汽车产业有序发展，推动建立全国统一市场，提高产业集中度和市场竞争力。该规划指出了四个关键发展方向：一要加大关键技术攻关，鼓励车用操作系统、动力电池等开发创新；二要加强充换电、加氢等基础设施建设，加快形成快充为主的高速公路和城乡公共充电网络，对作为公共设施的充电桩建设给予财政支持，鼓励开展换电模式应用；三要鼓励加强新能源汽车领域国际合作；四要加大对公共服务领域使用新能源汽车的政策支持
2020	《关于进一步完善新能源汽车推广应用财政补贴政策的通知》	通知指出，为创造稳定政策环境，2021 年保持现行购置补贴技术指标体系框架及门槛要求不变，2021 年新能源汽车购置补贴标准在 2020 年基础上退坡 20%。为加快公共交通等领域汽车电动化，城市公交、道路客运、出租（含网约车）、环卫、城市物流配送、邮政快递、民航机场以及党政机关公务领域符合要求的新能源汽车，2021 年补贴标准在 2020 年基础上退坡 10%。为加快推动公共交通行业转型升级，地方可继续对新能源公交车给予购置补贴
2021	《关于服务构建新发展格局的指导意见》	推进运输装备迭代升级，推广应用新能源汽车
2021	《关于加快建立健全绿色低碳循环发展经济体系的指导意见》	推广绿色低碳运输工具，淘汰更新或改造老旧车船，港口和机场服务、城市物流配送、邮政快递等领域要优先使用新能源或清洁能源汽车；加强新能源汽车充换电、加氢等配套基础设施建设
2021	《关于开展 2021 年新能源汽车下乡活动的通知》	活动时间为 2021 年 3 月 ~ 2021 年 12 月，鼓励参加下乡活动的新能源汽车行业相关企业积极参与"双品网购节"，支持企业与电商、互联网平台等合作举办网络购车活动，通过网上促销等方式吸引更多消费者购买

续表

年份	政策名称	主要内容
2021	《绿色交通"十四五"发展规划》	加快新能源和清洁能源运输装备推广应用。加快推进城市公交、出租、物流配送等领域新能源汽车推广应用,国家生态文明试验区、大气污染防治重点区域新增或更新的公交、出租、物流配送等车辆中新能源汽车比例不低于80%。鼓励开展氢燃料电池汽车试点应用
2021	《关于2022年新能源汽车推广应用财政补贴政策的通知》	(1)纯电动乘用车的续航里程是一个重要的标准,在2022年底之前,续航里程低于300公里的纯电动乘用车将无法获得任何补贴。(2)插电混动车型也有补贴政策调整,插电混动车型补贴标准已下降至4800元
2022	《关于进一步提升电动汽车充电基础设施服务保障能力的实施意见》	目标到"十四五"末,我国电动汽车充电保障能力进一步提升,形成适度超前、布局均衡、智能高效的充电基础设施体系,能够满足超过2000万辆电动汽车充电需求
2022	《促进绿色消费实施方案》	方案提到大力推广新能源汽车,逐步取消各地新能源车辆购买限制,推动落实免限行、路权等支持政策,加强充换电、新型储能、加氢等配套基础设施建设
2022	《2022年汽车标准化工作要点》	2022年汽车标准化工作按照《国家标准化发展纲要》《新能源汽车产业发展规划(2021~2035年)》等文件要求,紧贴汽车技术发展趋势和行业实际需求制定,共包括五点主要内容,在其中的第二点"加快新兴领域标准研制,助力产业转型升级"方面详细指出了新能源汽车、智能网联车、汽车电子和汽车芯片等四个领域的标准
2022	《关于进一步加强新能源汽车企业安全体系建设的指导意见》	为进一步压实新能源汽车企业安全主体责任,指导企业建立健全安全保障体系,提出完善安全管理机制、保障产品质量安全、提高监测平台效能、优化售后服务能力、加强事故响应处置、健全网络安全保障体系几点意见
2022	《关于进一步释放消费潜力促进消费持续恢复的意见》	支持新能源汽车加快发展,鼓励有条件的地区开展新能源汽车和绿色智能家电下乡,推进充电桩(站)等配套设施建设
2022	《关于开展2022新能源汽车下乡活动的通知》	通知公布2022年5~12月开展新能源汽车下乡活动,共26家车企70款车型参与活动

续表

年份	政策名称	主要内容
2022	《财政支持做好碳达峰碳中和工作的意见》	大力支持发展新能源汽车，完善充换电基础设施支持政策，稳妥推动燃料电池汽车示范应用工作；此外，财政部有关负责人就出台《财政支持做好碳达峰碳中和工作的意见》表示，落实新能源汽车推广应用财政补贴政策，但重申"新能源汽车购置补贴政策于 2022 年 12 月 31 日终止"
2022	《扎实稳住经济的一揽子政策措施》	扩大专项债券支持领域，优先考虑将新型基础设施、新能源项目等纳入支持范围。优化新能源汽车充电桩（站）投资建设运营模式，逐步实现所有小区和经营性停车场充电设施全覆盖，加快推进高速公路服务区、客运枢纽等区域充电桩（站）建设
2022	《关于搞活汽车流通扩大汽车消费若干措施的通知》	通知聚焦支持新能源汽车购买使用、活跃二手车市场、促进汽车更新消费、支持汽车平行进口、优化汽车使用环境、丰富汽车金融服务等
2022	《关于印发工业领域碳达峰实施方案的通知》	大力推广节能与新能源汽车，强化整车集成技术创新，提高新能源汽车产业集中度。提高城市公交、出租汽车、邮政快递、环卫、城市物流配送等领域新能源汽车比例，提升新能源汽车个人消费比例。开展电动重卡、氢燃料汽车研发及示范应用。加快充电桩建设及换电模式创新，构建便利高效适度超前的充电网络体系
2022	《加快推进公路沿线充电基础设施建设行动方案》	到 2025 年底前，高速公路和普通国省干线公路服务区（站）充电基础设施进一步加密优化，农村公路沿线有效覆盖，基本形成"固定设施为主体，移动设施为补充，重要节点全覆盖，运行维护服务好，群众出行有保障"的公路沿线充电基础设施网络
2022	《关于延续新能源汽车免征车辆购置税政策的公告》	对购置日期在 2023 年 1 月 1 日至 2023 年 12 月 31 日期间的新能源汽车，免征车辆购置税
2023	《关于加快推进充电基础设施建设 更好支持新能源汽车下乡和乡村振兴的实施意见》	要适度超前建设充电基础设施，支持农村地区购买使用新能源汽车，强化农村地区新能源汽车服务管理
2023	《关于进一步构建高质量充电基础设施体系的指导意见》	到 2030 年，基本建成覆盖广泛、规模适度、结构合理、功能完善的高质量充电基础设施体系，有力支撑新能源汽车产业发展，有效满足人民群众出行充电需求

续表

年份	政策名称	主要内容
2023	《关于延续和优化新能源汽车车辆购置税减免政策的公告》	对购置日期在 2024 年 1 月 1 日至 2025 年 12 月 31 日期间的新能源汽车免征车辆购置税，其中，每辆新能源乘用车免税额不超过 3 万元；对购置日期在 2026 年 1 月 1 日至 2027 年 12 月 31 日期间的新能源汽车减半征收车辆购置税，其中，每辆新能源乘用车减税额不超过 1.5 万元
2023	《关于推进城市公共交通健康可持续发展的若干意见》	(1) 加强政策支持：完善峰谷分时电价政策，鼓励各地通过多种形式对新能源城市公交车辆充电给予政策支持。各地在保障新能源城市公交车辆夜间充电执行低谷电价的基础上，结合新能源城市公交车辆日间补电需求，可在日间设置部分时段执行低谷电价，以引导新能源城市公交车辆更多在低谷时段充电。充分发挥省级层面对城市交通发展奖励资金的统筹作用，采用奖励方式加强对辖区内城市公共汽电车行业转型升级发展，保障城市公共汽电车企业可持续运营，推广应用新能源城市公交车辆等深化城市公共交通优先发展方面的引导。用好农村客运补贴资金政策，统筹用于保障农村客运（含服务农村地区的公共汽电车）线路车辆正常运营。利用地方政府专项债券等工具，支持符合条件的公共汽电车场站充换电基础设施建设。(2) 改善设施条件：严格落实城市公共汽电车场站配置标准，在大型居住区、商业区等附近设置公共汽电车首末站或枢纽站。支持在城市公共汽电车企业自有、租赁场站建设完善新能源城市公交车辆充电设施，保障用电接入条件，有效满足车辆充电需求
2023	《关于推动汽车后市场高质量发展的指导意见》	促进汽车维修服务提质升级，提出加快新能源汽车维修技术标准体系建设、加强售后维修培训、发展汽车绿色维修、提升汽车维修数字化服务能力，更好支撑新能源汽车产业发展和保护车主权益；构建多层次汽车赛事格局，支持开展新能源汽车、智能网联汽车等新型赛事活动，发展国际级、国家级汽车赛事

注：笔者根据政府官网发布的公开资料整理。

第三章 产业发展趋势初判

随着产业经济学相关研究的发展，分析和预测产业发展趋势的研究方法层出不穷。近年来，有研究采用主路径分析法对产业发展趋势进行分析。主路径分析是一种数学工具，适用于可以以引用网络的形式组织的任何人类活动的分析，目前在分析学术文献、专利和司法文书等领域有很好的应用。

学术文献间的引用关系揭示了知识传递的方向，通过引文分析，可以了解某一学科领域的发展历程并探析未来研究趋势（陈光华和陈雅琦，2001）。本书尝试透过知识发展的脉络初判新能源汽车产业的发展趋势。具体来说，首先，通过新能源汽车产业主题的科学文献引文关系形成引证网络；其次，使用主路径分析法呈现科学文献研究的演化轨迹；最后，为了更加深入细致地了解文献研究的发展脉络，进一步使用格文－纽曼（Girvan-Newman）聚类算法（简称 G－N 算法）将引证网络分成若干群组，并用主路径分析法呈现各个群组的知识演化轨迹，探寻新能源汽车产业重要研究分支的发展脉络及未来趋势。

第一节 主路径分析预测产业发展趋势的方法

一、主路径分析法简介

主路径分析法最早在 1989 年提出，该方法首先通过"遍历计数"的概念来测量引文网络中所有链接的重要性，然后将最重要的链接依次链接到"主路径"，这被认为是目标引文中最重要的历史路径，该方法建立在引用分析的基础上，在引证网络中，每个文献被视为一个节点（node），两篇有引用关系的文献以线（link）连接，主路径分析是通过计算节点间连线权重，再由权重高的连线形成主路径的方法（Hummon and Dereian 1989）。换言之，主路径分析法包括两步：首先，将二元引文网络转换为加权网络，每个链接的权重表示该链接的重要性；其次，应用某种搜索算法来构建主路径（Liu and Lu，2012）。常用的计算连线权重的算法有节点对投影数（node pair projection count）、搜索路径链接数（search path link count）、搜索路径节点对（search path node pair）、搜索路径计数（search path count，SPC）。这几种方法大同小异，本书介绍并选用 SPC 算法。某一选定连线的 SPC 权重是所有从源点到汇点经过此连线的路径数，源点是知识的起源，汇点是知识传播的终点（Liu et al.，2013a）。如图 3-1 所示，引证网络中有 A 和 B 两个源点，H、J、I 三个汇点，从源点到汇点经过连线 A-C 的路径有 A-C-E-H，A-C-E-J，A-C-J，所以连线 A-C 的权重是 3。

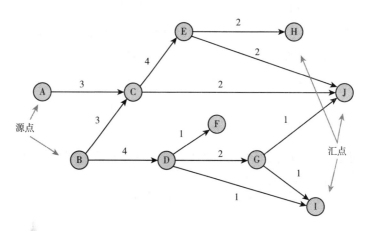

图 3-1　SPC 算法计算连线权重示意

注：笔者根据 SPC 算法思想绘制。

　　权重大的连线在知识传播中起到重要作用，形成主路径。形成主路径的方法主要有局部主路径（local main path）、全局主路径（global main path）、关键路线主路径（key-route main path）等。局部主路径从源点开始依次搜寻权重最大的连线直到汇点为止，如图 3-1 中的路径 B-D-G-J 和 B-D-G-I。此方法方便找出学科领域的发展历史，但形成的主路径有可能不是整体权重最高的，如图 3 - 1 中的路径 B - C - E - H 的整体权重就比路径 B - D - G - J 和 B - D - G - I 高。为解决这一问题，全局主路径首先找出引证网络中权重最大的连线，如图 3 - 1 中的连线 B - D 和 C - E，然后从权重最大的连线分别向前向后搜索，找出从源点到汇点所有连线整体权重最大的路径，即为全局主路径，若有两条以上的路径，则为多全局主路径（multiple global main path），该方法强调整体知识扩散的轮廓，可看出近年的发展趋势，并克服局部主路径遗漏重要路径的问题（Liu et al，2012）。关键路线主路径则首先对引证网络中所有连线权重进行排序，然后以权重排名靠前（可以选排名前 10、15、20、30 等）的连线为基础搜索路径，从这些连线向前向后找出主路径，将找到的全部路径连接起来，即构成关键路线主路径。关键路线主路径可以看出技术或理论发展的分分合合现象，阐释不同阶段的知识发展过程，与全局主路径一样，关键路线主路径也能克服局部主路径没有将最大的连线纳入主路径的缺点（Liu et al，2012）。

如果主路径分析中的知识网络比较复杂，常用 G - N 算法从复杂网络中有效发现不同社团，以便更好地把握整个网络的结构和未来走向。G - N 算法的基本思想是：首先计算网络中所有源节点的边介数（edge betweenness），从网络中删除边介数最大的边，然后重新计算网络中剩余边相对于源节点的边介数，删除边介数值最大的边，重复这个过程直到网络中的所有边都被删除，单个节点退化成独立的社团（Girvan and Newman，2002）。此外，还可以在 G - N 算法里引入模块度（modularity）的概念用以评价产生的社团结构，使分群质量最优化。模块度指"在群组之间连接边的数目减去等效网络中随机置放的边的数目"，它着眼于社会内部顶点之间联系的紧密与社团之间顶点联系的稀疏（Newman，2006）。引入模块度概念后，G - N 算法的具体步骤如下：第一步，计算网络中所有边的边介数；第二步，移除最高边介数的边；第三步，重新计算所有边的边介数；第四步，重复第二至第三步，直到原网络分成两个群为止，计算并记录此时的模块度；第五步，重复第二至第三步，直到所有的边都被移除；第六步，回头寻找具有最大模块度的分群结果即为最佳分群（Newman，2006）。

二、基础数据介绍

因英文文献数据库有着较好的引证关系，加之研究英文文献可洞察全球新能源汽车产业的状况，本书使用的基础数据库是科睿唯安（Clarivate）提供的 Web of Science 信息检索平台。新能源汽车是非常规燃料车的统称，主要包括混合动力电动汽车（hybrid electric vehicle/plug-in hybrid electric vehicle）、纯电动汽车（electric vehicle/battery only electric vehicle）、燃料电池电动汽车（fuel cell electric vehicle）等。以上述关键词并配合布尔逻辑运算构成关键字符串在数据库主题字段进行检索，通过阅读检索到的重要文献发现，关于新能源汽车的表述方式还有 electric car、electric automobile、new energy vehicle、green energy vehicle 等，虽然这些关键词对应的检索结果文献量不多，但为了基础数据尽可能完备，仍将这些关键词考虑在内，再结合布尔逻辑运算进行检索。本书研究的第一组基础数据检索时间截至 2016 年 12 月 31 日，共检索到新能源汽车主题在经济管理领域的文献 801 篇，通过这些文献之间的引文关系构成引证网络；第二组基础数据检索时间截至 2020 年 12 月 31 日，共检索到新能源汽车主题在经济管理领域的文献 937 篇，并通过文献间的引文关系构成引证网络。后文重点介绍第一组数据基础的主路径分析结果，并结合第二组基础数据呈现的结果预判新能源汽车产业的发展趋势①。

第二节 新能源汽车产业科学文献的主路径

一、第一组基础数据的主路径

运用关键路线主路径分析法以权重最大的 20 条关键路线形成对所有

① 2016 年，中国新能源汽车市场正经历第一次高速发展期，"骗补"事件使产业发展第一次遭遇冲击，本书研究始于此，第一组基础数据截至 2016 年底，基于这组数据的分析得出了一些具有启示意义的结论。研究至 2020 年底，又收集了第二组数据进行补充分析，进一步印证了由第一组基础数据分析得出的相关结论。

文献研究的主路径,包含 35 篇文献。每篇文献为图中一个节点,节点以作者名与文献发表年份共同标识。其中作者名的呈现规则是第一位作者的姓氏,若有多位作者,则在第一个作者姓氏之后依次加其他作者姓氏的第一个字母,如 HorowitzH1987 表示霍洛维茨(Horowitz)和哈蒙(Hummon)在 1987 年合作的文章,箭头的方向指示了文献之间的引证关系,箭头的粗细反映了该引证路径的权重。主路径中有三个源点,开启了围绕新能源汽车市场渗透影响因素的讨论,早期文献在 EwingS2000 节点汇合后,经历分分合合的演化,形成三个研究路径:第一个研究路径继续新能源汽车市场渗透多种影响因素的讨论,这一路径自三个源点开始延续至这一分支的六个汇点文献,共 23 篇文献;第二个研究路径是自 Ziegler2012 节点开始形成的关于补贴的独立研究分支,共 7 篇文献;第三个研究路径是自 WangL2013 节点开始形成的关于充电站的独立研究分支,共 5 篇文献。将这三条路径分别命名为路径 A、路径 B、路径 C,如图 3-2 所示。

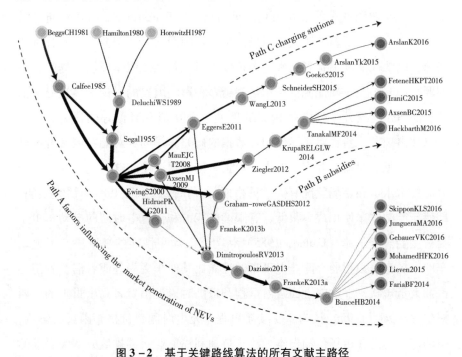

图 3-2 基于关键路线算法的所有文献主路径

注:笔者根据主路径分析结果绘制。

(一) 新能源汽车市场渗透多种影响因素 (Path A)

市场渗透影响因素是新能源汽车经济管理领域文献关注的重要主题, 根据文献研究结果, 续航里程、充电时间、最高时速、加速性能等车辆性能因素, 采购价格、使用成本、补贴等财务因素, 充电站等基础设施配套因素等是影响新能源汽车市场渗透的主要因素。能源危机、环保需求等外部因素也会影响新能源汽车的市场渗透。

Path A 包括 23 篇文献, 始于三个源点文献。汉密尔顿 (Hamilton, 1980) 从减少石油能源依赖和提高石油能源使用效率的角度分析了推广新能源汽车的意义, 使用非常规车用燃料的新能源汽车可以由氢能源、太阳能、生物能源、电力等非石油能源驱动, 即使驱动所需的电力来源于煤发电, 由于煤发电比煤合成汽油的效率高, 仍可明显节约燃煤量。霍洛维茨和哈蒙 (Horowitz and Hummon, 1987) 通过对电动车电池性能的计算机模拟探讨了新能源汽车的潜在市场。贝格斯等 (Beggs et al, 1981) 通过潜在消费者偏好分析新能源汽车市场渗透的影响因素。三个源点文献分别从能源、电池性能和消费者偏好三个角度探讨了新能源汽车市场渗透的相关问题。Path A 关于新能源汽车市场渗透多种影响因素的讨论大多从分析消费者需求角度展开, 其中多数文献是关于潜在消费者偏好的研究, 2012年以后出现了一些针对实际使用者数据的研究。早期针对潜在消费者偏好的研究文献, 对新能源汽车的市场前景多持悲观态度。这与新能源汽车当时的技术水平和市场状况有关。贝格斯等 (Beggs et al, 1981) 研究表明, 即使新能源汽车使用成本很低, 有限续航能力和长充电时间的电动车也不会被接受。卡尔菲 (Calfee, 1985) 认为, 电动车性能的缺陷决定了电动车的市场竞争力很弱, 除非电动车的性能比其他车更先进或者消费者担心汽油大量短缺, 在性能方面续航里程和最高时速是消费者高度重视的。西格尔 (Segal, 1995) 认为, 受续航里程、充电时间、价格等因素的影响, 电动汽车的潜在市场份额根本无法支持加利福尼亚州零排放方案中要求的ZEV 销售任务。与前三篇文献不同, 德鲁奇等 (DeLuchi et al, 1989) 没有从分析潜在消费者的需求角度入手, 而是从评估电动车性能、成本、排放、充电入手，认为只有电动车的续航里程超过 150 英里、加速等性能与内燃机车相当、电池成本持续下降、电池使用寿命和性能持续提高，到 20 世纪末电动乘用车才可能作为多车家庭的第二辆车。

20 世纪后 30 年，能源危机和环境恶化使得新能源汽车开始被重视，但那一时期纯电动车续航里程一般最多不过 50 英里，性能无法与内燃机车匹敌，很难被消费者接受，真正量产并上市销售的车型极少。这是这一时期文献研究对市场持悲观态度的现实原因。2000 年以后的文献研究对市场发展前景不再持悲观态度，这或许与 1997 年在日本本土上市、2000 年开始外销全球市场的丰田普锐斯取得的成功有关。2000～2013 年，Path A 经历了分分合合的演化，其原因如下。第一，针对潜在消费者偏好的分析在原有基础上继续深化。尤因和萨迦鲁（Ewing and Sarigöllü，2000）认为，环保理念和政策不足以创造市场，续航里程、加速、充电效率等车辆性能依然是消费者选择新能源汽车的关键因素。海德鲁等（Hidrue et al，2011）认为，续航里程、燃料费、充电时间等是影响新能源汽车市场渗透的重要因素。这些文献研究结论中影响新能源汽车市场渗透的因素与之前的研究基本一致，但对市场前景不再持悲观态度。艾格斯和艾格斯（Eggers and Eggers，2011）认为，纯电动车是未来的发展趋势，采购价格、续航里程、市场准入时间、环境演变等因素决定了消费者是否会选择纯电动车。第二，分析中考虑的影响因素更加丰富。毛等（Mau et al，2008）首次增加了动态偏好因素，认为除了价格、燃料费、政府补贴、续航里程、充电站等因素，市场渗透率的提升本身也可以提升消费者对新能源汽车的偏好。阿克森等（Axsen et al，2009）在陈述性偏好因素中加入显示性偏好因素，提升了模型估计的实际效果。第三，这一时期，随着丰田普锐斯（1997 年上市）、特斯拉 Roadster（2008 年上市）、日产 LEAF（2011 年上市）、特斯拉 Model S（2012 年上市）等车型的热卖，市场发生了重大变化，研究中增加了实际使用者的数据，相应的研究方法也发生了一些变化。格雷厄姆－罗等（Graham-Rowe et al，2012）采用半结构访谈的问卷调查，研究主流消费者采购插电混合电动车（PHEV）的潜在障碍，发现消费者除了对车辆性能等因素有所担忧外，还担心当前的 PHEV 会随着快速充电等基础设施的完善而过时。弗兰克和克雷姆斯（Franke and Krems，2013a）通过六个月的实地考察，测算用户对三种不同续航里程车型的自我调节心理动力学参考值，发现消费者对电动车的续航能力是满意的。

随着 Path A 在 2000～2013 年分分合合的演化，制约新能源汽车市场渗透的关键因素也发生了微妙的变化。表 3-1 中整理了 Path A 所有 23 篇文献中提及的影响新能源汽车市场渗透的因素，续航里程和充电时间是被提及次数最多的两个因素。2013 年之前的研究中，普遍认为续航里程是制约新能源汽车市场渗透的关键因素。迪米托普洛斯等（Dimitropoulos et al，2013）对消费者偏好相关研究进行的荟萃分析也证明长续航里程以及与其相关的充电时间、充电站覆盖面等最有利于新能源汽车的市场渗透。后续研究中，达齐亚诺（Daziano，2013）用贝叶斯估计专门分析了消费者对有限续航能力的担忧问题。但是研究有电动车驾驶经历的消费者对续航能力的偏好更符合用户对续航里程的真实需求，这些消费者对续航里程是满意的（Franke and Krems，2013a，2013b）。有驾驶经历的消费者会选择续航里程相对较短的纯电动车（Skippon et al，2016）。2013 年以后，充电时间和充电站覆盖率问题成为制约新能源汽车市场渗透的关键因素，而补贴对市场渗透的作用也被着重关注。补贴和充电问题形成了两个新的独立研究分支 Path B 和 Path C，其内容将在后文详述，此处继续梳理 Path A 中剩余文献的相关观点。邦斯等（Bunce et al，2014）发现乘用车消费者较少使用公共充电站，主要在家里完成充电。利芬（Lieven，2015）对 5 大洲 20 个国家进行的调查结果显示在高速公路上布设充电站网络十分必要。洪克拉等（Junquera et al，2016）利用 1245 位西班牙受访者的问卷资料数据证明了价格越高、充电时间越长越影响消费者购买意愿。快速充电系统对电动车未来发展前景非常有利（Gebauer et al，2016）。

表 3-1　　　　　　　　　　新能源汽车市场渗透影响因素一览

文献标签	影响因素
Hamilton1980	能源危机
BeggsCH1981	续航里程、充电时间
Calfee1985	续航里程、最高时速

续表

文献标签	影响因素
HorowitzH1987	电池性能
DeluchiWS1989	快速充电技术、电池性能和成本
Segal1995	续航里程、充电时间、采购价格、是否拥有其他汽车、收入、年龄、通勤习惯
EwingS2000	续航里程、加速性能、充电效率
MauEJCT2008	续航里程、采购价格、燃料费、补贴、充电站、保修
AxsenMJ2009	车辆性能、采购价格、燃料费、排放、补贴
EggersE2011	续航里程、市场准入时间、价格、环境变化
HidruePKG2011	续航里程、燃料费、充电时间
Graham-roweGASDHS2012	采购和使用成本、性能、充电、环保理念、身份象征、技术路线成熟度
FrankeK2013b	续航里程
DimitropoulosRV2013	续航里程、充电时间、充电站
Daziano2013	续航里程
FrankeK2013a	续航里程
BunceHB2014	充电站
Lieven2015	补贴、交通规则、充电站
FariaBF2014	充电站
SkipponKLS2016	续航里程
JunqueraMA2016	采购价格、充电时间
MohamedHFK2016	态度、感知行为、规范（道德和主观）、年龄、就业水平和状况
GebauerVKC2016	快速充电技术

注：笔者基于 Path A 中 23 篇文献整理。

第一，Path A 文献发展脉络，首先展示了影响新能源汽车市场渗透因素研究的全貌和演化过程。能源与环境因素，续航里程、充电时间、加速、最高时速等汽车本身的性能因素，采购价格、燃料费、维修成本等财务因素是早期文献着重讨论的影响因素。直接货币补贴在 2008 年以后的文献中频频被提及，停车场充电桩、快速充电站等基础设施建设在 2013年以后的文献中被重点关注。最新的文献研究结论呈现出多元化趋势，除了车辆性能因素、财务因素、配套基础设施因素以外，消费者的个人身份认同、感知行为、规范（道德和主观）、年龄、就业水平和状况等因素也对消费者的购买意愿有重大影响（Mohamed et al, 2016）。第二，Path A 揭示了新能源汽车市场渗透关键制约因素的变化。2013 年之前续航里程被认为是制约市场渗透的关键因素。虽然补贴政策在 2008 年以后被频频提及并在 2012 年以后形成了独立的研究分支 Path B，但是普遍的观点是，货币补贴可以刺激消费者的购买意愿，但不是必需的（Lieven, 2015）。可见补贴只能在新能源汽车市场推广的早期起到锦上添花的效果，不会成为左右市场渗透的关键因素。2013 年以后的文献普遍认为，充电时间和充电站覆盖率是制约市场渗透的关键因素。因此，提高电池性能以缩短充电时间，增加充电桩数量提高其获取的便利性是当前最有利于提高新能源汽车市场率的方法。第三，Path A 的文献研究大多从消费者偏好展开，利用离散选择模型（discrete choice models）、概率选择模型（probabilistic choice models）、联合分析模型（conjoint analysis）、贝叶斯估计（Bayes estimates）、结构方程模型等研究方法对潜在消费者数据进行分析，利用半结构访谈（semi-structured interviews）、自我调节心理动力学（self regulating psychodynamics）、自我一致性理论（self-congruity theory）等质性研究方法对实际使用消费者资料进行研究。Path A 上的文献多是从消费者需求角度展开，从企业供给角度展开的研究极少。相对于企业，消费者的专业水平低，对行业的了解主要基于市场既有的现实表现，因此从消费者角度分析的市场渗透影响因素一般具有递进性；而企业则更加专业，对行业发展前景的认知更具前瞻性，如果从企业角度分析市场渗透影响因素，可能会得到更具前瞻性的结论。

（二）补贴（Path B）

补贴是影响新能源汽车市场渗透多种影响因素之一，Path B 从 Path A 的讨论中演化而来，与 Path A 相同，这部分的研究也多以离散选择实验研究消费者偏好切入，在讨论中更注重补贴政策对新能源汽车市场渗透的积极意义。Path A 中的 EwingS2000 节点是主路径中的重要节点，其针对不同人群市场细分的调查显示，对新能源汽车关注度低、收入偏低的消费者对直接货币补贴表现出更积极的反应（Ewing and Sarigöllü, 2000）。Path A

中 MauEJCT2008 节点和 AxsenMJ2009 节点的文献也提及了补贴政策，补贴政策分支从 Path A 演化而来，自 Ziegler2012 节点形成独立的研究分支 Path B。关于补贴政策的文献研究表明，针对消费者的直接补贴效果在不同国家、不同细分市场上表现不同，针对研发和基础设施建设投入的必要性和效果被广泛认可。

通过德国 598 位买家对混合动力、燃气、生物燃料、氢燃料、纯电动、传统汽油和柴油车等 7 种车型的陈述性偏好离散选择实验发现，年轻和具有环保意识的购车者更倾向于电动车和氢能源汽车，男性更倾向于氢能源汽车，促进电动车领域的研发、税收、补贴等政策可提升他们的接受度（Ziegler，2012）。关于美国 1000 名居民的调查发现，财务和电池相关问题仍然是制约 PHEV 被广泛接受的主要障碍，对能源和环境最关注的受访者比最不关注的受访者愿意购买 PHEV 的比例高出几十倍，即使有这样高的购买意愿，他们仍不愿意多支付几千美元的费用，这一结论有助于政府制定合适的补贴政策（Krupa et al，2014）。针对美国和日本消费者偏好调查的离散选择分析，认为价格大幅下降会带来 EV 和 PHEV 普及率的提升，针对购买的直接价格补贴对新能源汽车市场份额的提升意义重大（Tanaka et al，2014）。伊拉尼和查拉克（Irani and Chalak，2015）认为，应支持黎巴嫩政府关于免除混合动力电动车关税和消费税的修正案，这样既可以节省燃料成本又可以减少二氧化碳排放，解决空气污染问题。针对加拿大 1754 个家庭的调查显示，消费者在偏好和购买动机上具有高度的异质性，不同细分市场的消费者对补贴政策的反应不同（Axsen et al，2015）。消费者愿意为新能源汽车性能提升支付一部分费用，另一部分与消费者心理估值的缺口要由政府补贴来弥补（Hackbarth and Madlener，2016）。

与针对销售补贴的结论呈现多元化的情况不同，政府针对研发和基础设施建设的投资被普遍认可。基础设施建设的补贴除了要直接投入到社区和公共停车场的充电桩、快速充电站外，工作地充电设施的建设也需要政府的投入。雇员对充电设施的需求和雇主对工作地充电设备的供给之间是失衡的，补救方法是对工作地充电设备进行补贴、对电费和负载技术进行调整（Fetene et al，2016）。

（三）充电站（Path C）

电动车充电方式主要有交流慢充和直流快充两种，交流慢充使用普通电源，对电网负荷没有特别要求，技术障碍不大。慢速充电桩在技术实现上不存在太大障碍，主要问题是政府如何利用政策和补贴引导公共和私人部门的合作，加大设备投资，增加设备数量。慢速充电设施一般只能解决城市通勤需求，长距离行程必须由快速充电站解决。快速充电站对电网负载要求高，相关技术实现上存在较大的优化提升空间。在充电站供给有限的当下，合理规划充电站位置对新能源汽车市场渗透尤为重要，Path C 的5 篇文章主要是基于混合整数规划研究充电站位置设置和覆盖问题，以及基于邻域搜索算法研究电动车队最优路径问题。

王英伟和林川志（Wang and Lin, 2013）基于加油逻辑通过混合整数规划法（mixed integer programming method）研究了混合充电站（multiple-recharging-station）的设置和覆盖率问题，强调可同时提供快充和慢充的混合充电站是更优的选择。施耐德等（Schneider et al, 2014）提出了一种自适应可变邻域搜索算法（adaptive variable neighborhood search）来解决具有中间停靠点的车辆路径规划问题。格克和施耐德（Goeke and Schneider, 2015）提出了自适应大规模邻域搜索算法（adaptive large neighborhood search algorithm）分析存在时间窗口的电动车最优路径问题。在长距离运输中充电站的可获得性影响运输成本（Arslan et al, 2015），充电站位置设置的原则是最大化车辆使用电力驱动的里程，从而降低总运输成本（Arslan and Karaşan, 2016）。受制于快速充电站数量有限，个人乘用车和公务乘用车主要用于城市通勤，长途旅行使用不便，严重制约新能源汽车的市场渗透率。个人乘用车充电一般在社区，公务乘用车充电一般在工作单位完成甚至闲置。目前有限的快速充电站主要服务对象是物流车、公共客车等专用电动车队，Path C 文献内容多为电动车队最优路径规划问题。

二、第一组基础数据的主要研究议题

这部分的研究仍然基于第一组基础数据展开，在第一组基础数据的801篇文献中，构成引证关系网络的有372篇，而呈现在权重最大的20条路径构成的关键主路径上的只有35篇。为了更加深入细致地了解新能源汽车产业发展脉络，把握其发展趋势，本书使用G-N算法将引证网络分成若干组。文献数量排名前三分群研究主题分别是市场渗透多种影响因素、充电、技术路径与市场渗透。这三个分群分别包括96篇、67篇、52篇文献，文献总量占形成引证网络文献数量的50%以上。其他组文献量均不足10篇，本书忽略这些文献量少的分组，仅把排名前三的组分别生成全局主路径，做深入讨论。

（一）市场渗透影响因素

所有文献主路径的研究主线是新能源汽车市场渗透多种影响因素，足见此主题的文献在新能源汽车经济管理领域的研究数量较多，这一研究主线形成了第一组分群。如图3-3所示，第一分群全局主路径中的15篇文献全部出现在所有文献主路径中，其发展脉络与所有文献主路径中的Path A基本一致，主要差别在于从Ewing2000节点到Dimitropoulos-RV2013节点的演化过程更简洁，以及少一个汇点GebauerVKC2016，故这部分不再重复介绍此研究议题，重点介绍充电、技术路径与市场渗透两个研究议题。

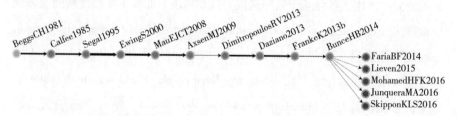

图3-3　基于全局主路径算法的第一分群主路径（市场渗透影响因素）

注：笔者根据第一分群主路径分析结果绘制。

（二）充电

充电分组的全局主路径中包含 9 篇文献，如图 3 – 4 所示。早期的三篇文献主要讨论在现有充电技术下，如何使充电与电网实现最佳耦合并降低充电成本的问题。电动车充电时会引起电网负载的小幅增加，这会对节点边际电价产生重大不利影响，通过采用实时定价充电表、增加电池更换站、发展车对电网技术、改善充电基础设施可在不同程度上消除这一不利影响（Wang et al, 2010）。但是，萧山西（Sioshansi, 2012）认为，实时定价在所有收费模式中表现最差，控制 PHEV 夜间充电更有意义。赫等（He et al, 2013）则在平衡建模框架下讨论了如何在一个区域内确定有限数量的公共充电站的最佳位置以最大限度地发挥其与电网耦合的社会福利。

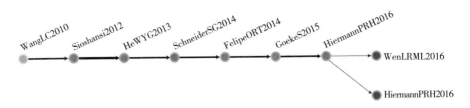

图 3 – 4　基于全局主路径算法的第二分群主路径（充电）

注：笔者根据第二分群主路径分析结果绘制。

自 SchneiderSG2014 以后的 6 篇文献（其中 Goeke2015 出现在所有文献主路径的 Path C 中）均是基于现有充电站分布情况下各种电动车队最优路径规划问题的讨论，这一研究主题与所有文献主路径的 Path C 的内容基本一致，只是路径中的文献有差别。为寻求最优路径或近似最优路径，这类研究中使用了各种基于数据迭代的搜索算法，如基于禁忌搜索的变邻域搜索算法（variable neighborhood search algorithm with a tabu search heuristic）、非确定性模拟退火框架（non deterministic simulated annealing framework）、自适应大规模邻域搜索算法（adaptive large neighborhood search algorithm）、分支价格切割算法（branch-price-and-cut algorithms）、结合自适应大规模邻域搜索的混合整数规划（mixed integer programming formulation as well as an adaptive large neighborhood search heuristic）。

(三) 技术路径与市场渗透

第三分群的主题是技术路径与市场渗透，其全局主路径中共 8 篇文献，有两个源点。这两个源点揭示了这一分群的两个研究主题：一是关于新能源汽车技术锁定问题的研究；二是关于不同技术类型的新能源汽车市场推广前景的讨论。正如图 3 – 5 所示，这两个源点汇聚成一条主路径，两个研究主题的发展也交织在一起。

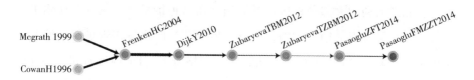

图 3 – 5　基于全局主路径算法的第三分群主路径（技术路径与市场渗透）

注：笔者根据第三分群主路径分析结果绘制。

新能源汽车技术严重锁定在内燃机汽车技术上，内燃机技术本身的缺陷、尾气排放等法规的严格、新能源汽车技术的突破、消费者品位的变化、政府扶植政策创造的利基市场等是突破技术锁定的渠道（Cowan and Hultén，1996）。在位者会依靠其地位推动自己偏好的技术，扭曲新技术及其发展轨迹的理性竞争，因此市场中表现出来的是相对微小的创新车型在市场渗透中更具竞争力（McGrath，1999）。这使得微创新车型更容易打开市场（McGrath，1999），但鼓励多样性研发和充分竞争、避免技术过早地锁定在次优技术上是新能源汽车推进过程中需要重视的问题（Frenken et al，2004）。根据美国国家专利局 1980～2001 年的数据分析显示，新能源汽车专利技术的品种和掌握专利技术的机构都在不断增长，不太可能过早地发生技术锁定（Frenken et al，2004）。受技术经济制度、创新阻力、市场推广失败的影响，汽车发动机技术仍严重锁定在内燃机技术的轨迹上，直到 2000 年以后，加利福尼亚州空气资源委员会和丰田的持续努力推动了混合动力电动发动机的创新之路（Dijk and Yarime，2010）。此后，关于哪种类型的新能源汽车市场推广前景更好的讨论成为热点。专家认为，纯电动车（EV）和插电混合动力电动车（PHEV）2030 年前在欧洲的市场份额会持续增加，根据经销商提供的销售预测，PHEV 似乎拥有更好的市场前景（Zubaryeva et al，2012），除了梳理专业文献和通过专家意见进行评估以外，文献还对欧盟二级行政统计区的 27 个成员国内的地区和城市进行了调查，调查设置了三个情景：一切照旧、温和变化、加快创新。结果显示：在一切照旧情景下，2020 年将有一些孤立的领先市场领域，2030 年将有数量相对有限的更多领先地区；探索的另外两种情景表明，2030 年加快创新情景的情况更为积极，电动汽车在德国、荷兰、法国、英国、爱尔兰和意大利的大部分地区广泛渗透，在这种情景下，伦敦、马德里、柏林和罗马等城市的销量大增。虽然目前 PHEV 的市场表现更优，但 EV 很可能是未来新能源汽车的发展方向。帕萨格鲁等（Pasaoglu et al，2014）分析了 EV 充电对 9 个欧洲国家电力系统的影响，根据 6 个欧洲国家个人驾车习惯的样本数据分析，认为当前 EV 的续航能力、充电技术已经基本与个人驾车习惯相匹配。

技术路线与市场渗透这一分群是崭新的，与其他两个分群不同，其主路径的 8 篇文献均没有在所有文献主路径中出现，这或许因为技术路径研究并非经济管理类文献的主要切入点。这一分群虽然不是新能源汽车经济管理领域文献研究发展的主线，但对把握新能源汽车产业发展过程并预测产业未来发展趋势具有重要意义。文献研究表明，现有技术在很大程度上锁定在内燃机技术上，其发展的惯性严重影响了新能源汽车产业的发展轨迹；所以，像 PHEV 这样的"微创新"车型在当前的市场推广中表现得更好；但是，加快创新是发展的主流，更具创新性能的 EV 是未来的发展趋势。

三、第二组基础数据的主路径和主要研究议题

（一）主路径文献和主要研究议题

截至 2020 年底的第二组基础数据包括 937 篇论文，运用关键路线算法以最大权重的 20 条路线形成文献研究的主路径，包含 28 篇文献，如表 3-2 所示。这一组文献主路径的 28 篇文献全部聚焦在电池和充电问题

上，这与第一组基础数据分析的趋势完全吻合，即随着新能源汽车产业的发展，续航里程问题已经不再是影响新能源汽车市场扩散的关键因素了，取而代之的是充电问题。

表3-2　主路径文献对电池和充电问题的研究视角和主要观点一览

标签	篇名	研究视角和主要观点
KemptonK2000	Electric-drive vehicles for peak power in Japan	V2G 的价值
LundK2008	Integration of renewable energy into the transport and electricity sectors through V2G	V2G 的价值
SovacoolH2009	Beyond batteries: An examination of the benefits and barriers to plug-in hybrid electric vehicles (PHEVs) and a vehicle-to-grid (V2G) transition	V2G 的价值和可能存在的障碍：（1）纯技术障碍；（2）观念、效益、商业模式等"社会技术"障碍
AndersenMR2009	Integrating private transport into renewable energy policy: The strategy of creating intelligent recharging grids for electric vehicles	实现 V2G 的商业模式
BrownPS2010	Electric vehicles: The role and importance of standards in an emerging market	电动车标准和认证的重要性
KleyLD2011	New business models for electric cars—A holistic approach	包括 V2G 在内的电动汽车商业模式
SanromanMAM2011	Regulatory framework and business models for charging plug-in electric vehicles: Infrastructure, agents, and commercial relationships	实现 V2G 的商业模式
GalusZA2010	On integration of plug-in hybrid electric vehicles into existing power system structures	关于 V2G 的消极观点
Schill2011	Electric vehicles in imperfect electricity markets: The case of Germany	关于 V2G 的消极观点
SchroederT2012	The economics of fast charging infrastructure for electric vehicles	关于 V2G 的消极观点
WangLTZKV2011	Impact of plug-in hybrid electric vehicles on power systems with demand response and wind power	V2G 可以降低电网成本

续表

标签	篇名	研究视角和主要观点
WangL2013	Locating multiple types of recharging stations for battery-powered electric vehicle transport	充电站布设规划
HeWYG2013	Optimal deployment of public charging stations for plug-in hybrid electric vehicles	充电站布设规划
SchneiderSG2014	The electric vehicle-routing problem with time windows and recharging stations	充电站布设规划
SchneiderSH2015	An adaptive VNS algorithm for vehicle routing problems with intermediate stops	充电站布设规划
GoekeS2015	Routing a mixed fleet of electric and conventional vehicles	充电站布设规划
ArslanYK2015	Minimum cost path problem for plug-in hybrid electric vehicles	充电站布设规划
ArslanK2016	A benders decomposition approach for the charging station location problem with plug-in hybrid electric vehicles	充电站布设规划
PelletierJL2016	50th anniversary invited article goods distribution with electric vehicles: Review and research perspectives	充电站布设规划
DesaulniersEIS2016	Exact algorithms for electric vehicle-routing problems with time windows	充电站布设规划
HofSG2017	Solving the battery swap station location-routing problem with capacitated electric vehicles using an AVNS algorithm for vehicle-routing problems with intermediate stops	充电站布设规划
MontoyaGMV2017	The electric vehicle routing problem with nonlinear charging function	充电站布设规划
ZhangKK2017	Incorporating demand dynamics in multi-period capacitated fast-charging location planning for electric vehicles	充电站布设规划
LeeH2017	Benders-and-price approach for electric vehicle charging station location problem under probabilistic travel range	充电站布设规划

续表

标签	篇名	研究视角和主要观点
WangZMOL2019	A four-step method for electric-vehicle charging facility deployment in a dense city: An empirical study in Singapore	充电站布设规划
XuM2019	Fleet sizing for one-way electric carsharing services considering dynamic vehicle relocation and nonlinear charging profile	充电站布设规划
MaXMC2020	Ridesharing user equilibrium problem under OD-based surge pricing strategy	充电站布设规划
XuM2020	Optimal deployment of charging stations considering path deviation and nonlinear elastic demand	充电站布设规划

　　注：笔者根据第二组基础数据形成的主路径文献整理，标签以作者名与文献发表年份共同标识，其中作者名的呈现规则是第一位作者的姓氏，若有多位作者，则在第一个作者姓氏之后依次加其他作者姓氏的第一个字母。

　　文献首先探讨了电动汽车接入电网（vehicle-to-grid，V2G）在能源转型、节能减排和经济方面的价值，接着提出了V2G除了在技术上有待完善外，在商业模式等"社会技术"上也存在需要突破的障碍。在解决这些社会技术问题上，学者们的研究形成了消极和积极两派观点：少数持消极观点的学者认为，电动汽车和电网联系较弱、收益不高；持积极观点的学者则主要从商业模式和充电站布设规划角度展开深入探讨。这些消极和积极的观点最终都汇聚在关于充电站布设规划问题的研究上，此后，主路径上的所有文献研究均高度聚焦在充电站布设规划问题上。

（二）分群文献主路径和主要研究议题

　　第二组基础数据分群研究仍选择文献数量排名前三的群组，具体情况如下：第一群组包括252篇文献，主路径文献的研究议题仍是影响新能源汽车渗透的多种因素；第二群组包括107篇文献，主路径文献的研究议题是充电站布设规划问题；第三群组包括82篇文献，主路径文献的研究议题是如何提高充电效率问题。相较于第一组基础数据分群研究的热点研究议题，第二组基础数据揭示的热点研究议题仍然是新能源汽车渗透的多种影响因素和充电问题，只是相关研究更加具体和深入。文献的具体内容不影响本书基于主路径演化对新能源汽车产业发展趋势的判断，故未对第二组数据的相关文献逐一具体介绍，后文关于趋势的预测重点基于第一组基础数据呈现的具体内容展开分析。

第三节 基于主路径分析的产业发展脉络与未来趋势初判

对文献的主路径分析表明，市场渗透影响因素的演化贯穿了新能源汽车产业的演化脉络，并揭示了产业未来发展趋势，即加载智能属性的新能源汽车是市场未来发展方向。

一、市场渗透关键制约因素从续航里程演化为充电问题

所有文献主路径中文献的发展脉络揭示了新能源汽车市场的两个演化趋势：一是对市场前景的态度由最初的悲观到不悲观再到相对乐观的演化，三个阶段的两个转折点分别出现在 2000 年前后和 2013 年前后；二是市场渗透关键制约因素从续航里程演化为充电时间和充电站覆盖率，转折出现在 2013 年前后，如图 3 - 6 所示。科学文献研究中关于新能源汽车市场前景和市场渗透关键制约因素两个问题的观点演变，与新能源汽车产业界发展状况吻合。1973 年欧佩克石油禁运引起的汽油价格上涨激发了人们寻找替代燃油汽车的热情，赛百灵 - 先锋（Sebring-Vanguard）和电动小汽车（Elcar）两家公司成为先驱，宝马也在 1972 年展出了型号为 1602E 的电动车，但这些电动车的续航里程和车辆性能无法与内燃机车匹敌，市场表现惨淡，这些车型大多没有量产。这一时期的文献研究对市场前景持悲观态度，低续航里程是制约新能源汽车市场渗透的关键因素。直到 2000 年丰田普锐斯在全球的热卖重新点燃了大众对新能源汽车的热情，

这是全球第一款量产的插电混合动力电动车。2008 年上市的特斯拉 Road-ster、2011 年上市的日产 LEAF、2012 年上市的特斯拉 Model S 成为全球畅销的纯电动车型，这些经典车型改变了市场对新能源汽车发展前景的预期和对纯电动车续航能力的担忧。2015 年上市的特斯拉 Model X 最大续航里程可达 350 英里[①]，2016 版的日产 LEAF 最大续航 107 英里，比 2011 版续航能力提升了 50%[②]。车辆性能大幅优化的背后是技术的进步，尤其是电池技术的长足发展。自 20 世纪 70 年代电动车重新被关注以来，电池技术大概经历了从铅酸电池到镍氢电池再到锂电池的发展，能量密度和性能大幅提升。

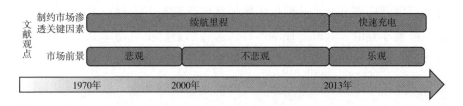

图 3 - 6　主路径文献观点演化示意

注：笔者根据主路径分析结论整理绘制。

2013 年以后，充电问题取代续航里程成为制约新能源汽车市场渗透的关键因素，这与充电基础设施短缺有密切关系。以中国大陆为例，截至 2015 年底的统计数字显示，全国建设充电桩 49468 个，其中可实现快速充电的直流充电桩只有 10978 个，[③] 充电桩短缺严重制约了新能源汽车的市场推广。解决这一问题的可行方案有三个：第一，继续加强电池技术研发，通过电池性能的优化缩短充电时间。第二，设置电池更换点，通过快速更换电池补充动力。这一方案的前提是电池组规格统一，但目前不同车型使用的电池千差万别。所以这一方案仍需通过加强电池研发，以促成电池组规格标准化。还需要政府牵头制定电动车用电池产品标准化体系。第三，完善快速充电基础设施建设。建设专门的快速充电站，在

① 资料来源：特斯拉官网 https://teslamotorsclub.com/tmc/。

② 资料来源：日产官网 https://www.nissanusa.com/owners.html。

③ 资料来源：中国充电联盟 http://en.caam.org.cn：9527/。

社区、工作地和公共停车场增加充电桩等都是完善快速充电基础设施建设的具体方案。在高速公路上建设专门的快速充电站以形成快速充电网是解决电动车长途行驶充电问题的方案，这需要专门的场地和大量的资金投入。电动车在城市行驶中的充电问题可以通过在社区、工作地、公共停车场增加充电桩解决，这样的建设成本更经济。如果在这些停车场建设蓄电站，错峰存储电能或者利用太阳能给蓄电站储能还可以减少实时快速充电对电网负荷造成的影响，并降低充电成本，如果担心停车场有充电桩的停车位被占用导致有限的充电设备不能被充分利用，还可以通过建设移动充电机器人来解决。将路灯的电源外接后增加充电接口的方案可以利用现有城市基础设施增加充电桩数量，方便在沿街停车位停放的电动车充电，其改造成本不高。这些都是解决电动车充电问题的可行商业方案。虽然无线充电技术能耗较大，对环境影响未知，但已有企业称完成了技术上的突破并做好了商业化运营的准备，虽然短期内普遍推广难度大，但长远看也是解决充电问题的可行方案。电池技术的研发、充电基础设施的建设都需要政府和企业投入大量的资金，并专注技术创新。

二、加载智能属性的新能源汽车是市场未来发展方向

解决了充电问题，是否就可以为新能源汽车市场推广扫清障碍？答案并不确定。分群研究结果显示，当前 EV 的续航能力、充电技术已经基本与个人驾车习惯相匹配。虽然所有文献主路径中揭示了续航里程、充电问题等是制约新能源汽车市场渗透的关键因素，但车辆性能不断提升，基础设施建设不断完善的趋势毋庸置疑。加之各主要汽车产销国对发展新能源汽车产业都极为重视，这似乎与新能源汽车全球不足1%的市场占有率并不相符。这不禁令人担忧，解决了充电问题能否大幅提升新能源汽车的市场占有率。主路径中关于市场渗透制约因素的分析主要从消费者需求角度展开，相对于企业，消费者的专业水平低，对行业的了解主要基于市场既有的现实表现。而目前新能源汽车技术的发展仍然部分锁定在传统内燃机

车的道路上，无论是续航能力的提升，还是充电基础设施的完善，均无法摆脱内燃机车形成的发展惯性。这种技术革新主要体现在完善新能源汽车载具属性上，无法带给消费者全新的感受，性能最佳的新能源汽车给消费者带来的体验充其量与传统内燃机车相当。据此推测，载具属性的完善很难引爆新能源汽车市场。相较于消费者，企业更加专业、对行业发展前景的认知更具前瞻性。目前，致力于发展新能源汽车的企业很多，除了传统车企和很多高科技企业进入该行业，谷歌、百度、腾讯等互联网巨头也纷纷进军新能源汽车市场，各种无人驾驶的智能电动车已经出现。高科技企业和互联网企业布局新能源汽车，使我们意识到，新能源汽车较之传统内燃机车的优势可能不在续航里程等载具属性的提升上，而在于其电力驱动带来的智能化实现的便利上。基于各种智能应用的技术革新对新能源汽车乃至整个汽车产业发展是革命性的，智能属性的提升与完善或许才是引爆新能源汽车市场的导火索。主路径上的一些文献对消费者的调查也印证了上述观点。主路径中的重要节点文献 EwingS2000 中针对不同人群市场细分的调查显示，更清洁、富有未来概念的创新车型更能打动主动关注新能源汽车的消费者。分群研究结果虽然认为目前 PHEV 这样的微创新似乎拥有更好的市场前景，但加快创新是主流，更具有创新性的 EV 是未来发展的趋势。所以，本书预测在智能化发展的大潮下，技术变革带来的新能源汽车智能属性的拓展是发展趋势，加载多种智能应用的 EV 是市场发展的方向。

中国是拥有超过 14 亿人口的大市场，对新产品、新技术接受度高，载具属性完善、加载智能属性的新能源汽车在中国市场会拥有大好的发展前景。2017 版补贴政策导致中国 2017 年第一季度新能源乘用车销量负增长，所有文献主路径分析结果显示，补贴政策虽然能刺激消费者的购买意愿，但不是影响渗透率的关键因素，所以补贴政策逐年降低购车补贴额度是正确的选择。解决市场渗透率问题归根结底要靠技术创新，2017 版补贴政策提高了续航能力、最高时速、电池能量密度、百公里耗电量等指标的门槛，体现了对技术的重视。这将引导企业重视新能源汽车技术水平的提升，转变仅靠政策主导的市场现状。但应该注意到，购买经济型车辆的低收入人群更容易受补贴政策驱动，因此购车直接补贴设置的技术门槛要向此类车型倾斜，以便通过这一细分市场提高新能源汽车市场渗透率。而市场渗透率提升本身一方面可以直接提升消费者偏好，另一方面增加了有新能源汽车驾驶经验的司机数量，驾驶经历对新能源汽车的市场渗透有积极影响。此外，政府和企业在针对技术研发的投入上要注意，资金不仅要投向与完善新能源汽车载具属性相关的电池技术、能源管理技术等方向，还要惠及可以提升新能源汽车智能属性的技术领域。

参 考 文 献

［1］陈光华（Kuang-Hua Chen），陈雅琦（Ya-Chi Chen）. 学术期刊引用文献资料库之现况与建置［J］. 大学图书馆，2001，5（1）：33-48.

［2］Andersen P H, Mathews J A, Rask M. Integrating private transport into renewable energy policy：The strategy of creating intelligent recharging grids for electric vehicles［J］. Energy Policy, 2009, 37（7）：2481-2486.

［3］Arslan O, Karaan O E. A benders decomposition approach for the charging station location problem with plug-in hybrid electric vehicles［J］. Transportation Research Part B Methodological, 2016, 93：670-695.

［4］Arslan O, Yildiz B, Karasan O E. Minimum cost path problem for plug-in hybrid electric vehicles［J］. Transportation Research Part E Logistics and Transportation Review, 2015, 80：123-141.

［5］Atmaja T D. Energy storage system using battery and ultracapacitor on mobile charging station for electric vehicle-science direct［J］. Energy Procedia, 2015, 68：429-437.

［6］Axsen J, Bailey J, Castro M A. Preference and lifestyle heterogeneity among potential plug-in electric vehicle buyers［J］. Energy Economics, 2015, 50：190-201.

［7］Axsen J, Mountain D C, Jaccard M. 2009. Combining stated and revealed choice research to simulate the neighbor effect：The case of hybrid-electric vehicles［J］. Resource Energy Economics, 2009, 31（3）：221-238.

［8］Batagelj V. Efficient algorithms for citation network analysis［J］. Computer Science, 2003.

［9］Beggs S, Cardell S, Hausman J. Assessing the potential demand for electric cars［J］. Journal of Econometrics, 1981, 17（1）：1-19.

［10］Brown S, Pyke D, Steenhof P. Electric vehicles: The role and importance of standards in an emerging market ［J］. Energy Policy, 2010, 38 （7）: 3797 – 3806.

［11］Bunce L, Harris M, Burgess M. Charge up then charge out ［J］. Transportation Research Part A Policy and Practice, 2014, 59 （59）: 278 – 287.

［12］Calfee J E. Estimating the demand for electric automobiles using fully disaggregated probabilistic choice analysis ［J］. Transportation Research Part B, 1985, 19 （4）: 287 – 301.

［13］Chen Y B, Liu J S, Lin P. Recent trend in graphene for optoelectronics ［J］. Journal of Nanoparticle Research, 2013, 15 （2）: 1 – 14.

［14］Chuang T C, Liu J S, Lu L Y Y, et al. The main paths of eTourism: Trends of managing tourism through Internet ［J］. Asia Pacific Journal of Tourism Research, 2017, 22 （2）: 213 – 231.

［15］Chuang T C, Liu J S, Lu L Y Y, et al. The main paths of medical tourism: From transplantation to beautification ［J］. Tourism Management, 2014, 45 （12）: 49 – 58.

［16］Cowan R, Hulten S. Escaping lock-in: The case of the electric vehicle ［J］. Technological Forecasting and Social Change, 1996, 53 （1）: 61 – 79.

［17］Daziano R A. Conditional-logit Bayes estimators for consumer valuation of electric vehicle driving range ［J］. Resource and Energy Economics, 2013, 35 （3）: 429 – 450.

［18］Deluchi M, Wang Q, Sperling D. Electric vehicles: Performance, life-cycle costs, emissions, and recharging requirements ［J］. Transportation Research Part A General, 1989, 23 （3）: 255 – 278.

［19］Desaulniers G, Errico F, Irnich S, et al. Exact Algorithms for Electric Vehicle-Routing Problems with Time Windows ［J］. Operations Research, 2016, 64 （6）: 1388 – 1405.

［20］Dijk M, Yarime M. The emergence of hybrid-electric cars: Innovation path creation through co-evolution of supply and demand ［J］. Technological Forecasting & Social Change, 2010, 77 （8）: 1371 – 1390.

［21］Dimitropoulos A, Rietveld P, Ommeren J N V. Consumer valuation of changes in driving range: A meta-analysis-ScienceDirect ［J］. Transportation Research Part A: Policy and Practice, 2013, 55 （3）: 27 – 45.

［22］Eggers F, Eggers F. Where have all the flowers gone? Forecasting green trends in the automobile industry with a choice-based conjoint adoption model ［J］. Technological

Forecasting & Social Change, 2011, 78 (1): 51 – 62.

[23] Egghe L. Theory and practise of the index [J]. Scientometrics, 2006, 69 (1): 131 – 152.

[24] Ewing G, Sarigöllü, E. Assessing consumer preferences for clean-fuel vehicles: A discrete choice experiment [J]. Journal of Public Policy & Marketing, 2000, 19 (1): 106 – 118.

[25] Felipe Á, Ortuño M T, Righini G, et al. A heuristic approach for the green vehicle routing problem with multiple technologies and partial recharges [J]. Transportation Research Part E: Logistics and Transportation Review, 2014, 71: 111 – 128.

[26] Fetene G M, Hirte G, Kaplan S, et al. The economics of workplace charging [J]. Transportation Research Part B: Methodological, 2016, 88: 93 – 118.

[27] Franke T, Krems J F. Interacting with limited mobility resources: Psychological range levels in electric vehicle use [J]. Transportation Research Part A: Policy and Practice, 2013a, 48 (2): 109 – 122.

[28] Franke T, Krems J F. What drives range preferences in electric vehicle users? [J]. Transport Policy, 2013b, 30: 56 – 62.

[29] Frenken K, Hekkert M, Godfroij P. R&D portfolios in environmentally friendly automotive propulsion: Variety, competition and policy implications [J]. Technological Forecasting & Social Change, 2004, 71 (5): 485 – 507.

[30] Galus M D, Zima M, Andersson G. On integration of plug-in hybrid electric vehicles into existing power system structures [J]. Energy Policy, 2010, 38 (11): 6736 – 6745.

[31] Gebauer F, Vilimek R, Keinath A, et al. Changing attitudes towards e-mobility by actively elaborating fast-charging technology [J]. Technological Forecasting & Social Change, 2016, 106: 31 – 36.

[32] Girvan M, Newman M J. Community structure in social and biological networks. [J]. Proceedings of the National Academy of Sciences of the United States of America, 2002, 99 (12): 7821 – 7826.

[33] Goeke D, Schneider M. Routing a mixed fleet of electric and conventional vehicles [J]. European Journal of Operational Research, 2015, 245 (1): 81 – 99.

[34] Graham-Rowe E, Gardner B, Abraham C, et al. Mainstream consumers driving plug-in battery-electric and plug-in hybrid electric cars: A qualitative analysis of responses and

evaluations [J]. Transportation Research Part A, 2012, 46 (1): 140 – 153.

[35] Hackbarth A, Madlener R. Willingness-to-pay for alternative fuel vehicle charac-teristics: A stated choice study for Germany [J]. Social Science Electronic Publishing, 2016, 85 (3): 89 – 111.

[36] Hamilton W. Energy use of electric vehicles [J]. Transportation Research Part A General, 1980, 14 (5 – 6): 415 – 421.

[37] He F, Wu D, Yin Y, et al. Optimal deployment of public charging stations for plug-in hybrid electric vehicles [J]. Transportation Research Part B Methodological, 2013, 47: 87 – 101.

[38] Hidrue M K, Parsons G R, Kempton W, et al. Willingness to pay for electric vehi-cles and their attributes [J]. Resource and Energy Economics, 2011, 33 (3): 686 – 705.

[39] Hiermann G, Puchinger J, Ropke S, et al. The Electric Fleet Size and Mix Ve-hicle Routing Problem with Time Windows and Recharging Stations [J]. European Journal of Operational Research, 2016, 252 (3): 995 – 1018.

[40] Hirsch J E. An index to quantify an individual's scientific research output [J]. Proceedings of the National Academy of Sciences of the United States of America, 2005, 102 (46): 16569 – 16572.

[41] Hof J, Schneider M, Goeke D. Solving the battery swap station location-routing problem with capacitated electric vehicles using an AVNS algorithm for vehicle-routing prob-lems with intermediate stops [J]. Transportation Research Part B: Methodological, 2017, 97 (3): 102 – 112.

[42] Horowitz A D, Hummon N P. Exploring potential electric vehicle utilization: A computer simulation [J]. Transportation Research Part A General, 1987, 21 (1): 17 – 26.

[43] Hummon N P, Dereian P. Connectivity in a citation network: The development of DNA theory [J]. Social Networks, 1989, 11 (1): 39 – 63.

[44] Irani A, Chalak A, Hayashi Y. Harnessing motorists' potential demand for hy-brid-electric vehicles in Lebanon: Policy options, CO2 emissions reduction and welfare gains [J]. Transport Policy, 2015, 42: 144 – 155.

[45] Junquera B, Moreno B, Lvarez R. Analyzing consumer attitudes towards electric vehicle purchasing intentions in Spain: Technological limitations and vehicle confidence [J]. Technological Forecasting and Social Change, 2016, 109: 6 – 14.

［46］ Kempton W, Kubo T. Electric - drive vehicles for peak power in Japan ［J］. Energy Policy, 2000, 28 （1）: 9 - 18.

［47］ Kley F, Lerch C, Dallinger D. New business models for electric cars: A holistic approach ［J］. Energy Policy, 2011, 39 （6）: 3392 - 3403.

［48］ Krupa J S, Rizzo D M, Eppstein M J, et al. Analysis of a consumer survey on plug-in hybrid electric vehicles ［J］. Transportation Research Part A: Policy and Practice, 2014, 64 （2）: 14 - 31.

［49］ Lee C, Han J. Benders-and-Price approach for electric vehicle charging station location problem under probabilistic travel range ［J］. Transportation Research Part B Methodological, 2017, 106 （11）: 130 - 152.

［50］ Lieven T. Policy measures to promote electric mobility—A global perspective ［J］. Transportation Research Part A: Policy and Practice, 2015, 82: 78 - 93.

［51］ Liu J S, Lu L Y Y. An integrated approach for main path analysis: Development of the Hirsch index as an example ［J］. Journal of the American Society for Information Science & Technology, 2014, 63 （3）: 528 - 542.

［52］ Liu J S, Lu L Y Y, Ho H C. Total influence and mainstream measures for scientific researchers ［J］. Journal of Informetrics, 2012, 6 （4）: 496 - 504.

［53］ Liu J S, Lu L Y Y, Lu W M, et al. A survey of DEA applications ［J］. Omega, 2013, 41 （5）: 893 - 902.

［54］ Liu J S, Lu L Y Y, Lu W M, et al. Data envelopment analysis 1978 - 2010: A citation-based literature survey ［J］. Omega, 2013, 41 （1）: 3 - 15.

［55］ Lu L Y Y, Liu J S. An innovative approach to identify the knowledge diffusion path: The case of resource-based theory ［J］. Scientometrics, 2013, 94 （1）: 225 - 246.

［56］ Lu L Y Y, Liu J S. The knowledge diffusion paths of corporate social Responsibility—From 1970 to 2011 ［J］. Eco-Management and Auditing, 2014, 21 （2）: 113 - 128.

［57］ Lund H, Kempton W. Integration of renewable energy into the transport and electricity sectors through V2G ［J］. Energy Policy, 2008, 36 （9）: 3578 - 3587.

［58］ Ma J Xu M, Meng Q, Cheng L. Ridesharing user equilibrium problem under OD-based surge pricing strategy ［J］. Transportation Research Part B: Methodological, 2020, 134: 1 - 24.

［59］ Martinelli A. An emerging paradigm or just another trajectory? Understanding the nature of technological changes using engineering heuristics in the telecommunications switching industry [J]. Research Policy, 2011, 41 (2): 414-429.

[60] Mau P, Eyzaguirre J, Jaccard M, et al. The 'neighbor effect': Simulating dynamics in consumer preferences for new vehicle technologies [J]. Ecological Economics, 2008, 68 (1-2): 504-516.

[61] Mcgrath R N. Effects of incumbency and R&D affiliation on the legitimation of electric vehicle technologies [J]. Technological Forecasting & Social Change, 1999, 60 (3): 247-262.

[62] Moataz, Mohamed, Chris, et al. Identifying and characterizing potential electric vehicle adopters in Canada: A two-stage modelling approach [J]. Transport Policy, 2016, 52: 100-112.

[63] Montoya A, Guéret, Christelle, Mendoza J E, et al. The electric vehicle routing problem with nonlinear charging function [J]. Transportation Research Part B Methodological, 2017, 103: 87-110.

[64] Newman M E J, Girvan M. Finding and evaluating community structure in networks [J]. Physical Review E, 2004, 69 (2): 026113.

[65] Newman M E J. Modularity and community structure in networks [J]. Proceedings of the National Academy of Sciences, 2006, 103 (23): 8577-8582.

[66] Pasaoglu G, Fiorello D, Martino A, et al. Travel patterns and the potential use of electric cars—Results from a direct survey in six European countries [J]. Technological Forecasting & Social Change, 2014, 87 (9): 51-59.

[67] Pasaoglu G, Zubaryeva A, Fiorello D, et al. Analysis of European mobility surveys and their potential to support studies on the impact of electric vehicles on energy and infrastructure needs in Europe [J]. Technological Forecasting and Social Change, 2014, 87 (9): 41-50.

[68] Pelletier S, Jabali O, Laporte G. 50th anniversary invited article – goods distribution with electric vehicles: Review and research perspectives [J]. Transportation Science, 2016, 50 (1): 3-22.

[69] Peng M, Liu L, Jiang C. A review on the economic dispatch and risk management of the large-scale plug-in electric vehicles (PHEVs) -penetrated power systems [J]. Renewable and Sustainable Energy Reviews, 2012, 16 (3): 1508-1515.

［70］ Roman T G S, Member I, Abbad M R, et al. Regulatory framework and business models for charging plug-in electric vehicles: Infrastructure, agents, and commercial relationships ［J］. Energy Policy, 2011, 39（10）: 6360 – 6375.

［71］ Schill W. Electric vehicles in imperfect electricity markets: The case of Germany ［J］. Energy Policy, 2011, 39（10）.

［72］ Schneider M, Stenger A, Goeke D. The electric vehicle-routing problem with time windows and recharging stations ［J］. Transportation Science, 2014, 48（4）: 500 – 520.

［73］ Schneider M, Stenger A, Goeke D. The electric vehicle-routing problem with time windows and recharging stations ［J］. Transportation Science, 2014, 48（4）: 500 – 520.

［74］ Schneider M, Stenger A, Hof J. An adaptive VNS algorithm for vehicle routing problems with intermediate stops ［J］. Or Spectrum, 2015, 37（2）: 353 – 387.

［75］ Schroeder A, Traber T. The economics of fast charging infrastructure for electric vehicles ［J］. Energy Policy, 2012, 43: 136 – 144.

［76］ Segal R. Forecasting the Market for Electric Vehicles in California Using Conjoint Analysis ［J］. Energy Journal, 1995, 16（3）: 89 – 111.

［77］ Sioshansi R. OR Forum—Modeling the impacts of electricity tariffs on plug-in hybrid electric vehicle charging, costs, and emissions ［J］. Operations Research, 2012, 60（3）: 506 – 516.

［78］ Skippon S M, Kinnear N, Lloyd L, et al. How experience of use influences mass-market drivers' willingness to consider a battery electric vehicle: A randomised controlled trial ［J］. Transportation Research Part A Policy & Practice, 2016, 92: 26 – 42.

［79］ Sovacool B K, Hirsh R F. Beyond batteries: An examination of the benefits and barriers to plug-in hybrid electric vehicles（PHEVs）and a vehicle-to-grid（V2G）transition ［J］. Energy Policy, 2009, 37（3）: 1095 – 1103.

［80］ Strozzi C F. Supply chain risk management: A new methodology for a systematic literature review ［J］. Supply Chain Management: An International Journal, 2012, 17（4）: 403 – 418.

［81］ Tanaka M, Ida T, Murakami K, et al. Consumers' willingness to pay for alternative fuel vehicles: A comparative discrete choice analysis between the US and Japan ［J］. Transportation Research Part A, 2014, 70（12）: 194 – 209.

［82］ Wang H, Zhao D, Meng Q, et al. A four-step method for electric-vehicle charging facility deployment in a dense city: An empirical study in Singapore [J]. Transportation Research Part A: Policy and Practice, 2019, 119 (1): 224 – 237.

[83] Wang J, Liu C, Ton D, et al. Impact of plug-in hybrid electric vehicles on power systems with demand response and wind power [J]. Energy Policy, 2011, 39 (7).

[84] Wang L, Lin A, Chen Y. Potential impact of recharging plug-in hybrid electric vehicles on locational marginal prices [J]. Naval Research Logistics (NRL), 2010, 57 (8): 686 – 700.

[85] Wang Y W, Lin C C. Locating multiple types of recharging stations for battery-powered electric vehicle transport [J]. Transportation Research Part E Logistics & Transportation Review, 2013, 58 (11): 76 – 87.

[86] Wen M, Linde E, Ropke S, et al. An adaptive large neighborhood search heuristic for the Electric Vehicle Scheduling Problem [J]. Computers & Operations Research, 2016, 76 (12): 73 – 83.

[87] Xu M, Meng Q. Fleet sizing for one-way electric carsharing services considering dynamic vehicle relocation and nonlinear charging profile [J]. Transportation Research Part B: Methodological, 2019, 128.

[88] Xu M, Meng Q, Mannering F. Optimal deployment of charging stations considering path deviation and nonlinear elastic demand [J]. Transportation Research Part B: Methodological, 2020, 135: 120 – 142.

[89] Zhang A, Kang J E, Kwon C. Incorporating demand dynamics in multi-period capacitated fast-charging location planning for electric vehicles [J]. Transportation Research Part B Methodological, 2017, 103 (9): 5 – 29.

[90] Ziegler A. Individual characteristics and stated preferences for alternative energy sources and propulsion technologies in vehicles: A discrete choice analysis [J]. CER-ETH Economics Working Paper Series, 2012, 46 (8): 1372 – 1385.

[91] Zubaryeva A, Thiel C, Barbone E, et al. Assessing factors for the identification of potential lead markets for electrified vehicles in Europe: Expert opinion elicitation [J]. Technological Forecasting & Social Change, 2012, 79 (9): 1622 – 1637.

[92] Zubaryeva A, Thiel C, Zaccarelli N, et al. Spatial multi-criteria assessment of potential lead markets for electrified vehicles in Europe [J]. Transportation Research Part A: Policy and Practice, 2012, 46 (9): 1477 – 1489.

第四章 市场渗透影响因素的
消费者调查

通过第三章的分析，我们了解到，市场渗透影响因素是新能源汽车产业文献研究的重要议题。同时，这也是业界关心的重要问题。本章研究中，将基于主路径分析得到的关于影响新能源汽车产业市场渗透的因素形成调查问卷，对消费者进行问卷调查，以分析中国市场的状况。

第一节 市场渗透影响因素及问卷设计

一、市场渗透影响因素

主路径分析两组数据呈现的结论中，相关因素主要是与新能源汽车购买、使用成本相关的财务因素，与加速、最高时速等车辆驾控性能相关的性能因素，特别是新能源汽车特有的续航里程、充电时间、充电便捷性等因素，这些与操控和使用相关的因素可归类为载具属性。此外，主路径上的文献还呈现出与环保主义、从众心理等相关的个人消费心理因素，随着新能源汽车市场占有率的提升，越来越多的消费者成为新能源汽车的体验和使用人群，购买和使用体验、品牌价值等因素也逐渐成为消费者选购新能源汽车时考虑的因素。此外，相较于传统汽车，新能源汽车普遍具有更强的科技感和时尚感，这一点也成为了很多消费者，尤其是年轻消费者选择新能源汽车的原因。谈到科技和时尚，不得不提新能源汽车在智能化方

面的先天优势，车辆的电力驱动系统为智能化操作系统和元件的使用提供
了便利，尤其是对于拥有 L3 级及以上自动驾驶系统的车辆，新能源汽车
是其最佳的天然载体。综上，将影响新能源汽车市场渗透的影响因素汇总
归纳如表 4-1 所示。

表 4-1　　　　　　　　　新能源汽车市场渗透的影响因素

影响因素类别	影响因素列表
财务因素	新能源汽车的购买价格
	新能源汽车的政府相关补贴
	新能源汽车的使用成本（充电）
	新能源汽车保险价格上升
	新能源汽车的维修成本
	新能源汽车的保值率
载具属性	续航里程
	充电时间
	充电便捷性（充电基础设施的布设情况）
	其他载具属性（加速性能、最高时速等）
智能属性	辅助驾驶功能（初级自动驾驶）
	人机共驾功能（中级自动驾驶）
	无人驾驶功能（高级自动驾驶）
	移动办公、消费、娱乐等方面的功能
消费心理	环保主义
	从众心理
	追求新潮
	购买和使用体验（销售、维保、回收等全生命周期服务）
	品牌价值

注：笔者根据主路径文献呈现的影响因素和本书研究观点整理。

二、问卷设计

本节主要从消费端考虑上述影响因素对新能源汽车市场渗透和新能源
汽车产业的影响，设计针对消费者的新能源汽车市场渗透影响因素调查问

卷，问卷由两部分内容构成（见本章附录4－1），第一部分包括消费者个体特征和选择偏好2个方面的15个问题，每个问题设有若干选项（或填空），消费者可根据自身情况和理解进行选择和填答；第二部分是新能源汽车市场渗透影响因素的五点李克特量表，具体因素即表4－1中的财务因素、载具属性、智能属性、消费心理4个方面的19个因素，请消费者判断自身在选购新能源汽车时对这些因素的在意程度并打分，从1到5的打分代表从非常不在意到非常在意的变化。

第二节　问卷回收与分析思路

一、问卷回收结果初步分析

本次调查问卷通过问卷星平台发放，共计发放321份，回收有效问卷319份，Cronbach's α系数为0.809，如表4－2所示，说明问卷回收结果具有较高的信度，KMO值为0.861、Bartlett球形度检验的P值为0.000，如表4－3所示，说明问卷内容具有较高的效度。问卷第一部分个体特征和选择偏好方面选题的填选结果如表4－4所示。

表4－2　　　　　　问卷信度的Cronbach's α系数检验

Cronbach's α 系数	标准化 Cronbach's α 系数	项数	样本数
0.809	0.819	33	319

表4－3　　　　　　问卷效度的KMO和Bartlett的检验

KMO 值		0.861
Bartlett 球形度检验	近似卡方	2804.596
	df	528
	P	0.000 ***

注：***、**、*分别代表1%、5%、10%的显著性水平。

表 4 - 4　　　　　　　　个体特征和选择偏好填答结果汇总

选项	人数（人）	比例（%）
第一题：您的性别。［单选题］		
男	177	55.14
女	142	44.86
第二题：您的年龄。［单选题］		
18～25 岁	60	19
26～30 岁	83	26.17
31～45 岁	98	30.53
46～60 岁	54	16.82
61 岁以上	24	7.48
第三题：您的受教育程度。［单选题］		
初中及以下	30	9.35
高中（中专）	81	25.23
本科（大专）	170	53.58
硕士及以上	38	11.84
第四题：您的职业。［单选题］		
专业工作（教授、医生、律师等）	30	9.35
服务业人员	30	9.66
自由职业者	27	8.41
事业单位/公务员/政府工作人员	28	8.72
公司职员	83	25.86
学生	61	19.31
家庭主妇	13	4.05
产业工人	20	6.23
其他	27	8.41
第五题：您的月收入大概在什么范围？［单选题］		
5000 元以下	124	38.94
5000～9999 元	118	36.76
10000～19999 元	58	18.07
20000 元以上	20	6.23
第六题：您目前居住在哪里？［单选题］		
农村	68	21.18
城市	211	66.04
城郊	41	12.77

续表

选项	人数（人）	比例（%）
第七题：您居住的城市是_____。［填空题］		
第八题：您是否了解新能源汽车？［单选题］		
非常了解	56	17.45
了解	155	48.91
知道但不了解	89	27.73
完全不了解	19	5.92
第九题：您是否驾驶过新能源汽车？［单选题］		
是	130	40.5
否	189	59.5
第十题：您是否熟悉所在城市新能源汽车充电设施点？［单选题］		
非常熟悉	61	19
了解	118	37.07
知道但不熟悉	91	28.66
完全不熟悉	49	15.26
第十一题：您是否支持使用新能源汽车？［单选题］		
强烈支持	62	19.31
支持	148	46.42
可有可无	66	20.87
传统汽车更好	24	7.48
反对	19	5.92
第十二题：如果您想购买新能源汽车，您会选择哪种？［单选题］		
混合动力型	118	55.45
纯电型	177	37.07
燃料电池型	24	7.48
第十三题：如果您想购买新能源汽车，您会购买哪个品牌？［单选题］		
特斯拉	83	25.86
比亚迪	96	30.22
大众、上汽、沃尔沃等传统品牌	96	29.92
小鹏、蔚来、理想、威马、小米等新势力品牌	44	14.02

续表

选项	人数（人）	比例（%）
第十四题：如果您购买新能源汽车，您会选择哪个车型？［单选题］		
微型轿车	95	29.6
中大型轿车	67	20.87
MPV	51	15.89
SUV	107	33.64
第十五题：您更倾向于哪种营销模式？［单选题］		
整车销售＋自充电模式	187	58.26
整车租赁＋自充电模式	73	23.36
裸车销售、电池租赁、冲换兼容模式	59	18.38

注：笔者基于 319 份有效问卷计算整理。

　　问卷的第二部分是针对新能源汽车市场渗透影响因素的五点李克特量表，根据 319 份有效问卷的填答情况，所列 4 个维度的 19 个影响因素得分均值均在 3.4 分以上，说明本书研究所列影响因素均会影响消费者对新能源汽车的采购意愿。得分最低的两个因素均属于消费心理维度，从众心理均值为 3.47、追求新潮均值为 3.5，消费心理维度的环保主义的均值也不高，为 3.63，说明在消费心理方面，消费者更关注的还是与驾乘和使用体验密切相关的购买和使用体验（销售、维保、回收等全生命周期服务）（均值 3.93）及品牌价值（均值 3.84）。此外，在智能属性方面也有两个因素得分较低，分别是无人驾驶功能（高级自动驾驶）（均值为 3.58）和移动办公、消费、娱乐等方面的功能（均值为 3.66），前者得分低是因为高级自动驾驶的汽车并未实现商用，因此对消费者采购意愿的影响不大，后者因为这些智能属性可通过手机、平板等其他更便捷的智能设备实现，并非新能源汽车的核心竞争力，因而对消费者采购意愿的影响也相对较小。各影响因素得分均值情况如表 4－5所示。

表 4-5　　　新能源汽车市场渗透影响因素的消费者测评情况均值

类别	影响因素	均值
财务因素	新能源汽车的购买价格	3.90
	新能源汽车的政府相关补贴	3.96
	新能源汽车的使用成本（充电）	3.90
	新能源汽车保险价格上升	3.88
	新能源汽车的维修成本	3.97
	新能源汽车的保值率	3.84
载具属性	续航里程	4.06
	充电时间	4.01
	充电便捷性（充电基础设施的布设情况）	4.01
	其他载具属性（加速性能、最高时速等）	3.81
智能属性	辅助驾驶功能（初级自动驾驶）	3.80
	人机共驾功能（中级自动驾驶）	3.74
	无人驾驶功能（高级自动驾驶）	3.58
	移动办公、消费、娱乐等方面的功能	3.66
消费心理	环保主义	3.63
	从众心理	3.47
	追求新潮	3.50
	购买和使用体验（销售、维保、回收等全生命周期服务）	3.93
	品牌价值	3.84

注：笔者基于 319 份有效问卷计算整理。

二、进一步分析的思路和方法

（一）分析思路

根据调查问卷反馈的数据，进一步进行差异性分析和回归分析：首先，针对消费者个体特征选用多因素方差分析法，深入分析新能源汽车消费者潜在购买人群的特征；其次，针对选择偏好中涉及的不同种类、不同品牌、不同车型、不同营销方式选择运用单因素方差分析法，得出不同选择偏好的消费者在意的市场渗透因素有何差异；最后，根据问卷第二部分新能源汽车市场渗透因素的消费者打分均值，使用多元有序 Logistics 模型深入分析新能源汽车市场渗透影响因素对消费者采购意愿的影响。

（二）研究方法

1. 多因素方差分析

首先提出原假设，H_0：各控制变量不同水平下观测各总体的均值无显著差异，控制变量各效应和交互作用效应同时为 0，即控制变量和它们的交互作用没有对观测变量产生显著影响。公式为：

$$SST = SSA + SSB + SSAB + SSE \qquad (4-1)$$

其中，SST 为观测变量的总变差，SSA、SSB 分别为控制变量 A、B 独立作用引起的变差，$SSAB$ 为控制变量 A、B 两两交互作用引起的变差，SSE 为随机因素引起的变差，通常称 $SSA + SSB + SSAB$ 为主效应，SSE 为剩余效应，各变量的具体定义如下：

SST 的定义为：
$$SST = \sum_{i=1}^{k} \sum_{j=1}^{r} \sum_{k=1}^{n_{ij}} (x_{ijk-\bar{x}})^2 \qquad (4-2)$$

其中，k 为第 i 个控制变量的平均数，r 为第 j 控制变量的平均数，x_{ijk} 为控制变量 A 第 i 个水平和控制变量 B 第 j 个水平下第 k 样本值，n_{ij} 为控制变量 A 第 i 水平和控制变量 B 第 j 水平下样本个数，$\bar{x}$ 为观测变量均值。

SSA 的定义为：
$$SSA = \sum_{i=1}^{k} \sum_{j=1}^{r} n_{ij} (\bar{x}_i^A - \bar{x})^2 \qquad (4-3)$$

其中，n_{ij} 为控制变量 A 第 i 个水平和控制变量 B 第 j 个水平下观测变量值，$\bar{x}_i^A$ 为控制变量 A 第 i 个水平下观测变量的均值。

SSB 的定义为：
$$SSB = \sum_{i=1}^{k} \sum_{j=1}^{r} n_{ij} (\bar{x}_i^B - \bar{x})^2 \qquad (4-4)$$

其中，$\bar{X}_j^B$ 为控制变量 B 第 j 水平下观测变量的均值。

SSE 的定义为：
$$SSE = \sum_{i=1}^{k} \sum_{j=1}^{r} \sum_{k=1}^{n_{ij}} (x_{ijk-\bar{x}_{ij}^{AB}})^2 \qquad (4-5)$$

其中，$\bar{x}_{ij}^{AB}$ 为控制变量 A、B 在 i、j 水平下观测变量的均值。

最后，通过测量观测变量总离差平方和各部分所占的比例，计算检验统计量的观测值和相伴概率 P 值。

2. 单因素方差分析

单因素方差分析的原理与多因素方差分析相同，不同的是，单因素实验只有一个因素改变，而多因素实验有多个因素改变。根据对数据分析，检验方差相等的多个正态分布总体均值是否相等，进而判断各因素对试验指标的影响是否显著。

3. 多元有序 Logistic 模型

Logistic 回归模型为概率性非线性回归模型，是研究分类变量结果（Y）与一些影响因素（X）之间关系的多变量分析方法。具体地，是以某一事件发生与否的概率 P 为因变量，以影响 P 的因素为自变量建立的回归模型，分析某事件发生的概率与自变量之间的关系。本书研究基于 Logistic 回归模型，根据研究对象及研究内容，对消费者新能源汽车的购买意愿进行有序等级划分，并将消费者新能源汽车购买意愿设为因变量 Y，影响新能源汽车购买意愿的因素设为自变量 X_m，构建多元有序 Logistic 模型，公式如下所示：

$$\text{logit}(p_1) = \log\left(\frac{\pi_1}{1 - \pi_1}\right) = \beta_1 X_1 + \beta_2 X_2 + \cdots + \beta_m X_m \qquad (4-6)$$

$$\text{logit}(p_{k-1}) = \log\left(\frac{\pi_1 + \pi_2 + \cdots + \pi_{k-1}}{1 - \pi_2 - \cdots - \pi_{k-1}}\right) = \beta_1 X_1 + \beta_2 X_2 + \cdots + \beta_m X_m$$

$$(4-7)$$

其中，k 表示消费者新能源汽车购买意愿的 k 等级，依次为非常不愿意、比较不愿意、一般、比较愿意、特别愿意；$\pi_1 \sim \pi_{k-1}$ 表示 1 级到 $k-1$ 级的概率，且 k 级作为基础水平用于对比；P_{k-1} 表示结果出现的概率与不出现的概率之比。$\pi_1 + \pi_2 + \cdots + \pi_{k-1}$ 表示因变量有序取值水平的累积概率；$\beta_1 \sim \beta_m$ 表示自变量回归系数。在 Logit 模型中，自变量 X_m 和因变量 Y 的关系是非线性的，因此利用 OR 值判定自变量变化后对因变量的影响，公式如下所示：

$$OR = e^{\beta_m} \tag{4-8}$$

其中，OR 表示自变量每改变 1 个单位，因变量提高 1 个及 1 个以上等级的比值或自变量取某水平值更倾向因变量高赋值等级效应可能是参照水平的 e^{β_m} 倍。$\beta < 0$ 时，$e^{\beta_m} < 1$，表示因变量提高 1 个及 1 个以上等级的比值比原来减少 $1 - e^{\beta_m}$；$\beta > 0$ 时，$e^{\beta_m} > 1$，表示因变量提高 1 个及 1 个以上等级的比值比原来增加 $e^{\beta_m} - 1$。

第三节　个体特征和选择偏好因素分析

一、个体特征因素的分析

对问卷第一部分个体特征部分的内容做多因素方差分析，因本书研究考虑的内容有 9 项之多，故没有选择对交互项影响的分析，结果如表 4-6 所示。年龄、职业和对新能源汽车的了解程度 3 个项目内容对新能源汽车采购意愿有显著影响，其中年龄、职业对购买意愿系数为负，而新能源汽车了解情况与购买意愿呈正相关，这 3 个项目都存在主效应。年龄在 1% 的水平上显著负相关，表明年龄越大，购买新能源汽车意愿越低；职业在 5% 的水平上负相关，不同职业对购买意愿有显著影响，根据本书研究中得出的职业顺序，对新能源汽车购买意愿由大到小的排序是服务业、专业工作、学生、事业单位、产业工人、自由职业、其他、公司职员、家庭主妇；对新能源汽车的了解程度在 5% 的水平上正相关，表明消费者对新能源汽车了解程度越深，购买新能源汽车的意愿越强烈。

表 4-6　消费者个体特征及感知风险对购买意愿的多因素方差分析

项目	平方和	自由度	均方	F	P
性别	1.669	1	1.669	1.311	0.253
年龄	21.789	4	5.447	4.279	-0.002***
学历	4.906	3	1.635	1.285	0.280

续表

项目	平方和	自由度	均方	F	P
职业	20.226	8	2.528	1.986	-0.048**
月收入	4.204	3	1.401	1.101	0.349
居住地	0.498	2	0.249	0.196	0.822
新能源汽车了解程度	10.432	3	3.477	2.732	0.044**
新能源汽车驾驶经验	0.099	1	0.099	0.077	0.781
新能源汽车充电设施点了解情况	3.527	3	1.176	0.923	0.430
误差	369.156	290	1.273		

注: *** 和 ** 分别代表在1%和5%的水平上显著。

二、选择偏好因素的分析

为分析偏好不同新能源汽车种类、品牌、车型和营销模式的消费者对影响新能源汽车市场渗透因素在意程度的不同,进行单因素方差分析并利用均值加减标准差的表现形式制表。由于样本数量有限,不同选择偏好的消费者在多数影响新能源汽车市场渗透因素的在意程度上并未体现出较明显的差异。综合各个选择偏好分组情况看,主要差异集中在政府补贴,车载移动办公、消费、娱乐等方面的智能属性,从众心理,追求新潮,购买和使用体验(销售、维保、回收等全生命周期服务),保值率,使用成本(充电)和维修成本等方面。

(一)不同新能源汽车类型偏好的单因素方差分析

使用非常规燃料作为动力来源的车辆均可称为新能源汽车,从目前市场情况看,主要包括纯电型电动汽车、混合动力型电动汽车和燃料电池型电动汽车。不同新能源汽车类型偏好的消费者在新能源汽车市场渗透影响因素的在意程度上存在一定的差异,具体如表4-7所示,存在显著差异的影响因素分别是新能源汽车的政府相关补贴在意程度,移动办公、消费、娱乐等方面的功能在意程度,从众心理在意程度,追求新潮在意程度,购买和使用体验(销售、维保、回收等全生命周期服务)在意程度。

表 4 - 7　　　　　不同新能源汽车类型偏好的单因素方差分析结果

维度	燃料电池	混合动力	纯电	F 值	显著性
新能源汽车的购买价格在意程度	3.75 ± 0.99	2.87 ± 0.99	3.97 ± 1.00	0.597	0.551
新能源汽车的政府相关补贴在意程度	3.50 ± 1.45	3.96 ± 0.93	4.07 ± 1.03	3.137	0.045
新能源汽车的使用成本（充电）在意程度	3.71 ± 1.20	3，97 ± 0.95	3.84 ± 1.02	1.071	0.344
新能源汽车保险价格上升在意程度	3.96 ± 1.23	3.81 ± 1.02	3.97 ± 0.96	0.922	0.399
新能源汽车的维修成本在意程度	4.00 ± 0.98	3.92 ± 0.97	4.03 ± 1.00	0.415	0.66
新能源汽车的保值率在意程度	3.75 ± 1.391	3.72 ± 1.046	4.03 ± 1.004	2.933	0.055
续航里程在意程度	3.75 ± 1.073	4.06 ± 0.967	4.11 ± 0.763	1.583	0.207
充电时间在意程度	3.71 ± 1.367	4.03 ± 0.947	4.03 ± 0.946	1.192	0.305
充电便捷性（充电基础设施的布设情况）在意程度	3.79 ± 1.285	4.02 ± 0.962	4.03 ± 0.9	0.663	0.516
其他载具属性（加速性能、最高时速等）在意程度	3.46 ± 1.444	3.83 ± 0.923	3.85 ± 1.022	1.581	0.207
辅助驾驶功能（初级自动驾驶）在意程度	3.79 ± 1.021	3.72 ± 0.984	3.91 ± 1.111	1.188	0.306
人机共驾功能（中级自动驾驶）在意程度	3.67 ± 1.167	3.76 ± 0.958	3.73 ± 1.056	0.103	0.902
无人驾驶功能（高级自动驾驶）在意程度	3.46 ± 1.318	3.51 ± 0.999	3.69 ± 1.086	1.189	0.306
移动办公、消费、娱乐等方面的功能在意程度	3.54 ± 1.179	3.54 ± 0.986	3.85 ± 1.002	3.624	0.028
环保主义在意程度	3.29 ± 1.398	3.57 ± 1.041	3.78 ± 1.001	2.681	0.07
从众心理在意程度	3.17 ± 1.579	3.32 ± 1.07	3.75 ± 1.066	6.253	0.002
追求新潮在意程度	3.5 ± 1.022	3.34 ± 1.1	3.73 ± 0.979	4.703	0.01
购买和使用体验（销售、维保、回收等全生命周期服务）在意程度	3.21 ± 1.474	3.95 ± 1.004	4.03 ± 0.999	6.344	0.002
品牌价值在意程度	3.46 ± 1.141	3.93 ± 0.945	3.77 ± 0.968	2.884	0.057

偏好纯电型新能源汽车的消费者对政府相关补贴在意程度最高，偏好燃料电池型对政府补贴在意程度最低。在移动办公、消费、娱乐等方面的功能上，偏好纯电型消费者差异显著，在意程度最高，燃料电池型与混合动力型差异不显著。在从众心理上，按在意程度从高到低依次为纯电型、混合动力型、燃料电池型。在追求新潮方面，偏好纯电型在此得分最高，燃料电池型其次，偏好混合动力型对追求新潮在意程度最低。在购买和使用体验（销售、维保、回收等全生命周期服务）在意程度上，偏好燃料电池型与其余两种差异显著，对其在意程度远远低于其余两种，而混合动力型与纯电型两者之间得分差距不大。

（二）不同新能源汽车品牌偏好的单因素方差分析

从新能源汽车品牌看，比亚迪和特斯拉一枝独秀，此外还包括以蔚来、理想、小鹏为代表的造车新势力，以大众、丰田、宝马等为代表的传统品牌。分析偏好不同品牌的消费者对新能源汽车市场渗透影响因素的在意程度，具体差异如表 4 - 8 所示，除在新能源汽车的保值率方面存在明显差异外，其他维度的差异均不显著。在偏好不同新能源汽车品牌的消费者中，对新能源汽车保值率在意程度最高的是传统品牌偏好者，其次为造车新势力偏好者，而比亚迪偏好者和特斯拉偏好者差异不大。

表 4 - 8　　　　不同新能源汽车品牌偏好的单因素方差分析结果

维度	新势力	传统品牌	比亚迪	特斯拉	F 值	显著性
新能源汽车的购买价格在意程度	3.91 ± 0.936	3.99 ± 0.946	3.84 ± 0.933	3.84 ± 1.163	0.445	0.721
新能源汽车的政府相关补贴在意程度	4.25 ± 0.943	4.04 ± 1.025	3.83 ± 0.959	3.87 ± 1.102	2.129	0.096
新能源汽车的使用成本（充电）在意程度	4.00 ± 0.89	4 ± 0.894	3.88 ± 0.849	3.76 ± 1.274	1.047	0.372

续表

维度	新势力	传统品牌	比亚迪	特斯拉	F 值	显著性
新能源汽车保险价格上升在意程度	4.09±0.984	3.97±0.956	3.7±1.048	3.87±1.045	1.924	0.126
新能源汽车的维修成本在意程度	3.91±1.074	4.05±0.999	3.91±0.872	3.96±1.029	0.414	0.743
新能源汽车的保值率在意程度	3.91±1.074	4.07±1.039	3.7±1.058	3.69±1.07	2.773	0.042
续航里程在意程度	4.23±0.912	4.05±0.944	4±0.846	4.02±0.937	0.676	0.568
充电时间在意程度	4.27±0.924	4±0.883	3.94±0.982	3.95±1.114	1.321	0.267
充电便捷性（充电基础设施的布设情况）在意程度	4.07±1.169	4.1±0.912	3.88±0.921	4.02±0.962	0.987	0.399
其他载具属性（加速性能、最高时速等）在意程度	3.91±0.884	3.86±0.98	3.73±1.021	3.78±1.094	0.458	0.712
辅助驾驶功能（初级自动驾驶）在意程度	3.75±1.144	3.95±1.019	3.67±0.925	3.81±1.109	1.221	0.302
人机共驾功能（中级自动驾驶）在意程度	3.68±1.006	3.73±1.01	3.73±0.946	3.8±1.091	0.138	0.937
无人驾驶功能（高级自动驾驶）在意程度	3.7±1.069	3.57±0.992	3.47±1.036	3.63±1.155	0.606	0.612
移动办公、消费、娱乐等方面的功能在意程度	3.82±0.786	3.73±1	3.64±1.027	3.51±1.119	1.158	0.326
环保主义在意程度	3.82±1.105	3.59±1.001	3.63±1.029	3.55±1.15	0.633	0.594
从众心理在意程度	3.5±1.248	3.48±1.095	3.58±1.063	3.3±1.187	0.947	0.418
追求新潮在意程度	3.59±1.064	3.41±1.082	3.64±1.027	3.39±1.08	1.195	0.312
购买和使用体验（销售、维保、回收等全生命周期服务）在意程度	3.95±1.329	4.15±0.973	3.77±1.021	3.83±1.022	2.316	0.076
品牌价值在意程度	3.95±0.714	3.74±0.997	3.91±0.907	3.8±1.134	0.742	0.528

（三） 不同新能源汽车车型偏好的单因素方差分析

与传统燃油车类似，新能源汽车车型可分为微型轿车、中大型轿车、多用途汽车（multi-purpose vehicles，MPV）、运动型多用途汽车（sport utility vehicle，SUV）等，分析偏好不同车型的消费者对影响新能源汽车市场渗透因素的在意程度，具体差异如表4－9所示。偏好不同车型的新能源汽车消费者在保值率在意程度、追求新潮在意程度两个维度差异显著，其他维度无差异。在新能源汽车保值率在意程度上，偏好中大型汽车和MPV车型的消费者对保值率的在意程度偏高，偏好微型轿车与SUV车型的消费者在意程度偏低。在追求新潮方面，在意程度由低到高依次是微型轿车偏好者、SUV车型偏好者、中大型轿车偏好者和MPV车型偏好者。

表4－9　　　　不同新能源汽车车型偏好的单因素方差分析结果

维度	微型轿车	中大型轿车	MPV	SUV	F 值	显著性
新能源汽车的购买价格在意程度	3.79 ± 1.086	3.99 ± 0.896	3.92 ± 0.997	3.93 ± 0.988	0.588	0.6 23
新能源汽车的政府相关补贴在意程度	4.03 ± 0.921	3.99 ± 1.135	4.12 ± 1.032	3.81 ± 1.02	1.316	0.269
新能源汽车的使用成本（充电）在意程度	3.89 ± 1.031	3.88 ± 0.977	3.84 ± 0.903	3.94 ± 1.026	0.134	0.94
新能源汽车保险价格上升在意程度	3.98 ± 0.939	3.79 ± 1.162	3.9 ± 1.025	3.83 ± 0.986	0.553	0.647
新能源汽车的维修成本在意程度	3.99 ± 0.91	4.03 ± 0.969	4.04 ± 0.999	3.87 ± 1.038	0.555	0.645
新能源汽车的保值率在意程度	3.69 ± 1.117	4.03 ± 1.015	4.12 ± 1.125	3.71 ± 0.991	3.054	0.029
续航里程在意程度	4.05 ± 0.932	4.01 ± 0.929	4.08 ± 0.891	4.07 ± 0.893	0.059	0.981
充电时间在意程度	4.05 ± 0.908	3.91 ± 1.125	3.96 ± 0.894	4.05 ± 1.004	0.377	0.769
充电便捷性（充电基础设施的布设情况）在意程度	4 ± 1.005	3.99 ± 0.992	3.92 ± 0.868	4.07 ± 0.968	0.319	0.812

维度	微型轿车	中大型轿车	MPV	SUV	*F* 值	显著性
其他载具属性（加速性能、最高时速等）在意程度	3.81±0.954	3.87±0.983	3.61±1.041	3.87±1.056	0.873	0.455
辅助驾驶功能（初级自动驾驶）在意程度	3.67±0.977	3.97±1.029	3.9±1.118	3.76±1.045	1.325	0.266
人机共驾功能（中级自动驾驶）在意程度	3.73±0.845	3.76±0.955	3.88±1.032	3.66±1.157	0.552	0.647
无人驾驶功能（高级自动驾驶）在意程度	3.59±1.01	3.63±1.085	3.57±1.063	3.53±1.093	0.113	0.952
移动办公、消费、娱乐等方面的功能在意程度	3.62±0.893	3.69±1.047	3.8±1.114	3.6±1.054	0.54	0.655
环保主义在意程度	3.65±1.075	3.55±1.145	3.94±0.858	3.5±1.067	2.182	0.09
从众心理在意程度	3.34±1.141	3.36±1.177	3.78±1.083	3.5±1.102	1.975	0.118
追求新潮在意程度	3.28±0.988	3.63±0.951	3.84±0.946	3.44±1.199	3.674	0.013
购买和使用体验（销售、维保、回收等全生命周期服务）在意程度	3.91±1.012	3.94±1.205	3.9±1.118	3.93±0.993	0.018	0.97
品牌价值在意程度	3.78±0.929	3.97±1.015	3.86±1.02	3.79±0.972	0.647	0.585

（四）不同新能源汽车营销模式偏好的单因素方差分析

常见的新能源汽车营销模式是整车销售并自充电，这种营销模式下消费者对车辆拥有私有产权；目前选择整车租赁并自充电营销模式的消费者主要是没有自有车辆或者是需要在异地使用车辆，抛开上述两种特殊情况，如果消费者注重车辆的实用性而非所有权，整车租赁并自充电模式也是不错的选择；此外，电池在整车成本中的占比较高，且属于易耗品，是阻碍很多消费者选择新能源汽车的因素，随着电池标准化程度的提高，裸车销售加上电池租赁且充换电兼容的模式也是未来的一种营销选择。分析偏好不同营销模式的消费者对影响新能源汽车市场渗透因素的在意程度，具体差异如表 4－10 所示。不同偏好的消费者在充电成本、维修成本和从众心理等方面的在意程度存在明显差异，在其他影响因素维度的差异不显著。在充电成本和维修成本维度上，在意程度由高到低均是整车销售＋自充电营销模式偏好者、整车租赁＋自充电营销模式偏好者、裸车销售＋电池租赁＋充换电兼容营销模式偏好者。从众心理方面，整车租赁＋自充电偏好者在意程度最高，与其余两种营销模式差异显著。

表 4－10　　不同新能源汽车营销模式偏好的单因素方差分析结果

维度	裸车销售	整车租赁	整车销售	*F* 值	显著性
新能源汽车的购买价格在意程度	3.69 ± 1.178	3.82 ± 1.018	3.99 ± 0.922	2.227	0.11
新能源汽车的政府相关补贴在意程度	3.71 ± 1.19	4.14 ± 0.947	3.97 ± 0.981	2.888	0.057
新能源汽车的使用成本（充电）在意程度	3.69 ± 1.163	3.73 ± 0.947	4.03 ± 0.938	4.095	0.018
新能源汽车保险价格上升在意程度	3.71 ± 1.145	3.79 ± 1.092	3.96 ± 0.935	1.69	0.186
新能源汽车的维修成本在意程度	3.71 ± 1.068	3.9 ± 1.002	4.07 ± 0.928	3.225	0.041
新能源汽车的保值率在意程度	3.76 ± 1.056	4.01 ± 1.047	3.79 ± 1.075	1.319	0.269
续航里程在意程度	3.85 ± 0.997	4.01 ± 0.905	4.13 ± 0.873	2.339	0.098
充电时间在意程度	3.98 ± 1.025	3.93 ± 1.032	4.04 ± 0.955	0.354	0.702
充电便捷性（充电基础设施的布设情况）在意程度	3.78 ± 1.052	4.01 ± 0.95	4.08 ± 0.938	2.186	0.114
其他载具属性（加速性能、最高时速等）在意程度	3.69 ± 1.163	3.84 ± 1.028	3.83 ± 0.95	0.46	0.632
辅助驾驶功能（初级自动驾驶）在意程度	3.54 ± 1.039	3.9 ± 1.043	3.84 ± 1.024	2.35	0.097
人机共驾功能（中级自动驾驶）在意程度	3.58 ± 1.117	3.78 ± 0.989	3.78 ± 0.98	0.952	0.387
无人驾驶功能（高级自动驾驶）在意程度	3.31 ± 1.235	3.71 ± 0.935	3.6 ± 1.034	2.633	0.073
移动办公、消费、娱乐等方面的功能在意程度	3.53 ± 1.088	3.75 ± 0.863	3.66 ± 1.048	0.823	0.44
环保主义在意程度	3.46 ± 1.194	3.7 ± 0.953	3.65 ± 1.059	0.947	0.389
从众心理在意程度	3.36 ± 1.297	3.9 ± 0.836	3.33 ± 1.139	7.349	0.001

续表

维度	裸车销售	整车租赁	整车销售	F 值	显著性
追求新潮在意程度	3.49 ± 1.023	3.62 ± 1.009	3.45 ± 1.098	0.648	0.524
购买和使用体验（销售、维保、回收等全生命周期服务）在意程度	3.64 ± 1.242	3.93 ± 1.058	4.01 ± 0.989	2.707	0.068
品牌价值在意程度	3.66 ± 1.154	3.88 ± 1.013	3.87 ± 0.895	1.139	0.321

注：裸车销售、整车租赁、整车销售分别指裸车销售 + 电池租赁 + 充换电兼容营销模式、整车租赁 + 自充电营销模式、整车销售 + 自充电营销模式。

第四节　市场渗透影响因素分析

一、变量说明

问卷第二部分是消费者对影响新能源汽车市场渗透因素在意程度的李克特 5 级量表，根据文献研究结合产业现状，本书研究将影响新能源汽车市场渗透的因素分为财务因素、载具属性、智能属性、消费心理 4 个方面的 19 个因素。

因变量 Y 是消费者的新能源汽车购买意愿，分为 5 个等级，依次是非常不愿意、比较不愿意、一般、比较愿意、非常愿意。自变量 X_i 是影响新能源汽车市场渗透的各个因素的在意程度打分均值，包括财务因素、载具属性、智能属性、消费心理 4 个方面在内的 19 个因素，结果如本章第二节表 4 - 5 所示。

二、回归结果与分析

多元有序 Logistics 回归结果如表 4 - 11 所示，对消费者购买新能源汽车的意愿有显著影响的是新能源汽车的使用成本（充电）、续航里程、充电便捷性（充电基础设施的布设情况）、辅助驾驶功能（初级自动驾驶）、人机共驾功能（中级自动驾驶）、购买和使用体验（销售、维保、回收等全生命周期服务）、品牌价值等 7 个因素，其他 12 个因素的影响不显著。这一结论与本书研究主路径分析的结果基本吻合，主路径分析结果显示，续航里程、充电问题和智能属性是影响新能源汽车市场渗透的关键因素。

表 4 -11　　　　　　　　多元有序 Logistics 回归结果

影响因素列表	回归系数	标准误差	z	P	OR
新能源汽车购买价格在意程度	0.062	0.14	0.441	0.660	1.064
新能源汽车的政府相关补贴在意程度	-0.197	0.147	1.345	0.179	0.821
新能源汽车的使用成本（充电）在意程度	0.38	0.137	2.771	0.006 ***	1.462
新能源汽车的保险价格上升在意程度	0.183	0.139	1.321	0.186	1.201
新能源汽车的维修成本在意程度	0.086	0.144	0.599	0.549	1.09
新能源汽车的保值率在意程度	-0.01	0.125	0.078	0.938	0.99
续航里程在意程度	0.84	0.173	4.842	0.000 ***	2.316
充电时间在意程度	0.212	0.143	1.48	0.139	1.236
充电便捷性（充电基础设施的布设情况）在意程度	-0.415	0.155	-2.68	0.007 ***	0.661
其他载具属性（加速性能、最高时速等）在意程度	0.162	0.148	1.089	0.276	1.175
辅助驾驶功能（初级自动驾驶）在意程度	-0.05	0.131	0.379	0.071 *	0.952
人机共驾功能（中级自动驾驶）在意程度	-0.253	0.136	1.858	0.063 *	0.777
无人驾驶功能（高级自动驾驶）在意程度	0.101	0.13	0.776	0.438	1.106
移动办公、消费、娱乐等方面的功能在意程度	-0.045	0.138	0.325	0.745	0.956
环保主义在意程度	0.056	0.133	0.419	0.675	1.058
从众心理在意程度	0.123	0.119	1.034	0.301	1.13
追求新潮在意程度	-0.049	0.121	0.408	0.683	0.952
购买和使用体验（销售、维保、回收等全生命周期服务）在意程度	-0.245	0.134	1.829	0.067 *	0.783
品牌价值在意程度	-0.268	0.159	-1.689	0.091 *	0.765

注：*** 和 * 分别代表在 1% 和 10% 的水平上显著。

多元有序 Logistics 回归结果解析如下所述。

财务因素方面，新能源汽车的使用成本（充电）在意程度在 1% 的水平上显著，回归系数为正，说明新能源汽车使用成本（充电）对消费者购买新能源汽车的意愿具有显著正向影响，结合 OR 值为 1.462，说明对新能源汽车使用成本（充电）的在意程度每增加 1 个单位，消费者购买新能源汽车的意愿提高 1 个或 1 个以上等级的概率增加了 46.2%。单从充电成本看，新能源汽车具有明显优势。以纯电车型特斯拉 Model 3 为例，其每百公里耗电量约为 12kWh/100km，使用家用充电桩的费用约为 6.24 元（电费以 0.52 元/kWh 计算），公用充电桩的费用约为家用充电桩的 2 倍；与特斯拉 Model 3 性能相当的沃尔沃 S60，综合百公里油耗在 5.9 ~ 7.9L/100km，以近年来的油价水平看，百公里的费用至少要在 50 元左右。① 因此，充电方面的使用成本低是新能源汽车的核心竞争力，对新能源汽车市场渗透有显著的积极影响。

载具属性方面，续航里程在意程度和充电便捷性（充电基础设施的布设情况）在意程度均在 1% 的水平上显著，说明新能源汽车续航里程和充电便捷性对消费者购买新能源汽车的意愿影响显著，续航里程的 OR 值为 2.316，说明消费者对续航里程在意程度每增加 1 个单位，购买新能源汽车的意愿提升 1.316 倍，充电便捷性（充电基础设施的布设情况）在意程度的 OR 值为 0.661，说明消费者在意新能源汽车充电便捷性程度提升一个等级，购买新能源汽车的意愿降低 33%。这一结论与主路径分析结果一致，随着电池技术的发展，新能源汽车的续航里程大幅提升，目前市面上众多品牌均推出了续航里程在 500 公里以上的新能源汽车，如特斯拉 Mod-

---

① 资料来源：中华人民共和国工业和信息化部. 道路机动车辆生产企业及产品公告（第 326 批）[EB/OL]. https：//www. miit. gov. cn/jgsj/zbys/wjfb/art/2020/art_d1b29c564cae4d4790820d536a8fbc9a. html，2019 - 12 - 06.

中华人民共和国工业和信息化部. 道路机动车辆生产企业及产品公告（第 355 批）[EB/OL]. https：//www. miit. gov. cn/jgsj/zbys/wjfb/art/2022/art_655c30d67ac147a58436836ecc0cab7c. html，2022 - 05 - 12.

国家发展改革委. 关于电动汽车用电价格政策有关问题的通知 [EB/OL]. https：//zfxxgk. ndrc. gov. cn/upload/images/202210/20221041741876. pdf，2014 - 07 - 22.

el 3、特斯拉 Model Y、比亚迪唐、比亚迪汉、荣威 Ei5 等，续航里程已经可以满足消费者的需要，不仅不是阻碍消费者选择新能源汽车的因素，反而会对新能源汽车的市场渗透产生积极的推动作用。而充电基础设施不完善导致的充电便捷性不足问题依然是制约新能源汽车市场渗透的关键因素，对消费者采购新能源汽车的意愿有显著的负向影响。

智能属性方面，辅助驾驶功能（初级自动驾驶）在意程度和人机共驾功能（中级自动驾驶）在意程度均在 10% 的水平上显著，且回归系数均为负，说明消费者越是在意自动驾驶功能，购买意愿越低。辅助驾驶功能在意程度的 OR 值为 0.952，表明在意辅助驾驶功能的程度每上升 1 个单位，购买新能源汽车的意愿降低 5.8%，人机共驾功能在意程度的 OR 值是 0.777，表明在意人机共驾程度每上升 1 个单位，购买新能源汽车的意愿降低 22.3%，两者对比来看，辅助驾驶功能对消费者采购新能源汽车意愿的负面影响较小。受技术发展水平的影响，当前的自动驾驶功能均未能达到消费者满意的程度，各种辅助驾驶功能存在诸如准确度不高、可靠性不足等问题，而人机共驾过程中频频爆出的系统失灵新闻更是让消费者望而生畏，在这种情况下，本应是新能源汽车核心竞争优势的智能属性并未对新能源汽车的市场渗透起到积极的推动作用，反而成为影响消费者选择新能源汽车的显著负面因素。

消费心理方面，购买和使用体验（销售、维保、回收等全生命周期服务）在意程度和品牌价值在意程度均在 10% 的水平上显著，且回归系数均为负，购买和使用体验（销售、维保、回收等全生命周期服务）在意程度的 OR 值为 0.783，说明在意程度提升 1 个单位，购买意愿会降低 21.7%，品牌价值在意程度的 OR 值为 0.765，说明在意程度提升 1 个单位，购买意愿降低 23.5%。汽车属于耐用消费品，全生命周期服务水平对消费者采购意愿有重要影响，消费者在购买新能源汽车时，对其从购车到报废整个过程中与车辆相关的各种服务、保障、维护和升级等内容的关注与期望值是非常高的，但新能源车企普遍没有如传统车企经过几十年甚至上百年积淀形成的强大服务体系和完善的服务流程，成为影响新能源汽车市场渗透的显著负面影响因素。同样地，品牌价值更需要时间的积淀，相较于传统燃油车，新能源汽车发展时间尚短，未形成强势的品牌效应，消费者对于品牌选择和产品质量等方面的信息掌握程度不充分，抑制了消费者的购买意愿。

第五节　基于消费端市场调查的结论与启示

这部分研究中，用于消费端市场调查的问卷内容由第三章中对于科学文献主路径分析中挖掘出的影响市场渗透的因素构成。通过问卷调查及数据分析，得到了新能源汽车消费者当前特征的"画像"，有针对性地满足消费者的这些偏好特征，有益于新能源汽车的推广；同时，这些特征也指出，充电基础设施和自动驾驶功能改善对提升新能源汽车市场渗透作用显著。

一、新能源汽车消费者的特征

（一）新能源汽车的受众群体以中青年为主

根据个体特征多因素方差分析结果，年龄与新能源汽车购买意愿显著负相关，随着年龄的增长，新能源汽车购买意愿下降，由此可得出结论，新能源汽车的受众群体以中青年为主。车企和经销商应更加重视中青年群体的需求和偏好，在车辆设计上增加更多的年轻人喜爱的元素，如可换装性能更好的音响、搭载更多的露营功能、与动漫游戏顶级形象联名等。此外，车企可进一步了解年长群体的消费需求，有针对性地进行布局，通过扩大受众群体提高新能源汽车市场渗透率。

（二）了解程度的提升有利于提高新能源汽车购买意愿

根据个体特征多因素方差分析结果，对新能源汽车的了解程度与购买意愿显著正相关，了解程度的提升对新能源汽车市场渗透有显著的积极影响。车企和经销商除了可通过传统渠道投放广告以及新媒体传播的方式努力提升消费者对新能源汽车的了解程度，考虑到消费者目前更多地通过手机等智能设备获取信息，应更加重视新媒体传播渠道，这不仅能提升传播效率，新媒体驱动传播的精准性还会提高信息传播的质量。此外，增加线下体验也是提升消费者了解程度的有效办法。

（三）偏好纯电车型的消费者对部分市场渗透影响因素的在意程度更高

在对选择偏好的单因素方差分析中发现，偏好纯电车型的消费者对政府补贴，车载移动办公、消费、娱乐等方面的智能属性，从众心理，追求新潮，购买和使用体验（销售、维保、回收等全生命周期服务）等市场渗透影响因素的在意程度明显高于混合动力型和燃料电池型新能源车的偏好者，这一结果可能因为中国市场的新能源车多为纯电车型，因而纯电车型偏好者对市场渗透影响因素的在意程度更显著。截至 2023 年底，全国新能源汽车保有量达 2041 万辆，占汽车总量的 4.69%，其中纯电动汽车保有量 1552 万辆，占新能源汽车总量的 76.04%。① 因此，市场应特别重视纯电车型偏好者关注的市场渗透影响因素。

（四）偏好传统品牌和中大型车的消费者更关注新能源汽车的保值率

在对品牌和车型的两组选择偏好的单因素方差分析中均发现，保值率是影响消费者采购意愿的重要因素，特别是偏好传统品牌和中大车型的消费者，更加关注新能源汽车的保值率，这给传统车企新能源化转型以重要启示。如大众、宝马、奔驰等品牌在燃油车领域的保值率都有不错的口碑，但新能源车的成本构成与燃油车有很大区别，新能源车的成本构成主要是三电系统，其中电池成本约占整车成本的 45%，电机成本占 35%，电控成本占 5%，目前市面上大多数纯电动汽车装配的都是锂电池组，而锂电池组在先天特性上的衰减周期为 5~8 年，也就是说，8 年以后新能源

---

① 资料来源：公安部交通管理局. 公安部：全国新能源汽车保有量已超过 2000 万辆［EB/OL］. https：//www. mps. gov. cn/n6557563/c9386285/content. html，2024 - 01 - 11.

汽车的残值会非常低。[①] 中大型车的总价高，使用周期内贬值的绝对量大，因此偏好中大型车的消费者也特别关注保值率问题，如何通过电池更换和回收等方式提高新能源汽车的保值率是市场需要关注的问题。

（五）整车销售+自充电模式偏好者更关注使用和维修成本，整车租赁+自充电模式偏好者更容易受从众心理影响

对营销模式的单因素方差分析表明，整车销售+自充电模式偏好者更关注使用和维修成本，整车租赁+自充电模式偏好者更容易被从众心理影响。整车销售+自充电营销模式下，消费者拥有车辆的所有权，当然也承担所有的使用和维修费用，因此这类营销模式的偏好者更注重使用和维修成本，这一营销模式是当前的主流模式，因此重视和改善这类消费者的关注点可以提升消费者的购买意愿。偏好整车租赁+自充电模式的消费者更容易被从众心理影响，随着共享经济的发展，这类营销模式或可被更多的消费者所接受，扩大这类营销模式的覆盖面和传播范围，能够增加消费者的购买意愿，从而推动新能源汽车的市场渗透。

二、提高新能源汽车市场渗透率的关键点

从多元有序 Logistics 回归分析结果看，充电成本、续航里程、充电便捷性、自动驾驶功能、购买和使用体验、品牌价值等因素显著影响新能源汽车的市场渗透。充电成本是新能源车相较于燃油车的显著优势，多数车型的续航里程在满足消费者使用需要上表现较好，这两个因素对推动新能源车市场渗透有积极影响。但是，充电成本优势取决于用电和燃油价格的对比，这受到国际政治经济环境和原油期货价格的影响，且从中国近几十年的发展历程看，电价基本维持稳定，因而这一积极因素的状况很难为行业甚至一国的力量所干预。再看续航里程，随着电池技术的快速推进，当前主流车型的续航里程能够满足消费者的使用需要，续航里程的持续提升

---

① 资料来源：何洪文，熊瑞. 电动汽车原理与构造 ［M］. 北京：机械工业出版社：2018.

能给消费者带来更好的使用体验，它已经不是制约新能源车市场渗透的关键因素。这样看来，改善对新能源汽车市场渗透有显著负向影响的因素或可成为推动新能源汽车市场渗透的关键。具体来看，购买和使用体验、品牌价值两个因素随着新能源汽车性能的提升和时间的积淀较易得到改善；充电便捷性的提升主要取决于路网基础设施建设情况，这需要大量的资金投入及相关产业、部门的配合，自动驾驶功能的提升更是受到技术、政策、社会以及环境等多方面因素的影响，改善和优化后两个负面因素的前景较为复杂。同时，相较于燃油车，新能源汽车是自动驾驶功能尤其是中、高等级自动驾驶功能的优良载具，提升和完善这一功能将进一步强化新能源汽车的核心竞争力，智能属性的优化、充电便捷性的提升对改善购买和使用体验及品牌价值两个负向影响因素也有积极的推动作用。综上所述，考虑到优化充电便捷性和提升自动驾驶性能的复杂性及其重要意义，本书认为，改善负向影响因素尤其是完善路网基础设施和提升自动驾驶性能是推动新能源汽车市场渗透的关键。

参 考 文 献

［1］陈少强，李默洁．财政政策支持能源绿色低碳转型：挑战和应对［J］．财政科学，2023（1）：110－117．

［2］陈志恒，丁小宸，金京淑．中国新能源汽车商业模式的实践与创新分析［J］．税务与经济，2018（6）：45－51．

［3］胡振华，朱亚力．可持续发展背景下新能源汽车发展策略的演化博弈分析［J］．工业技术经济，2022，41（9）：11－17．

［4］景守武，杨林烨，赵宇霞．补贴机制退出对中国新能源汽车出口的影响研究［J］．工业技术经济，2023，42（6）：134－141．

［5］李强．浅谈新能源汽车动力和环境分析［J］．环境工程，2021，39（12）：313．

［6］李苏秀，刘颖琦，王静宇等．基于市场表现的中国新能源汽车产业发展政策剖析［J］．中国人口·资源与环境，2016，26（9）：158－166．

［7］刘丛，刘洁，邵路路等．"双积分"政策下新能源汽车制造商激励供应商创新的契约选择研究［J］．管理学报，2022，19（6）：928－937．

［8］宋润生．基于AHP群决策法的市场实验技术研究与应用——以家用新能源

汽车消费者决策模型为例［J］．实验技术与管理，2014，31（6）：63－66，72.

［9］王璐，郑君君．双积分政策下异质汽车制造商的产量博弈均衡［J］．中国人口·资源与环境，2022，32（1）：67－76.

［10］王震坡，黎小慧，孙逢春．产业融合背景下的新能源汽车技术发展趋势［J］．北京理工大学学报，2020，40（1）：1－10.

［11］解茹玉，安立仁．创新特性对新能源汽车消费者采纳意愿的影响机制：个体创新性的调节作用［J］．当代经济科学，2020，42（5）：113－121.

［12］熊勇清，刘徽．新能源汽车推广应用的"非补贴型"政策作用及其差异［J］．科研管理，2022，43（9）：83－90.

［13］徐国虎，许芳．新能源汽车购买决策的影响因素研究［J］．中国人口·资源与环境，2010，20（11）：91－95.

［14］杨珂欣，张奇，余乐安，等．基于消费者价值观和有限理性的新能源汽车购买意愿与助推政策研究［J］．管理评论，2023，35（1）：146－158.

［15］张厚明．我国新能源汽车市场复苏态势及推进策略［J］．经济纵横，2021（10）：70－76.

［16］周燕，潘遥．财政补贴与税收减免——交易费用视角下的新能源汽车产业政策分析［J］．管理世界，2019，35（10）：133－149.

［17］Axsen J，Bailey J，Castro A M. Preference and lifestyle heterogeneity among potential plug-in electric vehicle buyers［J］. Energy Economics，2015，50：190－201.

［18］Franke T，Krems J F. What drives range preferences in electric vehicle users? ［J］. Transport Policy，2013，30（Complete）：56－62.

［19］Hidrue M，Parsons G，Kempton W，et al. Willingness to pay for electric vehicles and their attributes［J］. Resource and Energy Economics，2011，33（3）：686－705.

［20］Mau P，Eyzaguirre J，Jaccard M，et al. The 'neighbor effect'：Simulating dynamics in consumer preferences for new vehicle technologies［J］. Ecological Economics，2008，68（1－2）：504－516.

［21］Skippon S M，Kinnear N，Lloyd L，et al. How experience of use influences mass-market drivers' willingness to consider a battery electric vehicle：A randomised controlled trial［J］. Transportation Research Part A Policy & Practice，2016，92：26－42.

［22］Yan J H，Tseng F M，Lu L Y Y. Developmental trajectories of new energy vehicle research in economic management：Main path analysis［J］. Technological Forecasting and Social Change, 2018, 137 (12)：168 – 181.

[23] Zubaryeva A, Thiel C, Barbone E, et al. Assessing factors for the identification of potential lead markets for electrified vehicles in Europe：Expert opinion elicitation [J]. Technological Forecasting & Social Change, 2012, 79 (9)：1622 – 1637.

附录 4 – 1　新能源汽车市场渗透影响因素消费者调查问卷

> 敬启者：
>
> 　　本问卷是一份学术性问卷，用于"中国新能源汽车产业创新发展策略研究"的研究，请您判断购买新能源汽车时对问卷提及影响因素的在意程度。本问卷所有资料仅限学术用途，请您放心填答！
>
> 　　由衷感谢您的鼎力支持，敬祝您：
>
> 　　诸事顺意！

第一部分　消费者个体特征和选择偏好
（消费者个人特征）

1. 您的性别。

A. 男　　　　　　　　B. 女

2. 您的年龄。

A. 18 ~ 25 岁　　　B. 26 ~ 30 岁　　　C. 31 ~ 45 岁　　　D. 46 ~ 60 岁

E. 61 岁以上

3. 您的受教育程度。

A. 初中及以下　　　　　　　　B. 高中（中专）

C. 本科（大专）　　　　　　　D. 硕士及以上

4. 您的职业。

A. 专业工作（教师、医生、律师等）

B. 服务业人员

C. 自由职业者

D. 事业单位/公务员/政府工作人员

E. 公司职员

F. 学生

G. 家庭主妇

H. 产业工人

I. 其他

5. 您的月收入大概在什么范围？

A. 5000 元以下　　　　　　　　　B. 5000 ~ 9999 元

C. 10000 ~ 19999 元　　　　　　　D. 20000 元以上

6. 您目前居住在哪里？

A. 农村　　　　　　B. 城市　　　　　　C. 城郊

7. 您目前居住的城市是（填空题）_____。

8. 您是否了解新能源汽车？

A. 非常了解　　　　　　　　　　B. 了解

C. 知道但不了解　　　　　　　　D. 完全不了解

9. 您是否驾驶过新能源汽车？

A. 是　　　　　　　　　　　　　B. 否

10. 您是否熟悉所在城市新能源汽车充电设施点？

A. 非常熟悉　　　　　　　　　　B. 了解

C. 知道但不熟悉　　　　　　　　D. 完全不熟悉

（选择偏好）

11. 您是否会购买新能源汽车？

A. 非常不愿意　　B. 比较不愿意　　C. 一般　　　　　D. 比较愿意

F. 非常愿意

12. 如果您想购买新能源汽车，您会选择以下哪种？

A. 混合动力车　　B. 纯电车　　　　C. 燃料电池车

13. 如果您想购买新能源汽车，您会选择以下哪个品牌？

A. 特斯拉

B. 比亚迪

C. 大众、上汽、沃尔沃等传统品牌

D. 小鹏、蔚来、理想、威马、小米等新势力品牌

14. 如果您想购买新能源汽车，您会选择哪种车型？

A. 微型轿车　　　B. 中大型轿车　　C. MPV　　　　D. SUV

15. 您更倾向于哪种营销模式？

A. 整车销售＋自充电模式　　　　B. 整车租赁＋自充电模式

C. 裸车销售＋电池租赁＋充换电兼容模式

第二部分　市场渗透影响因素判断

此部分为五点李克特量表，1 为完全不在意，2 为比较不在意，3 为一般在意，4 为比较在意，5 为非常在意，请您根据自身情况判断并打分。

影响因素类别	影响因素列表	打分				
		1	2	3	4	5
财务因素	新能源汽车的购买价格	○	○	○	○	○
	新能源汽车的政府相关补贴	○	○	○	○	○
	新能源汽车的使用成本（充电）	○	○	○	○	○
	新能源汽车保险价格上升	○	○	○	○	○
	新能源汽车的维修成本	○	○	○	○	○
	新能源汽车的保值率	○	○	○	○	○
载具属性	续航里程	○	○	○	○	○
	充电时间	○	○	○	○	○
	充电便捷性（充电基础设施的布设情况）	○	○	○	○	○
	其他载具属性（加速性能、最高时速等）	○	○	○	○	○
智能属性	辅助驾驶功能（初级自动驾驶）	○	○	○	○	○
	人机共驾功能（中级自动驾驶）	○	○	○	○	○
	无人驾驶功能（高级自动驾驶）	○	○	○	○	○
	移动办公、消费、娱乐等方面的功能	○	○	○	○	○
个人消费心理	环保主义	○	○	○	○	○
	从众心理	○	○	○	○	○
	追求新潮	○	○	○	○	○
	购买和使用体验（销售、维保、回收等全生命周期服务）	○	○	○	○	○
	品牌价值	○	○	○	○	○

第五章　智能汽车：新能源汽车的发展方向

　　根据第一至第四章的研究，无论是对工业革命历史进展和中国汽车工业发展机遇的研究背景的分析，还是对新能源汽车产业发展历程的梳理、科学文献的主路径分析、针对中国市场消费者的问卷调查，均揭示了智能属性在新能源汽车产业未来发展中的关键作用。2022 年 11 月 9 日，在上海嘉定举办的第 12 届中国汽车论坛上，中国汽车工业协会总工程师也指出，"中国式现代化为人类实现现代化提供了新的选择，以及更好、更多的中国智慧、中国方案、中国力量，中国汽车产业变革发展，电动化只是上半场，智能化的竞争将在发展中的下半场更加激烈"①。

　　智能化不仅是新能源汽车产业，也是汽车工业的必然发展趋势。本章首先从技术和商业模式的角度阐述新能源汽车与智能汽车的联系与区别。技术上，新能源汽车的"新"体现在"电"上，新能源汽车是智能汽车的最佳载具方案，可以说，汽车的新能源化为智能化，特别是 L3 级以上自动驾驶功能的实现做好基础的"电"方面的技术准备，但新能源汽车的技术传承只能发展出智能汽车，而不能演化出"智能汽车系统"，智能汽车系统是包括智能汽车、智能路网等在内的整个智慧交通乃至智慧城市系统；正是二者在"系统"属性上的本质区别，决定了它们在商业模式上的不同，包括燃油车和新能源车在内的非智能汽车与智能汽车具有根本区

　　① 资料来源：魏岚. 叶盛基：决胜下半场 构建智能网联汽车产业新生态 [J]. 智能网联汽车，2022（6）：44－45.

别，通俗地讲，非智能汽车是传统产品，靠"车"赚钱，智能汽车是互联网产品，靠"服务"赚钱。其次，从系统和商业模式视角重新界定智能汽车的内涵，明晰新能源汽车未来的"样貌"，以便后续更有针对性地研究产业未来发展前景。

第一节　新能源汽车是智能汽车的最佳载具方案

一、新能源汽车及其分类

新能源汽车强调的是采用非常规的车用燃料作为动力来源（或使用常规的车用燃料，采用新型车载动力装置），综合车辆的动力控制和驱动方面的先进技术，形成的技术原理先进，具有新技术、新结构的汽车。非常规的车用燃料指除汽油、柴油、天然气、液化石油气、乙醇汽油、甲醇、二甲醚之外的燃料。[①] 新能源汽车主要包括四大类型：混合动力电动汽车（HEV）、纯电动汽车（BEV，包括太阳能汽车）、燃料电池电动汽车（FCEV）、其他新能源（如超级电容器、飞轮等高效储能器）汽车等。从当前市场看，混合动力电动汽车和纯电动汽车是主流车型，尤其是随着特斯拉等纯电车企的强势崛起，到2022年，BEV的销量占比高达70%以上。[②] 事实上，无论是哪一种类型的新能源汽车，其共同的本质特征都是以电驱动，新能源汽车的"新"体现在车辆动力补给从"油"变成"电"，也体现在完成这一转化后，可以用更多"新的"方式获得电，比如除了风能、水能、太阳能以外，还可以通过氢燃料电池，从而实现绿色低碳目的。

---

① 资料来源：李玉忠、李全民编. 新能源汽车技术概论［M］. 北京：机械工业出版社，2020.

② 资料来源：Counterpoint. Tesla Leads US EV Market, Eclipsing Next 15 Brands Combined［EB/OL］. https：//www.counterpointresearch.com/insights/us-ev-sales-q3-2022/, 2023-01-04.

（一）混合动力电动汽车 *

混合动力汽车（hybrid electric vehicle，HEV）是指驱动系统由两个或多个能同时运转的单个驱动器联合组成的车辆，车辆的行驶功率依据实际的车辆行驶状态由单个驱动器单独或多个驱动器共同提供。因各个组成部件、布置方式和控制策略的不同，混合动力汽车有多种形式。根据是否能外接充电电源分类，HEV 可分为插电式混合动力车和非插电式混合动力车两种。根据 HEV 的结构特点，可分为串联式混合动力车（又叫增程式电动车）、并联式混合动力车和混联式混合动力车。根据混合度不同分类，也就是常说的根据在混合动力系统中，电动机的输出功率在整个系统输出功率中占的比重进行分类，可分为微混合动力系统、轻混合动力系统、中混合动力系统和重型混合动力系统。

（二）纯电动汽车**

纯电动汽车（battery electric vehicles，BEV）是一种采用单一蓄电池作为储能动力源的汽车，它利用蓄电池作为储能动力源，通过电池向电动机提供电能，驱动电动机运转，从而推动汽车行驶。它是完全由可充电电池（如铅酸电池、镍镉电池、镍氢电池、锂离子电池或太阳能电池）提供动力源的汽车。纯电动汽车已经有一百多年的悠久历史，但此前受制于电池技术发展的滞后，一直仅限于某些特定范围内应用，市场较小，随着当下电池技术日新月异的发展，纯电动汽车或将成为新能源汽车的主要发展方向。

（三）燃料电池电动汽车***

燃料电池电动汽车（fuel cell electric vehicles，FCEV）实质上是电动汽车的一种，在车身、动力传动系统、控制系统等方面，燃料电池电动汽车与普通电动汽车基本相同，主要区别在于动力电池的工作原理不同。燃

---

　*　资料来源：何洪文，熊瑞. 电动汽车原理与构造［M］. 北京：机械工业出版社，2018：48.
　**　资料来源：何洪文，熊瑞. 电动汽车原理与构造［M］. 北京：机械工业出版社，2018：19.
　***　资料来源：何洪文，熊瑞. 电动汽车原理与构造［M］. 北京：机械工业出版社，2018：115.

料电池的反应机理是将燃料中的化学能不经过燃烧直接转化为电能，即通过电化学反应将化学能转化为电能，实际上就是电解水的逆过程，通过氢氧的化学反应生成水并释放电能。电化学反应所需的还原剂一般采用氢气，氧化剂则采用氧气，因此最早开发的燃料电池电动汽车多是直接采用氢燃料，氢气的储存可采用液化氢、压缩氢气或金属氢化物储氢等形式。燃料电池的反应不经过热机过程，因此其能量转换效率不受卡诺循环的限制，能量转换效率高；它的排放主要是水，非常清洁，不产生任何有害物质。因此，燃料电池技术的研究和开发备受各国政府与大公司的重视，被认为是 21 世纪洁净、高效的发电技术之一。

二、智能汽车及其等级划分

智能汽车是多种新技术应用的重要载体，是汽车从人工操控的机械产品向智能化系统控制的智能产品转变的产物，目前，无论是产业界还是学术界，对这种新事物内涵均没有统一界定。对智能汽车的"称呼"也有很多种，如无人驾驶汽车、自动驾驶汽车、智能网联车等，甚至被称为轮式机器人[①]。这些"称呼"反映了智能汽车某一发展阶段的特征，未囊括汽车智能化演进的全过程，相关研究从智能汽车的硬件、软件、功能和对外联通等角度，诠释智能汽车的定义为：智能汽车是指搭载先进的车载传感器、控制器、执行器等装置（硬件），并融合现代通信与网络技术，实现车与X（车、路、人、云等）智能信息交换、共享（对外信息通信），具备复杂环境感知、智能决策、协同控制等功能（注：软件系统），可实现安全、高效、舒适、节能行驶，并最终实现替代人来操作的新一代汽车（功能）。这些研究多是重点从技术角度对智能汽车内涵的解读，本书研究在后文将从系统和商业模式角度审视智能汽车的内涵。

关于智能汽车自动化等级的划分，中国国家市场监管总局规定了

L0 ~ L5 的 6 等级划分法①，美国机动车工程师学会（Society of Automotive Engineers，SAE）规定了从 L1 ~ L5 的 5 等级划分法②，两种划分方法大同小异，主要区别是前者将无自动驾驶功能的汽车定义为 L0 级，而从 L1 级开始，两种划分标准基本一致。在国务院及相关部委联合发布的《智能汽车创新发展战略（征求意见稿)》中则是参照 SAE 标准的 5 等级划分法。结合业界通俗说法，对智能汽车自动化属性进行归类和解读，如表 5 - 1 所示，辅助驾驶对应 1 ~ 2 级自动驾驶、人机共驾对应 3 级自动驾驶、无人驾驶对应 4 ~ 5 级自动驾驶。

表 5 - 1　　　　　　　　　智能汽车智能化等级解析

智能化程度	对应 Level	解析
辅助驾驶	对应 1 ~ 2 级的低级别自动驾驶	驾驶员主导，车机系统辅助
人机共驾	对应 3 级的中级别自动驾驶	车机系统主导，驾驶员应车机系统要求适当参与
无人驾驶	对应 4 ~ 5 级的高级别自动驾驶	车机系统完全主导，无需驾驶员

　　初级智能化的汽车能实现车道保持、加减速、拥堵跟车等诸多辅助驾驶的功能；如果达到了中级智能化，汽车可以完成设计工况下的所有操作并在高速公路上实现自动驾驶，但驾驶员在必要时须根据驾驶系统的请求进行干预；高级智能化汽车的驾驶系统可完全替代驾驶员，在所有道路环境下实现自动驾驶，是新能源汽车向智能汽车演化的终极状态。

　　需要注意的是，辅助驾驶阶段仍以驾驶员操作为主，不是真正意义上的智能汽车，L3 级是智能汽车自动驾驶功能的分水岭，这个级别的自动驾驶系统可以长时间连续自主操控汽车，随着智能化等级的提升，驾

---

　　①　资料来源：中华人民共和国工业和信息化部. 汽车驾驶自动化分级（GB/T40429 - 202）［EB/OL］. https：//openstd. samr. gov. cn/bzgk/gb/newGbInfo？hcno = 4754CB1B7AD798F288C52D916BFECA34，2021 - 08 - 20.

　　②　资料来源：Society of Automotive Engineers. SAE J3016 automated - driving graphic［EB/OL］. https：//www. sae. org/news/2019/01/sae - updates - j3016 - automated - driving - graphic，2019 - 01 - 07.

驶员逐步被替代。人机共驾与辅助驾驶的根本区别在于车机系统是否在驾驶过程中自主发挥重要作用而不再作为驾驶员操作的辅助，人机共驾和无人驾驶的区别则在于车机系统自主操控的程度不同。因此，可以认为，搭载 L3 级以上自动驾驶系统的智能汽车才是真正意义上的智能化汽车。

三、新能源汽车是 L3 级以上智能汽车的最佳载具方案

市场上，传统燃油车的最大输出电压正常情况是 12V 或者 24V，单缸 25 匹马力以上的柴油机、多缸柴油机汽车一般都是 24V，汽油机汽车一般是 12V。[①] L3 级智能汽车已经开始由车机系统主导驾驶了，这就需要使用大量传感器和高性能计算机，所以，"电"对智能汽车来说是基础技术支持。混动车、纯电动车、燃料电池车能提供比燃油车更高的电压等级，更容易实现对 L3 以上级别自动驾驶系统的供电。在支持辅助驾驶车机系统上，燃油车和新能源车没有根本差异，但当自动驾驶来到 L3 级时，新能源汽车的优势得以凸显出来，特别是到了 L4 和 L5 级别的无人驾驶阶段，汽车内需要搭载更多的电气元件，对用电量提出了更高的需要。所以说，汽车的新能源化（也即电动化）是为智能化做准备，新能源汽车是智能汽车的最佳载具方案。当然，到了无人驾驶阶段，对电的需求不仅体现在"量"上，还体现在"质"上，为支持高等级的智能驾驶，需要的电气元件呈几何级上升，要求电气元件的体积更小、工作更高效，小尺寸芯片可以解决在更小的集成电路板上集成更多功能的效果，常温超导材料以其零电阻的特性将大大提高电效能。

图 5-1 揭示了这一演化过程。需要说明的是，本书研究仅从车机系统对"电"的需求这一个角度阐述新能源汽车与智能汽车在载具属性上的关联，未在技术层面做更多更深入的分析。

---

① 资料来源：袁新枚，范涛，王宏宇. 车用电机原理及应用 [M]. 北京：机械工业出版社，2016：161.

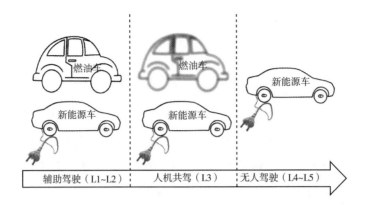

图 5 - 1　新能源汽车在智能汽车自动驾驶功能升级中的演化示意

注：笔者根据本书研究观点绘制。

第二节　从系统视角看新能源汽车和智能汽车

一、智能汽车是更具系统属性的产品

从载具属性上看，新能源汽车是智能汽车的最佳载具方案，为智能汽车的发展做了坚实的技术准备，但在很多方面，智能汽车与新能源汽车不同，特别是自动驾驶等级达到 L3 级及以上级别的智能汽车，其自动驾驶功能的实现需要智慧路网和智能交通系统的支持，如图 5 - 2 所示。

在辅助驾驶（L1 级和 L2 级，也称初级智能化）阶段，车机系统无须进行大量信息处理和决策，车辆也无须装载更多的传感器等电子元器设备，对供电要求不高，因此车辆的载具既可以是传统燃油车，也可以是新能源汽车。到了人机共驾（L3 级，也称中级智能化）阶段，新能源车作为智能汽车最佳载具的优势逐渐凸显，搭载 L3 级及以上级别自动驾驶系统的载具以新能源汽车为宜，同时，必须与智能路网、卫星定位系统联通，才能真正满足自动驾驶出行需求。初级智能化的汽车主要依靠各种雷达识别路况以实现辅助驾驶，严格来讲，并不是真正意义上的智能汽车，无法满足无人驾驶交通出行的需求。从初级智能化跨越至中级智能化阶段需要有智能路网基础设施的加持，换言之，智能路网基础设施的介入是智能汽车从辅助驾驶向人机共驾阶段过渡的标志，图5-2灰色底纹代表的智能路网覆盖了汽车中级和高级智能化阶段。完全自动驾驶的实现则有赖于车机系统和智能路网设施的完善与成熟运用，当完全自动驾驶实现时，已经没有驾驶员的概念了，当然也不需要面向前方的驾驶员位，车内座位可以设置任意方向，比如图5-2所示的对座设置，这一变化可视为智能汽车从人机共驾过渡到无人驾驶阶段的标志性事件。

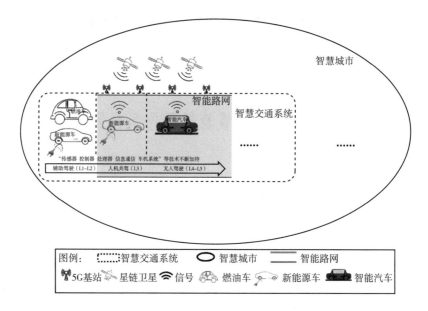

图5-2　基于系统视角的智能汽车内涵示意

注：笔者根据本书研究观点绘制。

此外，从市场看，目前仍以搭载 L2 级自动驾驶系统的车辆为主，L3级较少，除了一些在特定场所工作的无人驾驶物流车，还有特斯拉的部分车型、国内造车新势力旗下的小鹏 P7 等。特斯拉作为纯电动车的先驱，其自动驾驶系统的英文名是 Autopilot，简称 AP，目前分为三个等级，基础版自动辅助驾驶（BAP）、增强版自动辅助驾驶（EAP）和完全自动驾驶（FSD）。全系车型标配的是基础版自动辅助驾驶，属 L2 级别，可实现的功能有自适应巡航和车道保持等，加装增强版辅助驾驶系统需要 3.2 万元，包含自动辅助导航驾驶、自动辅助变道、自动泊车、智能召唤等功能，增强版辅助驾驶系统仍然没有达到 L3 级，加装达到 L3 级的完全自动驾驶功能（FSD）则需要 6.4 万元，包含基础版辅助驾驶和增强版自动辅助驾驶的全部功能。[①] 特斯拉未来可能会推出识别交通信号灯和对停车标志做出反应等功能，但中国市场没有开放星链系统，加之缺少其他相关智能路网设施的支持，L3 级自动驾驶功能无法在实际驾驶中使用。这是智能路网和卫星定位系统介入作为区别初级智能化和中级智能化标志性事件的一个例证。

由此可见，L3 级自动驾驶的实现，不仅需要载具技术的突破，更需要智能路网、智慧交通乃至智慧城市系统的支持。相较于新能源汽车，智能汽车还具备"系统"属性，这一系统属性通过智能汽车在各种智能化软件和硬件的支持下与智慧交通、智慧城市进行交互得以实现，可以说，智能汽车是系统的一个"细胞"，离开了系统，其智能化功能无法真正实现。

二、智能汽车是智慧交通系统的"智慧细胞"

要解释这一观点，首先需要说明智慧城市系统的构成及其如何由"智慧细胞"演化而来的过程。这里需要借助自组织系统和自组织城市理论的相关内容。自组织理论体系的基本思想和理论内核是耗散结构理论和协同学，建立在与环境发生物质、能量交换关系基础上的结构为耗散结构，生命、城市均具有耗散结构特征，它们远离平衡态，具有开放性，系统内不同要素间存在非线性机制（Juval，2012）。协同学研究系统内部各要素之间的协同机制，这种协同机制是自组织演化过程的基础，城市系统之间的协作正需要这种协调机制。耗散结构理论、协同学、突变论、超循环理论等构成了自组织理论体系，这些理论与城市科学交融，形成了自组织城市理论。自组织城市理论是运用自组织理论的观点、方法从不同角度研究城市系统及其发展过程的理论体系，形成了耗散城市（Prigogine and Stengers，1984）、协同城市（Haken，2000）、混沌城市（Dendrinos and Sonis，1990）、分形城市

---

① 资料来源：特斯拉中国官网，https：//www.tesla.cn/？utm_source＝next.36kr.com。

（Batty and Longley，1994）、沙堆城市（Bak et al，1987）、细胞城市等理论，
如表5－2所示。

表5－2   自组织城市理论一览

文献	理论基础	贡献	理论精髓
Prigogine et al (1984)	耗散结构理论	耗散城市	该理论认为自组织系统的有序状态是由耗散引起的，该理论基于两个创新概念：（1）开放环境条件下的非平衡和非线性是有序的来源；（2）自组织系统波动后达到有序状态
Haken (2000)	协同理论	协同城市	该理论解释了如何创建一个有序状态，并关注于系统所有元素的相互关系、交互、协作、宏观结构和整体行为
Dendrinos et al (1990)	混沌理论	混沌城市	混沌有两种形式：局部混沌或微观混沌，以及全局混沌、宏观混沌或确定性混沌。耗散结构理论和协同学理论侧重前者，混沌理论侧重后者
Batty et al (1994)	分形理论	分形城市	该理论基于两个创新概念——自相似性和分形维数。城市空间的复杂几何结构是通过曼德布罗分形的一个相当简单的迭代过程形成的
Bak et al (1987)	自组织临界模型	沙堆城市	沙堆城市呈现出自组织的临界状态，不需要外力场进行调节就能使系统达到临界状态。沙堆具有两个不协调的特征：系统在许多不同的位置都不稳定；然而，临界状态是绝对鲁棒的（robust）
Newman et al (1961)	细胞自动机模型	细胞城市	细胞自动机（CA）模型包含两个主要因素（细胞和规则），它使用一组简单的局部规则来生成复杂的全局结构和行为

资料来源：笔者参考文献 Self-Organization and the City（Juval，2000）整理。

城市系统具有自组织特征，如果将智慧城市系统与天然自组织系统人
体系统进行类比，可以发现，两者的运转规律具有抽象的一致性。人体系
统最基础的元素是细胞，形态相似、功能相关的细胞构成组织，几种共同
执行某一特定功能并具有一定的形态特征的组织集合起来构成器官，单个
器官具备执行某种功能的能力，但无法独立完成一项完整的功能，需要其
他器官的配合，只有当若干功能相关的器官联合起来才能共同完成某一特
定生理功能，从而形成人体的九大系统：运动系统、消化系统、呼吸系
统、泌尿系统、生殖系统、免疫系统、循环系统、神经系统、内分泌系
统。九大系统构成人体，在神经系统和内分泌系统的调节下，相互联系、
相互制约，共同完成人体的全部生命活动，以保证个体的生存和种族的延

绵。智慧城市的运行规律与之类似：四通八达的交通系统类似于运动系统，连接城市的各个角落；环境系统类似于泌尿系统，促进城市新陈代谢；经济系统类似于生殖系统，经济发展水平的提升孕育新的城市；安防系统类似于免疫系统，防御各种灾害；能源系统类似于循环系统，为城市发展输送养料；信息通信系统类似于神经系统，制度文化系统类似于内分泌系统，这两个系统起到调节整个系统的作用。各子系统协同发展，形成整个智慧城市系统，实现完整的城市功能。在实现城市功能的过程中，还需要与外界进行能量和信息的交换，这一功能类似于人体的消化和呼吸系统。智慧城市自组织系统的构成如图 5-3 所示。

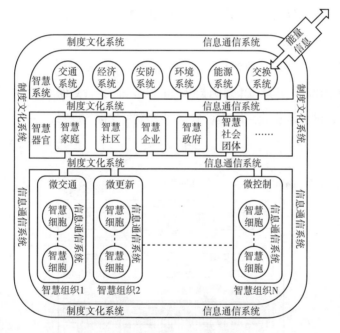

图 5-3 智慧城市自组织系统架构示意

资料来源：颜姜慧，刘金平. 基于自组织系统的智慧城市评价体系框架构建 [J]. 宏观经济研究，2018 (1)：121-128.

从系统元素及演化角度类比，智慧城市系统各元素也可实现类似人体系统由"细胞形成组织、组织形成器官、器官形成系统"的过程。以自组织理论，特别是细胞自动机模型（CA 模型）剖析智慧城市系统，可以厘清其各组成部分之间的层级结构，解释上述演化过程。如图 5-4 所示，智慧细胞层是整个智慧城市系统的基础，是系统实现由简单到复杂、由低级有序到高级有序的关键，是 CA 模型中的"细胞"，信息通信系统和制度文化系统存在于同一横向层次的各元素以及不同纵向层次的各组成部分之间，发挥协调作用，是 CA 模型中的"规则"。人体是自然形成的复杂巨系统，细胞是构成人体的基础，细胞在自调节作用下完成自组织演化过程。智慧城市是人造的复杂巨系统，要实现类似人体功能的自发演化必须首先拥有种类丰富、功能完备的智慧细胞和一套合理完备的协作"规则"。换言之，智慧城市自发演化必须具备三个条件：第一，大量功能完备的智慧细胞；第二，安全畅通的信息通信技术；第三，动态有效的制度文化系统。第一个条件保证了智慧细胞的种类和性能，这是智慧城市实现自组织演化的基础；第二个条件保证了智慧细胞、智慧城市其他元素之间的信息交换和处理无障碍；第三个条件主要保证了较高层次的智慧元素（如智慧组织、智慧器官、智慧系统等）在合理的规则安排下演化出整个智慧城市系统。第二个和第三个条件是保证系统协作的两个协调机制，前者是技术层面的规则，后者是制度层面的规则。

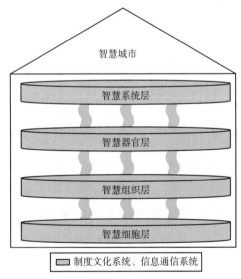

图 5-4 智慧城市系统组成部分之间的纵、横层级结构

资料来源：Yan J H, Liu J P, Tseng F M. An evaluation system based on the self-organizing system framework of smart cities: A case study of smart transportation systems in China [J]. Technological Forecasting and Social Change, 2020, 153 (4).

　　智能汽车是智慧城市，或者更具体地说是智慧交通系统的一个"智慧细胞"，如图 5-5 所示，智慧交通系统的智慧细胞分为有载具功能和无载具功能的，智能汽车、无人机等是有载具功能的智慧细胞，智能基础设施、智能基站等是无载具功能的智慧细胞，这些具有信息通信能力的智慧细胞，可以进行动态自组网。有载具功能的智慧细胞是自组网的流动节点，无载具属性的智慧细胞是自组网的固定节点，流动节点不断地与通信范围内的其他流动节点、固定节点自动组网，形成可自主实现组织功能的分布式微交通系统，这些微交通系统可以看作一个智慧组织（图中的每个菱形区域都代表一个智慧组织），如围绕某个给定基站形成的局部交通通信系统。在现有信息通信技术水平下，智慧组织与外界的信息通信任务主要由固定节点承担，以保证信息通信的稳定性。随着信息通信技术的发展、智慧细胞智能性的提升，流动节点和固定节点之间的这一功能区分会淡化，流动节点也可以稳定地与外界进行互联互通。到那时，智慧交通的所有智慧细胞的智能属性将实现同一化，差别仅在于一些智慧细胞具有载具属性、可以移动，而另一些智慧细胞没有载具属性、不能移动，前者是移动智慧细胞，后者是固定智慧细胞（Yan et al，2020）。

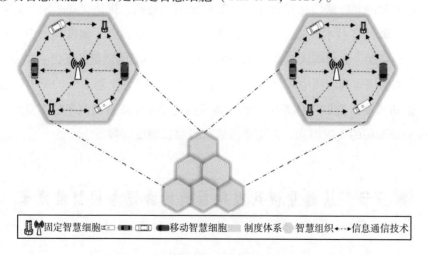

图 5-5　智能汽车系统属性特征示意

　　资料来源：Yan J H，Liu J P，Tseng F M. An evaluation system based on the self-organizing system framework of smart cities：A case study of smart transportation systems in China［J］. Technological Forecasting and Social Change，2020，153（4）.

　　智能属性的实现需要智能汽车与智慧交通系统其他元素之间进行通信，图中双向箭头表示信息通信技术（ICT），在智慧交通系统中主要包括各种车联网技术，如车载自组网（VANET）、车与道路基础设施的互联互通（V2I），广播（Broadcast）、专用短程通信（DSRC）等，大数据和云计算技术，5G等移动互联技术，北斗、GPS等卫星定位技术，区块链等信息加密技术。这些技术已经渗透到交通系统中，其有益作用正不断显现出来，技术的发展及融合运用是智慧交通系统运行及发展演化的保障。智慧交通系统未来的流动智慧细胞主要是智能汽车，要保证智能汽车的安全行驶，必须有稳定、可靠的V2X（车辆与车、人、路的互联互通）自组网技术。另外，AI技术的应用也是未来交通系统实现智慧的关键。当然，这里需要再次强调的问题是，AI技术在智慧交通领域的应用场景主要不是信息通信，而是通过对人力的替代，使原本需要人驾驶的汽车实现自动驾驶功能，所以将它归类为智能化技术更为适合。进一步地，AI技术在智慧交通系统中对人力的替代分成三个方面：第一，替代人手脚功能的AI技术，保证汽车在无人操控的状态下自动行驶；第二，替代人遵守交通秩序意识的AI技术，保证汽车按照既定的交通规则行驶；第三，替代人脑修正交通规则的AI技术，通过积累的大数据信息和云计算结果修正交通规则，优化交通系统运行效率。这里，AI技术的第三个方面表现实际上已经渗透到了制度体系中交通法规的层面，依目前认知水平看，经济社会运行机制的创新发展仍主要需要人的智慧来实现。图中灰色底色表示制度体系，智慧交通系统的所有智慧元素都"浸"在制度体系中，制度体系的建设是保障智能汽车从实验室步入消费市场的关键因素，为整个系统运行提供制度保障。

第三节　从商业模式视角看新能源汽车和智能汽车

一、传统产品和互联网产品

　　从技术上看，新能源汽车是智能汽车的最佳载具方案，智能汽车是在新能源汽车做好"电"的准备的基础上加载自动驾驶系统及相关支持硬件的产品。可以说，从技术上看，智能汽车是新能源汽车的未来产品，智能汽车是对新能源汽车的技术传承。但新能源汽车只能在技术上发展成智能汽车，而不是"智能汽车系统"。因此，从商业模式上看，新能源汽车与智能汽车是完全不同的产品。新能源汽车是"传统产品"，智能汽车是"互联网产品"，传统产品和互联网产品有不同的盈利模式，从这个角度来看，它们是不同的产品。对于这一问题的理解，可以从类似产品的发展中得到启示，比如传统功能机电视和智能电视、传统功能手机和智能手机等。这里将以传统功能机电视和智能电视作为案例进行详细分析，从中得到关于新能源汽车和智能汽车在商业模式区别上的启示。

（一）电视不等于电视机

电视是一个系统，从内容制作发行，到编码，到信号传输（T/C/S），到信号接收及解码显示。而电视机指的是最后的信号接收和解码显示的终端设备，故电视机的全称是电视信号接收及解码显示机。在彼时，中国传统的非智能电视系统除了电视机的部分之外，所有的环节都是由国家广播电视总局（以下简称广电总局）和各地方电视台网提供。电视机只是被动地单向下行接收解码显示信号，其本身并不参与链条上内容相关的运营，所以除了硬件利润外并无其他的收入。广电总局和地方电视台网跟电视机行业除了在编解码规范和行业标准上有接触，并没有商业合作，所以彼时的电视系统和电视机在技术上是包容关系，在利润分配上并没有关联和瓜葛。

（二）智能电视系统和智能电视机

互联网技术的大发展催生了智能电视系统，而智能电视系统的出现打破了传统电视系统格局，进行了一次重塑。电子产品处理器（ARM）架构下的安卓4.0真正开始了电视机的智能化，为智能电视系统的硬件部分拼上了最后一片拼图。

事实上，在中国，智能电视系统的起步是早于智能电视机的，由中国广电主导的互联网协议电视（IPTV）就是其中的一次有意义的尝试。但起初的发展并非一帆风顺。2004 年，中国电信和网通在实验室积极测试 IPTV，同时进行了小规模的用户试验，业务模式以点播为主，截至 2004 年底中国 IPTV 用户数量为 4.6 万户①。2005 年 3 月，广电总局给上海广播电视台发放首张 IPTV 集成播控运营牌照。首张牌照发放后，上海广播电视台成立了专门运营 IPTV 业务的百视通公司，并与中国网通在哈尔滨地区正式启动了 IPTV 试验工作。之后，百视通又在上海、黑龙江、辽宁、福建、浙江、陕西等地进行了 IPTV 试验。截至 2005 年底，国内 IPTV 用户数量为 26.7 万户②。中央电视台的 IPTV 试验于 2006 年 6 月正式启动，先后在吉林、云南取得进展。IPTV 业务试验主要围绕上海广播电视台和中央电视台的 IPTV 集成播控平台进行。这一年，上海电信、武汉电信、安徽电信以及内蒙古联通等都启动了 IPTV 项目招标，但 IPTV 进展十分艰难，截至 2009 年底，IPTV 用户数才发展几百万③。在这种情况下，国务院先后下发了两个重量级文件《国务院关于印发推进三网融合总体方案的通知》和《国务院办公厅关于印发三网融合试点方案的通知》，IPTV 才算进入正式发展阶段。根据这两个文件，广播影视行政部门正式明确 IPTV 集成播控平台采取中央总平台和省级分平台两级架构。2013 年 5 月，中国网络电视台与上海百视通合资成立了爱上电视传媒有限公司，试验阶段的两个集成播控平台实现合并，共同负责全国 IPTV 集成播控总平台可经营性业务的运营工作。近年来，省级集成播控分平台相继建成启用，全国范围内基本形成总分平台相结合、集成播控平台与传输服务平台密切合作的 IPTV 运营新格局。2015 年，IPTV 冲开了政策关，国务院办公厅印发了《三网融合推广方案》，长达 5 年的三网融合试点阶段终于结束，广电、电信业务双向进入扩大到全国范围，全面推广三网融合，IPTV 的用户数出现激增状态。

---

① 中华人民共和国工业和信息化部官网 – 工信数据 – 统计分析 – 通信业，https：//www. miit. gov. cn/gxsj/tjfx/txy/index. html。

②③ 中华人民共和国工业和信息化部官网 – 工信数据 – 统计分析 – 通信业，https：// www. miit. gov. cn/gxsj/tjfx/txy/index. html。

但由于天生商业模式的缺陷，电视机厂家即使已经进行了大量的投入但最终仍旧会被排挤在主流之外。事实证明，智能电视系统时代，电视机作为终端无法被排除在内容的运营之外，没有电视机的参与，内容运营的商业模式就不完整，无法形成闭环。直到安卓 4.0 出现之后，智能电视机真正成为智能电视系统运营的"端"或者叫"入口"。

（三）电视机和智能电视机

在传统电视机时代，电视机的核心价值只是硬件价值，显示效果的好坏成为衡量电视机本身好坏的评判标准，消费者更关注清晰度、对比度、色彩饱和度。更好的显示意味着更好的溢价和利润。而到了互联网时代，入口数量决定了流量，流量是运营的基础，这是互联网时代的商业常识。相对于普通电视机，智能电视机背后的流量价值突然超越了硬件显示优劣的价值成为了第一价值。从商业角度来说，一台电视机作为入口能够引进更多的流量，这些流量可以被运营被商业化，这就是要追求的最大化价值，这也就是智能电视机和普通电视机最大的区别。相对于传统电视系统来说，智能电视系统时代的视频内容资源有了几何级数的增长，从业人员和就业岗位也同步增长。换句话说，智能电视系统的资产已经远超传统电视系统时代，其相关产业的产值也有了巨量的增长，这就是经济领域上的亮眼表现。

（四）智能电视机的商业模式

消费者能看到的"智能电视"只是智能电视机，而智能电视系统是隐藏在背后的。如果没有智能电视系统，智能电视机再怎么智能也没有意义，更谈不上流量价值。但产业发展总会有一定的进程和阶段，智能电视机也不是一下子就具备运营价值。2010 年出现的智能电视机更像是一个技术验证机，2011 年出现的安卓 4.0 的智能电视机只是初步实现了智能，比如在开关机广告的实现和运营上与之匹配的硬件技术准备到了 2013 年才真正完成。严格意义上来说，2014 年之后量产的智能电视机才是具备运营价值的智能电视机，才算是高级智能。

　　而智能电视系统商业模式的整体确立起源于乐视超级电视的首发，乐视用"这是一次颠覆"作为发布会的标题，实际上确立了智能电视系统商业模式的最终形态，截至 2024 年 6 月，乐视仍是唯一一家打通了整个智能电视系统商业模式的厂家，很可惜这是个封闭的商业模式，随着乐视的倒下，智能电视系统又进入了一个分散割据的局面，但长期来看，重新整合是必然的。所以从消费市场得到的"智能电视机"的销售数据并不能完全准确地反映当期智能电视系统背后整个行业的运营状况，也许有超前，也许有滞后，也许还存在波动，但在一个较长的时间区间来看整体是契合的。

　　智能电视机的成本构成包括：电视机（接收信号，解码，显示）的成本＋智能硬件（搭载安卓系统的主板，语音识别的麦克风阵列，视频采集的摄像头等）的成本＋可运营的内容及系统成本（视频内容版权，广告系统，相关的系统维护和运营人员费用）。后两部分是电视机智能化后额外增加的成本。电视机成本仍然存在溢价，主要体现在品牌力、用料及质量管理和外观设计上。智能硬件的部分体现在销售额上基本完全归零，原因在于智能硬件部分是实现智能化的前提，且硬件标准化高，同质化严重，消费者看不到这块硬件价值，转而关注智能硬件背后提供的智能化服务。运营收益（average revenue per user，客户平均每月收益，简称 ARPU 值）来源于各种不同的服务，视频内容提供和广告收益占据绝大部分比例，电视购物也重新兴起，另外由于摄像头的介入，付费的视频聊天、视频会议、直播、监控等也逐步开始引入。

　　综上我们看到，目前智能电视机的商业模式是显示属性的硬件溢价和智能属性的服务运营付费的结合。所有的运营收益最终都会落在智能电视机上，智能电视机变成了一个"支付的入口"，比如，在电视机上看视频需要从电视机上购买会员或者额外付费，广告主需要在电视机上投放开关机、换台等状态下的整屏或飞字广告要给智能电视机厂家付费等。智能电视机厂家在进行整个智能电视系统链条上的二次利益分配。这个巨大的支付入口价值不存在技术障碍，随着二维码扫码付费技术的兴起，智能电视机上的付费变得更加简单便捷。

二、新能源汽车和智能汽车的商业模式

从商业模式来说，一个产品具备了"互联网利润模型"的可能，才能称为智能化。即从通过产品销售溢价转向通过消费者使用付费。这样才有可持续的 ARPU 值，而智能硬件只是为之有更广阔 ARPU 提升的想象空间提供基础，智能硬件的成本也在使用的过程中分期收回。目前智能电视系统的技术模型和商业模式已经趋于成熟。接下来的发展都是在积累量变，这将会是一个较长的发展过程，可能有波折有反复，但螺旋向上依然是主旋律。传统功能机电视向智能电视的转化实际上就是一个从"单机"到"系统"，从"传统产品"到"互联网产品"的过程，从中得到关于新能源汽车和智能汽车在商业模式区别上的启示。

新能源汽车相当于电视机，智能汽车相当于智能电视机，随着智能化相关技术的进步和在车辆上的加载应用，新能源汽车可以演化成智能汽车，但智能汽车只是智能汽车系统的一部分，在商业模式上起到付费入口的作用。当前在汽车行业上为人诟病的座椅电加热付费、车机系统付费等现象，实际上是汽车行业为日后打通智能汽车系统靠 ARPU 值盈利商业模式的尝试，就与当年的滴滴出行超额补贴养成了消费者在线叫车的习惯类似。

总结来看，与其他传统产品类似，传统汽车企业的商业获利模式可简单地用"利润总额 = 单个产品毛利额 × 销售量"来表达。在智能汽车投资过剩的激烈竞争环境中，单个产品毛利额很难提高，企业难免走向杀价提量的下行通道，大大降低了成功的概率。这也是我们在市场上看到的，智能汽车企业倒闭风潮的苗头。

以系统化思维重构汽车企业的获利模式，形成"互联网 +"模式的企业获利方式，其获利能力可表述为"利润总额 = 用户数 × ARPU 值"。在这种模式下，企业的关注重心不再是单个产品的毛利额和汽车销售量，而是使用自己产品的用户数及从单个用户收取的服务费。用户数越多，提供服务的能力越强，获利能力越高。通过车载智能装置观看电影、听音乐，

甚至购物和点餐等均会产生服务费。服务费可由智能汽车企业收取，然后在包括智能汽车在内的智能路网、智慧交通系统中进行二次分配，用于智能路网建设的投入。

第四节　基于系统和商业模式特征的启示

从技术角度看，新能源汽车的"新"体现在"电"上，这一波的汽车电动化革命是为智能化，特别是 L3 级以上自动驾驶功能的实现做好基础的"电"方面的技术准备，新能源汽车是智能汽车的最佳载具方案，智能汽车是新能源汽车的未来发展方向。因此，本书研究对产业未来发展情景预测分析是聚焦在智能化的新能源汽车（智能汽车）上。

但是，新能源汽车的技术传承和发展只能得到智能汽车，而不能演化出"智能汽车系统"，智能汽车系统是包括智能汽车、智能路网等在内的整个智慧交通乃至智慧城市系统，没有系统支撑的智能汽车不能真正满足出行需求。新能源汽车和智能汽车在"系统"属性上的差异，决定了它们在商业模式上的不同，简单地讲，非智能汽车（包括没有智能属性的燃油车和新能源车等）是传统产品，靠"车"赚钱，智能汽车是互联网产品，靠"服务"赚钱。关于系统属性和商业模式的认识和分析将融入产业发展情景的问卷设计和产业创新发展策略的研究中。

一、基于系统特征的启示

置于"系统"中的智能汽车才能真正满足出行需求，智能汽车作为智慧交通系统的一个智慧细胞，可与系统其他元素共同作用，在未来实现如下场景：乘客准备出行，首先通过手机 App 或其他智能装备网约一辆共享无人驾驶车，距离乘客最近的已充满电的智能汽车会在最短的时间到达指定地点，将乘客送达目的地；如果运送距离超出了一辆智能汽车的续航能力，共享平台会在中途合适的地点为乘客更换另一辆电能满载的智能汽车，实现接续接驳，电能耗尽的智能汽车会自动停靠在最近的充电点补充能源，完成充电后就地或到规划地点等待下一次接驳任务。这不仅解决了公共交通系统目前无法妥善处理的"最后一公里"问题，完成了城市载人出行任务，也解决了电动车续航能力不足和充电问题。当共享无人驾驶汽车成为成熟的城市出行解决方案以后，现有的汽车所有权归属问题将发生重大变化，私家车将不复存在。智能汽车根据运载功能的不同分为智能载人汽车、其他智能专用车（如智能物流车、智能垃圾清理车）等，系统会根据用户运载需求自动配给不同功能的智能汽车。单人出行时，系统配给一辆小型载人车（或可称之为无人驾驶胶囊车）；多人同时出行时，系统配给一辆大型载人车，或者根据乘客需求，配给多辆无人驾驶胶囊车，这些无人驾驶胶囊车首尾相接，形成胶囊车组（类似高铁）。到那时，人们不必为汽车的能源补给、维修保养、如何停放担心，可随时根据自己的需求通过平台召唤承载力合适的智能汽车，节约了个人出行成本。同时，私家车的消亡将大大缓解交通拥堵问题，从而带来整个社会能源利用效率的提升、环境污染问题的缓解等一系列社会效益。智能汽车的这一系统性演化趋势，要求共享经济制度、无人驾驶交通法规等一系列发展机制的支持。

前文所述的智能汽车的"智能性"主要体现在实现不同级别的无人驾驶上，是利用先进的传感器（雷达、摄像）、控制器、执行器等智能装置，通过车载传感系统和信息终端实现与人、车、路等的智能信息交换，使车辆具备智能的环境感知能力，能够自动分析车辆行驶的安全及危险状态，并使车辆按照人的意愿到达目的地。除了智能汽车，传感器、控制器、执行器等也都是整个系统的智慧细胞，它们在信息通信技术的支持下实现信息的生成与交互，实现无人驾驶目的。事实上，智能汽车的"智能性"并不仅限于无人驾驶能力，还包括通过加载更多的智能应用程序，使汽车变成真正的移动智慧空间。目前可以想象的是，这种智慧移动空间，可以实现类似智能手机的所有功能，比如，当你驾车途经一个经常光顾的餐厅时，汽车智能程序会主动询问你是否需要下车就餐或直接预订你喜欢的菜品配送到家中。这些功能的实现需要信息通信技术、大数据和云计算等技术的支持。这种智能汽车系统并不是一种畅想，它将会在信息通信技术的支持下，智能路网规划、智能交通法规、共享经济运行机制、成熟的"互联网＋"商业模式等一系列法规制度的保障下演化并实现。

二、基于商业模式特征的启示

从本质上说，智能汽车是"互联网"产品，智能化是汽车产业的"互联网＋"，其对产业的冲击不仅是信息化的介入，更是一场打碎线型产业链重构多维化生态系统的变革。与"互联网＋"强调"重构"不同，还有一种重在"改良"的"＋互联网"模式。路径依赖导致传统产业智能化升级中常采用"＋互联网"模式，在既有产品上渐进增加互联网功能进而实现一种顺势而为的创新，如传统电视机增加智能芯片和网络接口后升级为互联网电视。两种模式本身并无优劣，但现实中，在众多传统消费电子类商品智能化升级模式的选择上，行业固有的传统企业往往采用"＋互联网"模式，但最终多以失败收场。不受既有优势束缚的新进企业通常采用"互联网＋"模式，这一模式更容易推动产业爆发性增长并取得成功，为电动车而生的特斯拉和在传统车企中存在感较低的比亚迪的崛起都印证了上述判断。无论从其他消费电子类商品的发展经验还是从成功崛起的新能源车企的现实选择看，搭建一个新产业生态，尤其是像智能汽车产业这样有重度信息化背景的新产业生态，更应以"互联网＋"的"重构"思维审视问题，否则极易造成盲目投入。更为重要的是，与一般消费电子类产品不同，汽车产业智能化转型不仅是一个投入巨大的经济问题，更关系到人类出行方式等一系列相关领域的社会变革，路径选择若有偏差造成的损失将难以估量。而当前，"＋互联网"模式在传统车企的智能化升级中已有显现，奔驰、宝马、奥迪等传统燃油车豪门变革步伐缓慢，在新能源化和智能化的浪潮中已经落于下风。同样值得关注的还有国家各部委发布的有关汽车产业智能化升级的战略规划，各类战略规划中也或多或少受到中国汽车产业已经形成的多方优势束缚，不同程度上出现以"车"为中心进行智能化"改良"的现象，欠缺将汽车融入交通系统并打碎产业固有发展模式的系统化重构思维。

参 考 文 献

［1］白惠仁. 自动驾驶汽车的"道德算法"困境［J］. 科学学研究，2019，37（1）：18－24，56.

［2］陈静锋，郭崇慧，魏伟."互联网＋中医药"：重构中医药全产业链发展模式［J］. 中国软科学，2016（6）：26－38.

［3］姜慧敏，崔颖，倪瑛，等. 基于专利分析的全球主要国家（地区）智能网联汽车技术发展态势研究［J］. 科技管理研究，2019，39（24）：119－127.

［4］李昌，伊惠芳，吴红，等. 无人驾驶汽车专利技术主题分析——基于 WI-LDA主题模型［J］. 情报杂志，2018，37（12）：42，50－55.

［5］颜姜慧，刘金平. 基于自组织系统的智慧城市评价体系框架构建［J］. 宏观经济研究，2018（1）：121－128.

［6］颜姜慧. 智慧交通系统自组织演化视角下智能汽车发展路径研究［D］. 徐州：中国矿业大学，2020.

［7］智恒阳，余俊. 浅谈智能网联汽车政策法规体系建设［J］. 汽车技术，2016（4）：53－56.

［8］Bak P, Tang C. Wiesenfeld K. Self-organized criticality: An explanation of the 1/f noise［J］. Physical Review Letters, 1987, 59（4）：381－384.

［9］Batty M, Longley P. Fractal cities—A geometry of form and function［J］. Academic Press Professional, Inc. , 1994.

［10］Dendrinos D S, Sonis M. Chaos and socio-spatial dynamics［M］. Springer-Verlag, 1990.

［11］Haken H. Information and self-organization: A macroscopic approach to complex systems［J］. American Journal of Physics, 2000, 57（10）.

［12］Juval P P D. Self-organization and the city［J］. Journal of East Asia & International Law, 2012, 5（2）：495－510.

［13］Juval P P D. Self-organization and the city［M］. Springer, 2000.

［14］Moreno M V, Terroso-Saenz F, Gonzalez-Vidal A, et al. Applicability of big data techniques to smart cities deployments［J］. IEEE Transactions on Industrial Informatics, 2017, 13（2）：800－809.

［15］Neumann J V A W. Theory of self-reproducing automata［M］. University of Illinois Press，1966.

［16］ Prigogine I，Stengers I. Order out of chaos：Man's new dialogue with nature ［J］. British Journal for the History of Science，1984，19 （3）：371 –372.

［17］ Yan J H，Liu J P，Tseng F M. An evaluation system based on the self-organizing system framework of smart cities：A case study of smart transportation systems in China ［J］. Technological Forecasting and Social Change，2020，153 （4）.

第六章　产业发展情景与进程预测

本章的研究设计建立在从系统视角对智能汽车内涵和智能汽车产业特征认识的基础上。智能汽车是创新产品，很难以历史时序数据预测其发展进程，并且，智能汽车和智能汽车产业受多方面因素影响，发展前景存在多种可能。情景分析是常用的非线性问题预测方法，通过专家访谈、小组讨论等方式充分发挥专业人士对复杂问题的综合认知和判断能力，本章的研究设计将按照直觉逻辑情景分析法涉及的确定决策焦点、识别关键因素和驱动力、识别关键不确定性、确定情景逻辑、完善情景故事的基本步骤展开（娄伟，2012），研究中充分体现出智能汽车的"系统"因素。

第一节　情景分析预测产业发展趋势的方法

情景分析法是一种有别于传统意义上预测分析方法的工具。传统预测方法往往假定未来的发展结果是唯一的，并根据近年的发展情况进行趋势外推，得出关于未来发展状况的预测。情景分析法并不是预测未来会怎么样、应该怎么样，而是探讨未来的可能性、描绘未来将如何展开，是对使用者超越思维定式的一种挑战。情景分析法对于预测智能汽车产业这类缺乏客观历史数据，且发展受到多种因素影响而呈现出非线性趋势的产业尤为适合。但是，直觉逻辑情景分析法也存在主观性强的问题，因此，本章研究在其识别关键因素和驱动力的步骤中使用 Python 语言挖掘专利文本作

为确定影响智能汽车产业发展关键技术因素的客观依据。同时，在完善情
景故事步骤中融合了技术路线图规划法，在智能汽车产业多种发展情景基
础上以一个统一框架描绘出产业发展进程。简言之，本章使用的是一种融
合了专利文本挖掘和技术路线图规划法的改进的情景分析法。

一、直觉逻辑情景分析法简介

在情景分析法的发展过程中，兰德公司、壳牌石油、斯坦福研究所、
巴尔研究所等机构都起了很大的作用，很多学者对情景分析法的形成与发
展贡献显著，逐步形成三个主要学派，其中以美国为中心发展的有两个：
直觉逻辑学派（intuitive logics school）和概率修正趋势学派（the probabi-
listic modified trends school，PMT，也有观点主张称为概率修正趋势，即
probabilistic modified trends），概率修正趋势学派又分为趋势影响分析
（trend impact analysis，TIA）和交叉影响分析（cross-impact analysis，CIA）
两种；以法国为中心发展的是远景学派（the La prospective school）（Huss
and Honton，1987）。远景学派的情景分析法与概率修正趋势学派中的交
叉影响分析有很多共同之处，本章研究采用直觉逻辑情景分析法进行
预测。

直觉逻辑法由壳牌公司发起并扩展到其他机构和领域，主要依靠利益
相关者和专家的直觉定性地构建情景，也可与模型结合提高情景分析的科
学性。直觉逻辑情景分析的具体方法很多，实施步骤也从四步到十步不
等，但其逻辑思路大同小异（见图6-1），一般可分为四个阶段，第二阶
段中对关键不确定驱动力的分析非常关键，这一步决定情景预测的可信性
和准确性。这一分析包括两个环节，首先是界定驱动力，一般从政治、资
源、环保、经济、技术、社会等方面分析，常用的识别驱动力的方法有
STEEP［社会（Social），科技（Technological），经济（Economic），环境
（Environmental），政治（Political）］分析法、PEST（Political、Economic、
Social、Technological）分析法、波特五驱动力模型等；其次要评估驱动力
未来变化的不确定程度及其对决策焦点冲击的影响水平，对驱动力不确定

性和冲击力的评估多采用德尔菲法,将专家意见以不确定性轴或者不确定性矩阵列出(见图6-2),以高冲击力、高不确定的驱动力(图6-2中的*A*、*B*)构建情景。

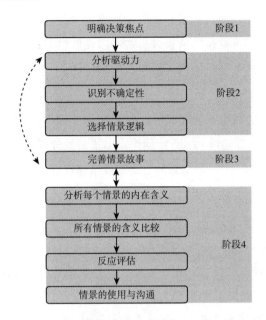

图6-1 情景发展的步骤

资料来源:娄伟.情景分析理论与方法[M].北京:社会科学文献出版社,2012.

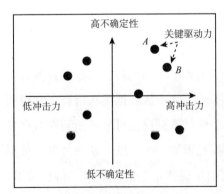

(a)不确定性轴

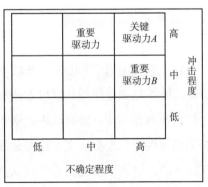

(b)不确定性矩阵

图6-2 不确定性轴和不确定性矩阵示意

资料来源:娄伟.情景分析理论与方法[M].北京:社会科学文献出版社,2012.

如图 6 - 2 所示，最终确定的关键驱动力是 *A* 和 *B* 两个，假设驱动力的发展方向只有"好""坏"两个方向，可由此生成 4 个可能的情景，若选定的关键驱动力是 3 个，则可以生成 8 个可能的情景。可能情景生成后，可结合现实性或再次通过专家咨询法选定情景、完善情景故事、分析情景内涵。在众多直觉逻辑情景分析法中以壳牌情景分析法、斯坦福六步法、全球商业网情景分析法最为经典，应用广泛。

壳牌直觉逻辑情景分析法分为七步：（1）界定情景分析的题目、难题和焦点；（2）识别和检查关键因素；（3）识别关键不确定性；（4）确定情景逻辑（常使用情景矩阵）；（5）创作、丰富情景故事；（6）评估对企业、政府、社会的意义；（7）提出新的方案和政策建议（娄伟，2012）。

斯坦福情景分析法分为六步：（1）明确决策焦点；（2）识别关键因素；（3）分析外在驱动力；（4）选择不确定的轴向；（5）发展情景逻辑；（6）分析情景的内容（娄伟，2012）。

全球商业网情景分析法分为八步：（1）识别决策焦点；（2）识别关键影响力；（3）识别关键驱动力；（4）按照重要性和不确定程度排列驱动力；（5）选择情景逻辑；（6）丰富情景内容；（7）分析情景含义；（8）选择关键检测指标（敏感度分析）（Schwartz，1991）。

二、文本挖掘法简介

在识别关键因素和驱动力步骤中，融入了文本挖掘法对专利数据进行分析。数据挖掘是运用计算机方法和各种新技术从数据中获得有用知识的过程，预测和描述是数据挖掘的基本目标，数据挖掘可分成预测性数据挖掘和描述性数据挖掘。文本挖掘是数据挖掘的一个分支，是一个多学科混杂的领域，涵盖了多种技术，包括数据挖掘技术、信息抽取、信息检索、机器学习、自然语言处理、计算语言学、统计数据分析、线性几何、概率理论甚至还有图论。通过文本挖掘，可实现文本分类、文本聚类、信息检索、信息抽取、自动文摘、自动问答、机器翻译、信息过滤、自动语音识别等功能。Python 语言、R 语言、SPSS 和 SAS 等均包含文本挖掘工具包，本章研究使用 Python 的 jieba 和 tf-idf 包对文本词频进行分析，具体步骤如下（Robert L.，2016）。

第一步，获取文本。研究中可通过网络爬虫等技术获取网络文本，本章研究中使用的文本是智能汽车相关专利文本。

第二步，文本预处理。文本预处理指剔除噪声文档以改进挖掘精度，或者在文档数量过多时仅选取一部分样本以提高挖掘效率。例如网页中存在的广告、导航栏、注释等不必要的信息，可以删除掉。本章研究只提取专利文本主权项进行分析。

第三步，文本的语言学处理，包括分词、词性标记和去除停用词等。分词对中文文本挖掘至关重要，它就是将连续的字序列按照一定的规范重新组合成词序列的过程。英文行文时，单词之间是以空格作为自然分界符的，而中文只是字、句和段能通过明显的分界符来简单划界，唯独词没有一个形式上的分界符，虽然英文也同样存在短语的划分问题，但是在词这一层上，中文比英文要复杂得多、困难得多。jieba 库是优秀的中文分词组件，支持繁体分词、自定义词典。可以对文档进行三种模式的分词：（1）精确模式，试图将句子最精确地切开，适合文本分析；（2）全模式，把句子中所有的可以成词的词语都扫描出来，速度非常快，但是不能解决歧义；（3）搜索引擎模式，在精确模式的基础上，对长词再次切分，提高召回率，适合用于搜索引擎分词。本章研究用精准模式对专利主权项文本进行分词。词性标注也有助于提取更有益的文本信息，一般名词和专有名词是比较有价值的信息。最后是停用词，如单个字的分词结果一般都是没有价值的信息，可将其纳入停用词库，还可根据初步分析结果，结合研究目的，删除一些标识度低的词，如本章研究将"智能""汽车"等定义为停用词。

第四步，文本的数学处理。本章研究采用 TF-IDF 算法（term frequency-inverse document frequency，词频 – 逆向文件频率）对专利主权项文本的词频进行分析。TF-IDF 是一种用于信息检索与数据挖掘的常用加权技术。TF-IDF 是一种统计方法，用以评估字词对于一个文件集或一个语料库中的其中一份文件的重要程度。字词的重要性随着它在文件中出现的次数呈正比增加，但同时会随着它在语料库中出现的频率呈反比下降。TF-IDF 的主要思想是：如果某个单词在一篇文章中出现的频率高，并且在其他文章中很少出现，则认为此词或者短语具有很好的类别区分能力，适合用来分类。

（1）TF 是词频（term frequency），表示词条（关键字）在文本中出现的频率。这个数字通常会被归一化（一般是词频除以文章总词数），以防止它偏向长的文件。其公式为：

$$tf_{ij} = \frac{n_{ij}}{\sum_k n_{kj}} \qquad (6-1)$$

其中，n_{ij} 是该词在文件 d_j 中出现的次数，分母则是文件 d_j 中所有词汇出现的次数总和。

（2）IDF 是逆向文件频率（inverse document frequency），IDF[①] 的思想是：如果包含词条 t 的文档越少，IDF 越大，则说明词条 t 具有很好的类别区分能力。可用公式表示为：

$$idf_i = \lg \frac{|D|}{|\{j:t_i \in d_j\}|} \qquad (6-2)$$

其中，$|D|$ 是语料库中的文件总数。$|\{j:t_i \in d_j\}|$ 表示包含词语 t_i 的文件数目（即 $n_{i,j} \neq 0$ 的文件数目）。如果该词语不在语料库中，就会导致分母为零，因此一般情况下使用 $1 + |\{j:t_i \in d_j\}|$ 为分母。

（3）TF-IDF 等于 TF × IDF，表示某一特定文件内的高词语频率，以及该词语在整个文件集合中的低文件频率，可以产生出高权重的 TF-IDF。因此，TF-IDF 倾向于过滤掉常见的词语，保留重要的词语。TF-IDF 算法非常容易理解，并且很容易实现，但是其简单结构并没有考虑词语的语义

---

① 如果某一类文档 C 中包含词条 t 的文档数为 m，而其他类包含 t 的文档总数为 k，显然所有包含 t 的文档数 $n = m + k$，当 m 大的时候，n 也大，按照 IDF 公式得到的 IDF 的值会小，就说明该词条 t 类别区分能力不强。但是实际上，如果一个词条在一类的文档中频繁出现，则说明该词条能够很好代表这一类文本的特征，这样的词条应该给它们赋予较高的权重，并选作该类文本的特征词以区别于其他类文档，这就是 IDF 的不足之处。

信息，无法处理一词多义与一义多词的情况。

第五步，数据可视化。这一步是数据结构的可视化展示，通过合适的可视化图形生动形象的展示，让读者和听众更容易理解所要表达的信息。

三、技术路线图规划法简介

技术路线图最早出现在美国汽车行业，汽车企业为降低成本要求供应商提供其产品的技术路线图。20 世纪 70 年代末至 80 年代，摩托罗拉和康宁公司先后采用了绘制技术路线图的管理方法对产品开发任务进行规划，摩托罗拉公司当时的首席执行官罗伯特·高尔文也成为技术路线图的奠基人，他在全公司范围内发起了一场绘制技术路线图的行动，主要目的是鼓励业务经理适当地关注未来技术并为他们提供一个预测未来过程的工具。这个工具为设计和研发工程师与做市场调研和营销的同事之间提供了交流的渠道，建立了各部门之间识别重要技术、传达重要技术的机制，使得技术为未来的产品开发和应用服务。摩托罗拉的经验引起了全球企业高层管理者的注意。20 世纪 90 年代后，企业对于技术路线图的兴趣空前高涨，许多国际大公司，如微软、三星、朗讯公司、飞利浦公司等都广泛应用这项管理技术。可以说，早期技术路线图分析法主要涉及企业和公司内部技术路线的设计，此后，许多国家政府、产业团体和科研单位也开始利用这种方法来对其所属部门的技术进行规划和管理，技术路线图被迅速应用到各个领域，技术路线图作为一种分析工具和方法也在不断发展、完善。技术路线图已经是公认的技术经营和研究开发管理的基本工具之一。

技术路线图一般在结构上采用多层结构格式，在横坐标（时间维度）上反映技术随时间的演变，在纵坐标（空间维度）上反映技术发展与研发活动、产业、基础设施、市场前景等不同层面的社会条件的联动关系。根据制定技术路线图不同的目的、不同的应用领域，在纵坐标上表示的内容（层面）也会有所不同。一般而言，国家层面的产业战略规划技术路线图的制定过程大致分为以下步骤：第一步，准备阶段，确定制定技术路线图的方法论，收集相关方面的文献；确定利益相关人，形成对技术发展和市场现状的初步分析；第二步，确认未来愿景，分析技术现状和各种社会条件及面临的障碍，确定未来发展的大致目标和时间框架，可采用研讨会方式完成；第三步，确认技术发展路线，为实现预期目标，根据技术发展状况和现实条件，确定优先发展方向，描述研究项目，可采用研讨会方式完成；第四步，形成技术路线图报告（Robert et al.，2009）。

四、研究步骤

第一步，确定决策焦点。中国智能汽车产业的发展是本书研究的决策焦点，核心研究小组围绕决策焦点研讨确定了4个关键决策问题：第一，影响智能汽车产业发展的重要外部环境因素及其驱动力；第二，中国智能汽车产业2035年可能面临的发展情景；第三，智能汽车产业至2050年的发展进程；第四，智能汽车产业发展中的关键壁垒及解决方案。结合《智能汽车创新发展战略》（以下简称《发展战略》）中战略愿景的时间节点，情景分析预测时间段设定在2023～2035年，路线图规划的时间则延伸到2050年并设定短期（2023～2025年）、中期（2026～2035年）和长期（2036～2050年）三个时间段。

第二步，识别关键因素和驱动力。核心研究小组通过专家访谈并结合相关资料和学术文献，明确影响中国智能汽车产业未来发展的重要外部环境因素，并将这些因素归为四个维度，分别是政治、社会与环境、经济、技术，并以常用的STEEP清单法识别驱动上述因素发展变化的各方力量，其中技术维度驱动力的识别借助了专利文本挖掘。这个阶段进行第一轮专家访谈，判断这些影响因素的重要性。

第三步，识别关键不确定性。第一轮专家访谈中对各驱动力的重要性和不确定性程度进行了衡量，根据专家访谈结果由重要性和不确定性程度均比较高的驱动力形成不确定性轴，决定智能汽车产业不同的发展情景，重要性程度高但不确定性程度低的驱动力形成影响智能汽车产业发展的基础背景。

第四步，确定情景矩阵并进行情景选择。设定并组合不确定性轴面的各种逻辑值，情景矩阵由不确定性轴对应的不同逻辑取值组合而得。随即进行第二轮专家访谈，请专家在情景矩阵中选择判断智能汽车产业 2035 年的发展情景。

第五步，完善情景故事。这一步融入技术路线图规划法，开展第三轮专家访谈，重点对第三步研究得到的两类重要性强的驱动力（重要性强且不确定性高和重要性强但不确定性程度低的两类重要驱动力）所对应的达成时间做出有效判定，规划预测智能汽车产业至 2050 年的发展进程，挖掘影响智能汽车产业发展的壁垒，进而探求解决方案。

研讨和访谈是情景分析与技术路线图分析的基础，笔者负责对产学研官等领域的专家进行访谈，并连同关键技术专家组成核心研究小组，对相关问题和访谈结果进行研讨，归纳总结研究结论。整个研究过程包含三轮访谈，历时近一年半，研究得到了产学研官等各领域专家和机构的大力支持，特别是在路线图规划研究中，由具有资深技术背景的产业专家出任领军人物主导并完成了整个路线图规划工作。受访专家共 21 位，来自政府机构，比亚迪、开沃汽车、华为等企业，清华大学、南开大学、电子科技大学等高校，清华大学苏州汽车研究院和车联网联盟，背景如表 6 - 1 所示，专家具体信息见本章附录 6 - 4。

表 6 - 1　　　　　　　　　访谈专家相关背景一览

工作领域	人数（人）	工作年限（年）	人数（人）
技术研发	5	1 ~ 5	9
学术研究	3	6 ~ 10	4
市场营销	10	11 ~ 15	0
产业分析	2	15 ~ 20	7
产品规划	4	20 以上	1
管理人员	4		

注：因"工作领域"允许多选，故汇总数量超过 21 人。

第二节 智能汽车产业发展情景分析

一、重要影响因素及驱动力识别

用 5 级评分法请受访专家对影响中国智能汽车产业发展的因素进行重要性评分，结果如图 6 - 3 所示，13 个影响因素的重要性均在 3.5 分以上，排名前 6 的因素得分在 4.5 分以上，依次是"相关技术的成熟度"和"智能基础设施的建设情况"（两个因素并列第 1）、"地缘政治""政府政策支撑程度""相关技术研发投入与商业化进程""相关制度法规的建立与完善"。这 6 个因素属于技术和政治两个维度，说明技术和政治因素对中国智能汽车产业的发展至关重要。

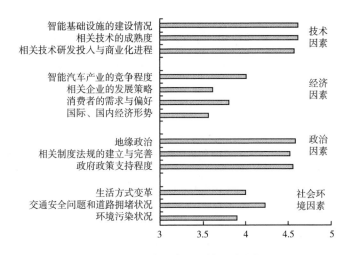

图 6 - 3 影响因素重要性程度分析

注：笔者根据专家打分结果计算并绘制；1—非常不重要；2—不重要；3——一般重要；4—重要；5—非常重要。

以 STEEP 清单法识别作用于上述各重要影响因素的驱动力，其中社会、环境、经济、政治维度的驱动力由核心研究小组研讨确定，技术方面的驱动力专业性强，首先对相关专利进行分析，其次根据分析结果研讨确定。

（一）社会、环境、经济、政治维度的驱动力

经研讨，社会、环境、经济、政治四个维度的驱动力共 24 个，将其中涉及经济方面的 14 个驱动力进一步细分为产业竞争和市场供需两个方面，如图 6 - 4 所示。

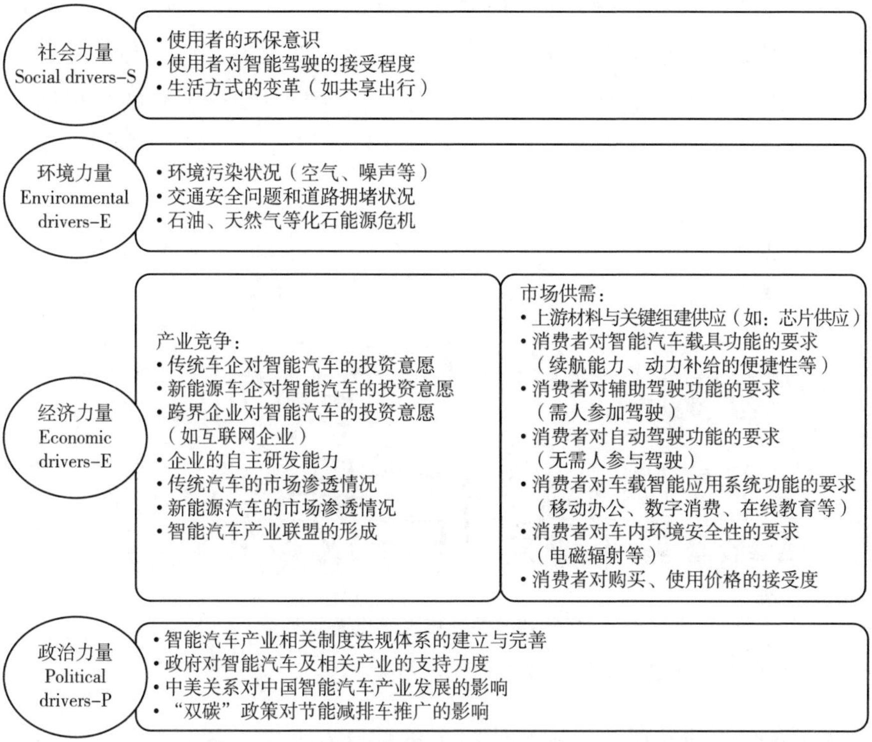

社会力量 Social drivers-S
- 使用者的环保意识
- 使用者对智能驾驶的接受程度
- 生活方式的变革（如共享出行）

环境力量 Environmental drivers-E
- 环境污染状况（空气、噪声等）
- 交通安全问题和道路拥堵状况
- 石油、天然气等化石能源危机

经济力量 Economic drivers-E

产业竞争：
- 传统车企对智能汽车的投资意愿
- 新能源车企对智能汽车的投资意愿
- 跨界企业对智能汽车的投资意愿（如互联网企业）
- 企业的自主研发能力
- 传统汽车的市场渗透情况
- 新能源汽车的市场渗透情况
- 智能汽车产业联盟的形成

市场供需：
- 上游材料与关键组建供应（如：芯片供应）
- 消费者对智能汽车载具功能的要求（续航能力、动力补给的便捷性等）
- 消费者对辅助驾驶功能的要求（需人参加驾驶）
- 消费者对自动驾驶功能的要求（无需人参与驾驶）
- 消费者对车载智能应用系统功能的要求（移动办公、数字消费、在线教育等）
- 消费者对车内环境安全性的要求（电磁辐射等）
- 消费者对购买、使用价格的接受度

政治力量 Political drivers-P
- 智能汽车产业相关制度法规体系的建立与完善
- 政府对智能汽车及相关产业的支持力度
- 中美关系对中国智能汽车产业发展的影响
- "双碳"政策对节能减排车推广的影响

图 6 - 4　社会、环境、经济、政治维度驱动力示意

（二）技术维度驱动力

用于分析的专利数据来源于中国国家专利局，以"智能汽车"为关键词进行检索，截至 2022 年底，发明专利共计 17720 件，2015 年之前相关专利申请数较少（共计 1275 件），2016 年之后年度申请数突破千件。分析专利 IPC 号，从排在前 10 的 IPC 分类小号初步发现智能汽车核心技术主要涉及以下三类领域：第一类是信息通信与数据处理相关技术

（H04W、H04L、G06F、G06K、G06T），共计 9386 件；第二类是控制部件和控制系统相关技术（B60W、B60R、G08G、G06N），共计 4990 件；第三类是导航定位相关技术（G01S），共计 882 件。进一步用 Python 语言对专利主权项进行文本挖掘，研究中采用了 jieba 分词包的精准模式和 TF-IDF 算法进行分析。根据第一次输出结果补充完善停用词库以提高研究精度，观察并输出排序前 20 的关键词，如图 6-5 所示，发现智能汽车关键核心技术聚焦在传感器、控制器、处理器、信息和信号、导航和定位、电路和电机、控制系统等领域。这与 IPC 分类号的分析结果一致。

图 6-5　关键技术演化词云图

注：笔者可视化专利分析结果形成该图。

专利分析的发现为识别智能汽车关键技术提供了客观参考，再结合《智能汽车产业创新发展战略（征求意见稿）》的相关阐述厘清智能汽车技术维度驱动力的框架如下：首先是态势感知技术、决策控制技术、信息交互技术三个维度的"硬技术"驱动力，共 11 个，其次还有包括上游材料与关键零组件的技术发展（提高自主性）、相关技术标准的建立健全、政府和企业的研发经费投入、智能路网基础设施的支持等相关科技力量维度。技术维度驱动力的详细清单如图 6-6 所示，共包含 4 个方面的 15 个驱动力，与社会、环境、经济、政治维度的驱动力共同组成了智能汽车产业发展的完整驱动力清单。

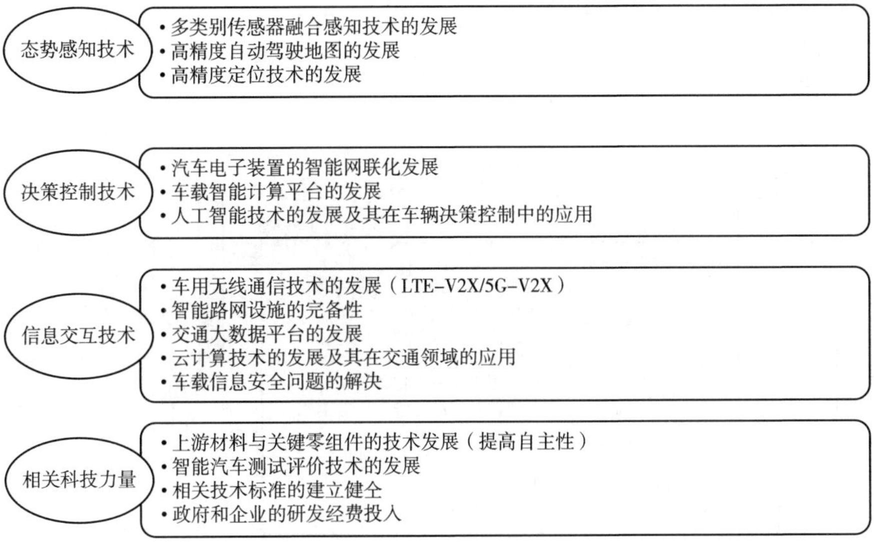

态势感知技术
- 多类别传感器融合感知技术的发展
- 高精度自动驾驶地图的发展
- 高精度定位技术的发展

决策控制技术
- 汽车电子装置的智能网联化发展
- 车载智能计算平台的发展
- 人工智能技术的发展及其在车辆决策控制中的应用

信息交互技术
- 车用无线通信技术的发展（LTE-V2X/5G-V2X）
- 智能路网设施的完备性
- 交通大数据平台的发展
- 云计算技术的发展及其在交通领域的应用
- 车载信息安全问题的解决

相关科技力量
- 上游材料与关键零组件的技术发展（提高自主性）
- 智能汽车测试评价技术的发展
- 相关技术标准的建立健全
- 政府和企业的研发经费投入

图 6 - 6　技术维度驱动力示意

二、不确定性轴和情景选择结果

（一）不确定性轴

第一轮专家访谈中还从冲击程度（即重要性）和不确定程度两个方面衡量了驱动力，据此搭建衡量驱动力的二维坐标系，将专家的判断结果整合后置入坐标系对应的位置，具体结果如图 6 - 7 的左侧部分所示，共有 8 个驱动力重要性程度非常高，同时，不确定性程度也相对较高。这 8 个重要且不确定性强的驱动力决定不同情景的走势，构成不确定性轴，如图 6 - 7 右上侧部分所示。这些关键驱动力分属于经济、技术和政治维度，其中，智能路网设施的完备性是唯一的重要性和不确定性程度均为"高"的驱动力，这说明智能汽车的发展与智能路网密不可分。另外 18 个驱动力的表现也值得关注，这些驱动力虽然不确定性程度为低，但重要性程度高，它们分属于技术（11 个）、经济（4 个）、政治（2 个）、环境（1 个）四个维度，构成情景故事的重要背景内容，后文称其为重要且不确定性弱的驱动力，具体如图 6 - 7 右下侧部分所示。

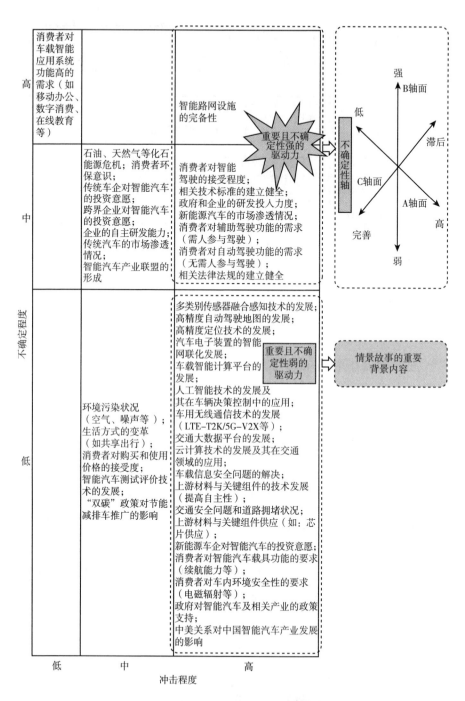

图 6-7　驱动力的冲击程度和不确定程度判定

注：笔者根据专家判断结果结合情景分析步骤绘制。

　　根据 8 个驱动力所属维度及其内涵，将其归为 3 个轴面，每个轴面都有不同的逻辑取值，设定市场对智能化的需求与偏好轴面（以下简称 A 轴面）存在"高""低"两种类型的逻辑值，研发投入和智能路网建设状况轴面（以下简称 B 轴面）存在"强""弱"两种类型的逻辑值，制度体系的建立健全轴面（以下简称 C 轴面）存在"完善""滞后"两种类型的逻辑值。轴面的逻辑值代表其包含驱动力的发展方向，如 C 轴面逻辑取值为"完善"时意味着相关技术标准和法律法规的建立健全情况均为完善。

（二）情景选择

　　组合 3 个不确定性轴面的不同逻辑值，理论上有 8 组结果，对应 8 个不同的情景。但实际上，当 C 轴面取值为"完善"时，A 和 B 轴面逻辑取值为"低、弱"组合的可能性几乎为零，故删除这一逻辑组合对应的情景，将余下的 7 种情景依次编号，形成可供选择的情景矩阵。不确定性轴面的逻辑取值和情景矩阵概况如图 6－8 所示。根据情景矩阵设计第二轮访谈问卷，进行专家访谈，对象仍然是接受过第一轮访谈的 21 位专家，请专家判断 2035 年中国智能汽车产业的发展情景，专家选择的结果是：最悲观情景是 4 号情景，最可能情景是 2 号情景，最乐观情景是 1 号情景。

　　三个情景最突出的共性是 A 轴面对应的逻辑取值均为"高"，可见专家对中国市场普遍持乐观态度。再根据重要但不确定性弱的驱动力揭示的背景内容看，无论是技术力量的积蓄，还是交通环境问题愈演愈烈和地缘政治与经济环境的倒逼作用，中国智能汽车产业发展前景可期。即使是在当下比较棘手的中美关系以及因此而产生的芯片短缺问题上，专家也普遍持乐观态度。因为，芯片产业链的关键环节主要包括指令集、芯片架构及设计和芯片代工生产：指令集的主导权在美国，芯片架构专利及芯片设计大多由美国、英国、韩国和日本垄断，中国的华为在芯片设计上占有一席之地，目前已经实现了 14 纳米（nm）以上芯片的

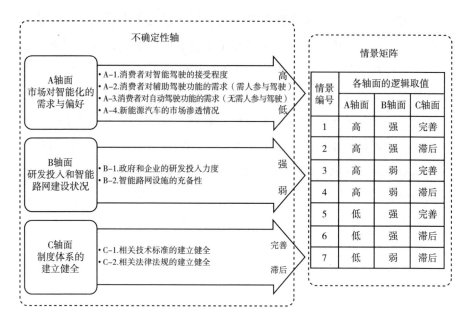

图6-8 不确定性轴和情景矩阵

注：笔者根据专家选择结果绘制。

电子设计自动化（Electronic design automation，EDA）工具国产化①；生产所需的晶圆厂主要分布在东亚地区，台积电是行业龙头，中国芯片企业目前完全可以实现28nm以上制程工艺的芯片大批量生产（28nm级别的芯片已经可以满足绝大部分的应用场景需求）②，但智能汽车上所需的更先进的芯片生产尚不能实现完全自主化；先进芯片的生产不仅受制于EDA工具和晶圆生产，还取决于光刻机，用于生产先进芯片的光刻机市场被荷兰和日韩垄断，尤其是荷兰阿斯麦公司。放眼全球，芯片生产制造本身并没有技术瓶颈，只是受中美关系的影响，中国在没有实现全产业链自主控制的当下，不可避免地遭遇了芯片"卡脖子"问题。中国政府已经意识到

---

① 资料来源：人民日报. 上半年，高技术产业投资同比增长百分之十二点五 高水平科技自立自强扎实推进［EB/OL］. http：//paper. people. com. cn/rmrb/html/2023 - 08/05/nw. D110000 renmrb_20230805_1 - 01. htm，2023 - 08 - 25.

② 资料来源：中华人民共和国工业和信息化部. 面向全球竞争制高点启动实施制造强国战略［EB/OL］. https：//www. miit. gov. cn/ztzl/lszt/2016nqggyhxxhgzhyztbd/2015ngzysewfzqk/2015ngzcj/art/2015/art_2e6d8721befc4f80a864a3cfe9d1e988. html，2015 - 12 - 25.

并非常重视这一问题，在芯片研发和制造上给予了极大投入和支持，长远看地缘政治及其引发的芯片供应等问题不会成为影响中国智能汽车产业发展的障碍。即便如此，智能汽车毕竟是综合了多方面新技术的创新产品，涉及的技术领域广，同时智能汽车的推广还会不可避免地带来一些生活方式的变革，这又涉及经济、法制等更为具体的领域，增加了未来的不确定性，呈现出不同的发展情景。情景选择的结果揭示了这一多元化发展趋势。

最乐观情景（即1号情景）揭示的发展趋势是，市场对智能汽车保持高接受度的情况下，假如政府对研发和智能路网基础设施的投入能够维持高强度，且适时出台能够刺激智能汽车产业发展的相关制度，将会有大量资金流入该产业领域。与此同时，基于对未来的良好预期和高技术产品带来的高附加值和高利润回报，就会有越来越多的企业不断地投入到智能汽车核心技术的研发中，加速智能汽车核心技术及相关技术标准的成熟，推动智能汽车产业快速发展。最可能情景（即2号情景）揭示的发展趋势是，虽然市场热度不减，政府和企业的投入仍然保持高态势，但存在某些技术标准完善程度较慢、法律制度等方面的相关建设较为滞后的问题，这将限制智能汽车产业的发展进程。更为糟糕的是4号情景（最悲观情景）揭示的发展趋势，政府投入和政策支撑力度均出现疲软的情况，企业参与度也大大下降，即使消费者保持足够的热情，智能汽车产业的发展也将严重受阻。

三、情景故事完善——描绘产业发展进程

从情景选择结果看，智能汽车产业未来发展情景存在多种可能，丰富的情景增加了专业人员对于未来的理解能力，完善情景故事阶段的研究中嵌入技术路线图规划法，描绘中国智能汽车产业发展进程。

（一）关键影响因素实现时间

技术路线图规划的第一步是确定访谈问卷中关键因素列表的内容，在保持其内涵与情景分析问卷一致的基础上，技术路线图中的关键因素名称的表达相较于情景分析访谈中的驱动力做了一些调整，同时，情景分析挖

掘出的两类重要驱动力的归属也做了一些调整。对于构成情景矩阵的重要且不确定性强的驱动力做如下调整：第一，将情景分析不确定性 A 轴面的相关市场因素驱动力进一步分为智能化、新能源化、共享化三个方面，并将该维度总体命名为"汽车智能化、新能源化、共享化进程"。第二，将情景分析不确定 B 轴面和 C 轴面涉及的相关因素合并为"投入与制度支持"维度。这类关键因素的具体名称如图 6 - 9 所示。对于情景分析中挖掘出的重要且不确定性弱的驱动力做如下调整：第一，技术驱动力按照智能汽车关键核心技术和智能路网体系相关技术做分类规整，并总体命名为

关键影响因素列表			短期（2023~2025年）	中期（2026~2035年）	长期（2036~2050年）
汽车智能化、新能源化、共享化进程	智能化	初级智能化汽车普及	★★★		
		中级智能化汽车实现商业化		★★	★
		高级智能化汽车实现商业化		★★	★
	新能源化	新能源汽车新车占比达50%		★★★	
	共享化	智能汽车共享出行商业模式成熟	★	★★	
投入与制度支持	投入力度	I1智能路网设施完备	★	★★	
		I2政府和企业的研发投入力度减弱			★★
	法规标准体系	R1公共道路自动驾驶测试规范	★★		
		R2智能汽车准入和使用方面的相关法律法规	★	★	
		R3相关技术标准体系建立健全	★★	★	
		R4出台与中高级智能汽车相匹配的《道路交通安全法》	★	★★★	
		R5禁售燃油车		★	★★

图 6 - 9　关键因素达成时间 a

注：笔者根据专家判断结果绘制，░标识最乐观情景，▒标识最可能情景，▓标识最悲观情景，★标识达成时间。对"投入与制度支持"层的各关键因素进行编号，如上所示，后续行文和图 6 - 11 中将以编号代指相应关键因素。

"技术支持"；第二，政治驱动力中的"中美关系对中国智能汽车产业发展的影响"和经济驱动力中的"上游材料与关键组件供应（如：芯片供应）"合并为一类，命名为"地域政治与经济环境"。这类关键因素的具体名称如图 6 - 10 所示。

关键影响因素列表			短期（2023~2025年）	中期（2026~2035年）	长期（2036~2050年）
技术支持	智能汽车关键核心技术	CT1多类别传感器融合感知技术成熟	★		
		CT2汽车电子装置实现智能网联化	★		
		CT3车载智能计算平台成熟应用	★		
		CT4人工智能技术在车辆决策控制中成熟应用		★	
		CT5智能汽车测试评价技术成熟	★		
		CT6封闭区域示范运行有序开展	★		
	智能路网体系相关技术	NT1通信接口和协议统一	★		
		NT2车用无线通信技术成熟（LTE-V2X）	★		
		NT3新一代车用无线技术成熟（5G-V2X）	★		
		NT4窄带物联网（NB-IoT）在关键节点部署	★		
		NT5高精度定位服务技术成熟	★		
		NT6高精度车用基础地图成熟	★		
		NT7交通大数据平台成熟应用	★		
		NT8云计算技术在交通领域成熟应用	★		
		NT9车载信息安全问题妥善解决	★		
地缘政治与经济环境		E1中美关系彻底走向缓和			★
		E2芯片供应问题解决		★	

图 6 - 10 关键因素达成时间 b

技术路线图规划的第二步是请专家对问卷中关键因素的达成时间进行判断。将时间轴划为短期（2023～2025 年）、中期（2026～2035 年）和长期（2036～2050 年）三个阶段，请专家判断上述关键因素最可能在哪个时间段实现。技术支持层面和地缘政治与经济环境层面的关键因素不确定性程度弱，判断其发展状况时不需特别考虑不同情景下的状况，21 位受访专家的判断结果呈现出高度一致性（见图6-10）：技术支持层因素中除人工智能技术成熟时间落在中期区间段，其他技术均在短期即可成熟，这为智能汽车产业的发展提供了强有力的技术保障；而对于地缘政治与经济环境因素的判断，专家均比较悲观，认为中美关系短期内很难彻底走向缓和，须待2035年以后可能出现转机，在中国政府大力支持下，芯片供应问题有望在2035年之前得到解决。对于不确定性强的关键因素，判断其实现时间须结合不同情景分别考虑，研究小组向受访专家详细介绍已有研究结论，与受访专家进行多轮沟通，在充分研讨的基础上形成最终结论，结果如图6-9所示。

（二）发展进程

技术路线图规划的最后一步是由核心研究小组人员进一步剖析各关键因素，挖掘智能汽车产业发展进程上的壁垒，预测智能汽车产业发展进程。如图6-11所示，时间轴从2023~2050年，其上方标识了状态演化层的情况，包括智能化、新能源化、共享化和网联化，下方标识了投入与制度、技术、地缘政治与经济环境三个支持层的情况，以五角星标记发展进程中的四个关键壁垒，分别是人工智能技术、智能路网设施、中美关系以及由此产生的芯片供应问题，用圆形标记技术支持层的其他关键因素，椭圆形标记投入与制度支持层的其他关键因素，虚线表示关键因素达成时间和发展进程的其他可能性。总的结论是，网联化、新能源化和共享化与汽车智能化进程相伴而生，制度建设应配合整体演化规律，智能路网设施的完善构成投入壁垒，人工智能技术构成技术壁垒，中美关系及芯片供应问题构成产业发展的环境壁垒，具体如下所述。

1. 整体进程

智能化和网联化演进方面。初级智能化汽车正在加速渗透，随着新车型的迭代升级，广泛普及可在短期完成。此外，人工智能技术的成熟运用、智能路网设施的完善以及高级芯片供应问题的解决，将推动中级和高级智能化在中期逐步实现，这一进程也可能由于投入力度的减弱和中美关系的影响拖延至2035年之后的长期方可实现。网联化的成熟与中、高级智能化同步。

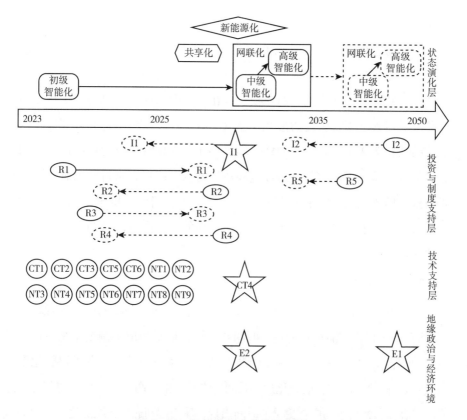

图 6 - 11　智能汽车产业发展进程示意

注：虚线及虚线框表示达成时间存在其他可能性。其中的 I1 和 I2 属于投入维度的重要影响
因素，R1 ~ R5 属于制度维度的重要影响因素，CT1 ~ CT6 属于智能汽车核心技术维度的重要影响
因素，NT1 ~ NT9 属于智能路网体系技术维度的重要影响因素，E1 和 E2 属于地缘政治与经济环
境层，具体指代详见图 6 - 9 和图 6 - 10 中的内容。

资料来源：笔者根据专家访谈结果和本书研究观点绘制。

　　新能源化演进方面。2015 年中国成为新能源汽车第一产销国，截至
2019 年底，新能源化进展缓慢，新能源汽车的市场占有率未超过 2%①。
但与很多产品的创新扩散规律一样，在积蓄了足够的力量后，消费者的采
购意愿在某一个特定的时间点发生"跳跃"式增长，2020 年以来，中国
新能源汽车市场占有率逐年大幅提高，至 2022 年底已突破 25%②。受访
专家判断，中国市场新能源汽车全面普及（新车销售占比超过 50%）或

　　①② 资料来源：中国汽车工业协会官网 - 统计数据，http：//www.caam.org.cn/tjsj。

许在 2030 年前后。新能源汽车作为智能汽车的最佳载体，其普及为汽车实现中、高等级智能化奠定了基础。

共享化演进方面。当前，共享自行车、共享电动车等各种共享出行业态已经非常普遍，共享汽车商业模式也在探索中，这里描绘的共享化更多的是由上述共享模式引发的涉及智能汽车所有权改变和出行方式变迁在内的一系列社会变革。私家车的概念不复存在，共享汽车成为像高铁一样的共享出行载具，不同的仅是运载量和适用场景，用户有出行需求时只需呼叫服务，即可匹配与需求运力相符的共享汽车。当前，搭载 L2 以上自动驾驶系统的智能汽车在网约车、出租车市场的广泛渗透已经初步展现了这一共享化商业模式。

2. 制度壁垒

在制度演进方面，制度体系中 R1 ~ R4 的达成时间与技术成熟进程相契合，而 R5（禁售燃油车）的达成时间在远期，似乎构成了制度壁垒。这一观点的逻辑是"禁售燃油车→新能源车加速普及→推动中、高级智能化发展"，按照这个逻辑，新能源化达成时间应略早于中、高级智能化并与其协同演进，燃油车禁售令则应在更早的时间出现，从而起到通过新能源化助力智能化发展的效果。但从专家访谈结论看，中、高等级智能化的达成时间大概率在 2035 年左右实现，R5 的达成时间则在 2035 年之后，访谈结果中的这一时间节点似乎与前述逻辑相矛盾。将此情况反馈给受访专家，针对 R5 所对应的达成时间问题，专家均维持原有判断。其原因将在结论部分进一步讨论。

3. 投入壁垒

完善的智能路网体系为智能汽车和智能汽车产业的发展提供系统支持，并决定智能汽车能否从"单机"智能走向"网联"智能，进而成为能够满足交通出行需求的商业化产品。I1（智能路网设施完备）在不同情景下的达成时间有所不同，乐观情况下短期即可达成，但在最可能和最悲观情景下，其达成时间均在中期，这制约了网联化的成熟时间。当前与数字经济密切相关的新基建将成为拉动经济增长的一个有力抓手，预期政府对其的重视和投入力度会保持高强度，从针对 I2（政府和企业的研发投入力度减弱）的访谈结果看，最悲观情景下这种强势支撑力度都会一直持续到 2035 年，最乐观和最可能情景下会一直延续到 2050 年。但是智能路网体系建设投入体量极大，仅以 5G 基站硬件投入成本计，至 2025 年的建设投入就将达到 1.5 万亿元①，巨额投入是智能汽车产业发展道路上的一大壁垒。

4. 技术壁垒

从技术演进角度看，整体情况非常乐观，大部分技术 2025 年之前均可成熟，这在很大程度上使汽车的智能化演进可以不受技术壁垒的牵绊。但是，需要特别关注人工智能技术，如果说态势感知相关技术主要替代人眼功能完成对车辆所处位置和周边环境的精准判断，那么决策控制技术中的人工智能技术可实现类似人脑思考并指挥人体各器官行动的功能，是汽车实现中、高级智能化的关键先导技术。显然，人工智能技术的成熟及运用决定了中、高等级智能化达成的时间。

5. 产业环境壁垒

地缘政治与经济环境因素成为中国智能汽车产业发展的产业环境壁垒，这里最突出的问题是中美关系和芯片供应问题。根据专家的判断，中美关系彻底走向缓和将会是一个比较漫长的过程，由此引发关键零组件短缺和技术问题将会影响中国智能汽车产业的发展进程。当前，中国不具备自主量产 14nm 以下芯片的能力，这将影响汽车向中、高级智能化的发展进程。当前的中美关系也会倒逼中国企业提升自主性，随着中国企业自主研发和生产能力的提升，芯片供应问题将会在中期得到解决。长远看，中美紧张的关系得不到有效缓解会延缓中国智能汽车产业的发展但不会产生根本影响。

第三节 推动产业发展进程的思考

这部分的研究在情景分析法的基本步骤中融入专利文本挖掘和技术路

---

① 资料来源：中国国际经济交流中心，中国信息通信研究院联合发布. 中国 5G 经济报告 2020［EB/OL］. http：//www. caict. ac. cn/kxyj/qwfb/ztbg/201912/t20191213_271695. htm，2019 - 12.

线图规划，形成预测产业未来发展趋势的情景分析框架，得到了 2035 年
时中国智能汽车产业最可能、最乐观和最悲观的三种发展情景和至 2050
年发展进程的相关研究结论。关于 2035 年的产业发展情景，总体上看，
三种情景下，消费者对智能汽车的需求均表现出积极的态势，虽然在不同
情景下，研发投入和智能路网建设、制度体系的建立健全等方面或有不同
程度的减弱和滞后情况出现，但无论是技术力量的积蓄，还是交通环境问
题愈演愈烈和地缘政治与经济环境的倒逼作用，都预示着中国智能汽车产
业发展前景可期。在产业发展进程方面，中国市场新能源汽车全面普及
（新车销售占比超过 50%）约在 2030 年前后完成，智能化进程的推进则
取决于制度、投入、技术和产业环境等方面发展壁垒的解决时间表。关于
智能汽车产业发展进程的各种壁垒及其可能的解决方案如下，这些分析为
产业创新发展整体策略的研究奠定基础。

一、制度体系

本质上，我们需要一套与产业发展阶段深度契合并能促进产业发展的
完善的制度体系。从访谈结果并结合实践情形看，一方面，燃油车禁售令
出台的呼声对产业的催化促进作用非常明显，蔚来、理想、小鹏等造车新
势力踊跃加入，百度、阿里、华为、小米等互联网巨头也不甘落后；另一
方面，燃油车禁售令实施的时间节点晚于中、高级智能化的进程，体现了
政策在产业发展过程中的缓冲和保障作用，即为产业升级预留足够的市场
空间。结合发展智能汽车产业的巨大意义和价值，除了经济层面的考量，
相关制度体系建设过程中更应加强对国家战略、国家安全和深化改革等方
面的考量。

在具体构建和执行过程中，可以考虑：设置和美国高速公路安全管理
局相类似的专门机构，给予它基本的执法权、政策提案权及监管权，提高
各项工作的针对性、准确性和行动效率；利用自主的区块链等技术手段，
解决信息安全和制度执行中被篡改的问题，对整个制度体系中的节点进行
公平公正的"优胜劣汰"；以立法为基础，以特许经营牌照为抓手，厘清

政府、国有资本、民营资本在智能汽车产业发展中扮演的角色，通过实践，动态地调整和划分边界。

二、投入方面

从研究结果发现，所谓的"投入壁垒"并不是智能汽车制造方面的问题，从"单车智能"发展到"联网智能"，智能汽车产业不仅是造车，更是与整个智慧交通系统乃至智慧城市相关联，脱离系统单独讨论智能汽车是不成立的，而目前的"投入壁垒"更多的是基于庞大系统的投资不足。相对造车投入，智能路网基础设施投资更为巨大，构成投入壁垒。包括智能路网在内的整个智慧交通系统投资门槛高，收益期长，更涉及国家安全和公共福利等政治因素，"谁来投，如何投，如何综合评估收益"成为亟待解决的问题。另外，智能汽车的制造由于投资门槛相对较低且收益见效快，投资回报率高，除去传统车企，以民营资本为主的造车新势力以及互联网巨头纷纷加入，当前已经出现了过度投资的苗头。

针对以上问题，要始终明确国家、国有资本、民营资本的角色，积极实践、合理分工、有效配合。结合相关的研究结论，以"互联网＋"的重构思维系统地审视问题，将智能汽车和智能路网看作系统问题，找到解决投入壁垒的新思路：首先，应明确分工，国家负责战略安全、公共服务、产业发展总体方向的引导和监管；其次，智慧交通系统和智慧城市系统的建设以国有资本投入为主，参照中国铁路总公司模式，组建一家央企负责国内智能路网的统一建设和运营，以国家力量确保投入资金的同时，保证国家在智能路网规划和建设方面的主导性和控制权，确保国家安全以及公共福利属性；再次，该央企应以创新的收益共享模式积极吸引社会资本参与，让智能汽车企业从智能路网的"客户"变成"股东"，进行深度合作；最后，从演化进程看，共享出行会变成智慧出行的主流方式，车辆的产权关系将发生巨大的变革，私家车的概念将不复存在，而这一变化使得智能汽车变成类似高铁的公共载具，智能汽车企业必将以"互联网＋"模式重构车企的获利模式，即从产品销售本身获利转型到通过产品满足用户交通出行及其他需求而获利，其商业价值的实现不再依赖汽车本身，而是与整个智能路网系统密切相关，而获利方式的变革反过来将形成车企参与路网建设投入的自发动力，形成良性闭环。

三、技术和产业环境方面

技术是关于智能汽车发展问题的现有研究中关注最多的部分，本书研究结果表明，除人工智能技术以外，智能汽车其他相关技术成熟度非常乐观，其关键的"壁垒"不在于实现难度，而在于实现的周期和商业化的可行性。单纯技术方面的研究不乏国家层面规划和权威文献论述，故不做深入探讨。

产业环境问题没有其他路可以选择，唯有站在国家命运和国家安全的高度看待问题，在关键技术储备上保持极大的耐心和战略定力，稳扎稳打、自力更生、自主创新、抛弃幻想、杜绝"拿来主义"。

参 考 文 献

[1] 李栎，张志强，安培浚. 技术路线图的发展与应用分析 [J]. 图书与情报，2009（3）：8 – 13.

[2] 李雪凤，仝允桓，谈毅. 技术路线图——一种新型技术管理工具 [J]. 科学学研究，2004（S1）：89 – 94.

[3] 娄伟. 情景分析理论与方法 [M]. 北京：社会科学文献出版社，2012：4.

[4] 娄伟. 情景分析法在技术经济中的应用 [J]. 工业技术经济，2012（10）：6 – 12.

[5] Robert L. Python 数据挖掘入门与实践 [M]. 杜春晓，译. 北京：人民邮电出版社，2016：167 – 176.

[6] Robert P，Clare F，David P. 技术路线图——规划成功之路 [M]. 苏竣，等译. 北京：清华大学出版社出版社，2009：6 – 7.

[7] Kantardzi M. 数据挖掘：概念、模型、方法和算法（第2版）[M]. 王晓海，吴志刚，译. 北京：清华大学出版社，2013：2 – 3.

[8] 杨琪. 基于交叉影响分析的技术预见模式及其应用研究 [D]. 北京：北京工

业大学，2009：12－14.

［9］Huss W R, Honton E J. Scenario planning—What style should you use? ［J］. Long Range Planning, 1987, 20（4）：21－29.

［10］Hussain M, Tapinos E, Knight L. Scenario-driven roadmapping for technology foresight ［J］. Technological Forecasting and Social Change, 2017, 124：160－177.

［11］Schwartz P. The art of the long view：Planning for the future in an uncertain world ［M］. Doubleday Currency, 1991.

［12］Yan J H, Liu J P, Tseng F M. An evaluation system based on the self-organizing system framework of smart cities：A case study of smart transportation systems in China ［J］. Technological Forecasting and Social Change, 2020, 153（4）.

附录6－1 关键因素和驱动力判断问卷

敬启者：

　　本问卷是一份学术性问卷，用于"智能汽车发展趋势"的研究，主要向您征询我国未来13年（2023～2035年）智能汽车产业发展的影响因素及驱动力的不确定程度和冲击程度。本问卷所有资料仅限学术用途，请您放心填答！

　　由衷感谢您的鼎力支持，敬祝您：

　　诸事顺意！

　　智能汽车是指搭载先进的车载传感器、控制器、执行器等装置（注：硬件系统），并融合现代通信与网络技术，实现车与X（车、路、人、云等）智能信息交换、共享（注：对外通信系统），具备复杂环境感知、智能决策、协同控制等功能（注：软件系统），可实现安全、高效、舒适、节能行驶，并最终实现替代人来操作的新一代汽车（注：功能）。按汽车实现自动驾驶的水平将智能汽车划分为5个等级。

等级	可实现功能
1～2级：低级别自动驾驶	辅助驾驶
3级：中级别自动驾驶	人机共驾
4～5级：高级别自动驾驶	无人驾驶

一、请您判断影响智能汽车产业发展（2023～2035 年）各因素的重要性，并在相应的方格内勾选。

影响因素		非常不重要	不重要	一般重要	重要	非常重要
		1	2	3	4	5
社会与环境因素	环境污染状况					
	交通安全问题和道路拥堵状况					
	生活方式变革					
政策因素	政府政策支持程度					
	相关制度法规的建立与完善					
	地缘政治					
经济因素	国际、国内经济形势					
	消费者的需求与偏好					
	相关企业的发展策略					
	智能汽车产业的竞争程度					
技术因素	相关技术研发投入与商业化进程					
	相关技术的成熟度					
	智能基础设施的建设情况					

二、请您判断推动我国智能汽车产业发展（2023～2035 年）的各驱动力的不确定程度和冲击程度，并在相应的方格内分别勾选。

★不确定程度：指此驱动力受外在环境影响后，未来变化方向与程度的明确程度。如不确定性高，代表此驱动力未来的状况较不易被预测。

★冲击程度：指此驱动力对智能汽车发展的影响程度。如冲击程度高，代表此驱动力具有关键性影响力。

驱动力（STEEP 清单）	不确定程度			冲击程度		
	高	中	低	高	中	低
社会力量（Social drivers-S）						
消费者的环保意识						
消费者对智能驾驶的接受程度						
生活方式的变革（如共享出行）						

续表

驱动力（STEEP 清单）		不确定程度			冲击程度		
		高	中	低	高	中	低
技术力量（Technological drivers-T）							
感知技术	多类别传感器融合感知技术的发展						
	高精度自动驾驶地图的发展						
	高精度定位技术的发展						
决策控制技术	汽车电子装置的智能网联化发展						
	车载智能计算平台的发展						
	人工智能技术的发展及其在车辆决策控制中的应用						
信息交互技术	车用无线通信技术的发展（LTE - V2X/5G - V2X）						
	智能路网设施的完备性						
	交通大数据平台的发展						
	云计算技术的发展及其在交通领域的应用						
	车载信息安全问题的解决						
相关科技力量	上游材料与关键零组件的技术发展（提高自主性）						
	智能汽车测试评价技术的发展						
	相关技术标准的建立健全						
	政府和企业的研发投入力度						
环境/能源力量（Everironmental/Energy drivers-E）							
环境污染状况（空气、噪声等）							
交通安全问题和道路拥堵状况							
石油、天然气等化石能源危机							
经济力量（Economic drivers-E）							
产业竞争	传统车企对智能汽车的投资意愿						
	新能源车企对智能汽车的投资意愿						
	跨界企业对智能汽车的投资意愿（如互联网企业）						
	企业的自主研发能力						
	传统汽车的市场渗透情况						
	新能源汽车的市场渗透情况						
	智能汽车产业联盟的形成						

续表

驱动力（STEEP 清单）	不确定程度			冲击程度		
	高	中	低	高	中	低
经济力量（Economic drivers-E）						
市场需求 消费者对智能汽车载具功能的要求（续航能力、动力补给的便捷性等）						
消费者对辅助驾驶功能的要求（需人参加驾驶）						
消费者对自动驾驶功能的要求（无需人参与驾驶）						
消费者对车载智能应用系统功能的要求（如移动办公、数字消费、在线教育等）						
消费者对车内环境安全性的要求（电磁辐射等）						
消费者对购买、使用价格的接受度						
上游材料与关键组件供应（如：芯片供应）						
政治力量（Political drivers-P）						
相关法律法规体系的建立完善						
政府对智能汽车及相关产业的政策支持						
中美关系对中国智能汽车产业发展的影响						
"双碳"政策对节能减排车推广的影响						

您的基本信息：

1. 姓名：   2. 职称/职务：   3. 单位：

4. 从事的工作领域：

（1）技术研发   （2）学术研究   （3）市场营销

（4）产业分析   （5）产品规划   （6）行业监管

（7）其他：

5. 从事相关工作的年限：＿＿＿＿＿ 年

问卷至此结束，感谢您的支持！

附录6－2　情景选择问卷

敬启者：

　　首先，诚挚感谢您在第一轮的填答！

　　根据各位专家第一轮的填答，我们归纳了智能汽车发展的情景矩阵，请您对智能汽车未来发展情景（至2035年底）进行判断，本问卷所有资料仅限学术用途，请您放心填答！

　　由衷感谢您的鼎力支持，敬祝您：

　　万事如意！

　　根据第一轮问卷反馈的结果，我们剔除了"不确定程度"或者"冲击程度"为"中"以下的驱动力因素，把剩余影响大的9个因素归纳为3个轴面：A轴面——市场对电气化和智能化的需求与偏好、B轴面——研发投入和智能路网建设状况、C轴面——制度体系的建立健全（如下图所示）。

A：市场对电气化和智能化的需求与偏好
A-1.消费者对智能驾驶的接受程度
A-2.消费者对辅助驾驶功能的需求
（需人参与驾驶）
A-3.消费者对自动驾驶功能的需求
（无需人参与驾驶）
A-4.消费者对车载智能应用系统功能的需求
（如移动办公、数字消费、在线教育等）
A-5.新能源汽车的市场渗透情况

B：研发投入和智能路网建设状况
B-1.政府和企业的研发投入力度
B-2.智能路网设施的完备性

C：制度体系的建立健全
C-1.相关技术标准的建立健全
C-2.相关法律法规的建立健全

　　A轴面对应着"高、低"、B轴面对应着"强、弱"、C轴面对应着"完善、滞后"的不同可能，组合3个轴面的各种不同可能，制作成情景矩阵（如下表所示），您认为至2035年底中国智能汽车"最可能的情景""最乐观的情景""最悲观的情景"分别是怎样的，请将情景编号填到相应题干后的横线上。

　　1. 您认为"最可能的情景"编号是：＿＿＿＿＿

　　2. 您认为"最乐观的情景"编号是：＿＿＿＿＿

　　3. 您认为"最悲观的情景"编号是：＿＿＿＿＿

情景编号	各编号情景内容	A 市场对电气化和智能化的需求与偏好	B 研发投入和智能路网建设状况	C 制度体系的建立健全
1	A–1. 消费者对智能驾驶的接受程度【高】 A–2. 消费者对辅助驾驶功能的需求（需人参与驾驶）【高】 A–3. 消费者对自动驾驶功能的需求（无需人参与驾驶）【高】 A–4. 消费者对车载智能应用系统功能的需求（如移动办公、数字消费、在线教育等）【高】 A–5. 新能源汽车的市场渗透情况【高】 B–1. 政府和企业的研发投入力度【强】 B–2. 智能路网设施的完备性【强】 C–1. 相关技术标准的建立健全【完善】 C–2. 相关法律法规的建立健全【完善】	高	强	完善
2	A–1. 消费者对智能驾驶的接受程度【高】 A–2. 消费者对辅助驾驶功能的需求（需人参与驾驶）【高】 A–3. 消费者对自动驾驶功能的需求（无需人参与驾驶）【高】 A–4. 消费者对车载智能应用系统功能的需求（如移动办公、数字消费、在线教育等）【高】 A–5. 新能源汽车的市场渗透情况【高】 B–1. 政府和企业的研发投入力度【强】 B–2. 智能路网设施的完备性【强】 C–1. 相关技术标准的建立健全【滞后】 C–2. 相关法律法规的建立健全【滞后】	高	强	滞后
3	A–1. 消费者对智能驾驶的接受程度【高】 A–2. 消费者对辅助驾驶功能的需求（需人参与驾驶）【高】 A–3. 消费者对自动驾驶功能的需求（无需人参与驾驶）【高】 A–4. 消费者对车载智能应用系统功能的需求（如移动办公、数字消费、在线教育等）【高】 A–5. 新能源汽车的市场渗透情况【高】 B–1. 政府和企业的研发投入力度【弱】 B–2. 智能路网设施的完备性【弱】 C–1. 相关技术标准的建立健全【完善】 C–2. 相关法律法规的建立健全【完善】	高	弱	完善

续表

情景编号	各编号情景内容	A 市场对电气化和智能化的需求与偏好	B 研发投入和智能路网建设状况	C 制度体系的建立健全
4	A-1. 消费者对智能驾驶的接受程度【高】 A-2. 消费者对辅助驾驶功能的需求（需人参与驾驶）【高】 A-3. 消费者对自动驾驶功能的需求（无需人参与驾驶）【高】 A-4. 消费者对车载智能应用系统功能的需求（如移动办公、数字消费、在线教育等）【高】 A-5. 新能源汽车的市场渗透情况【高】 B-1. 政府和企业的研发投入力度【弱】 B-2. 智能路网设施的完备性【弱】 C-1. 相关技术标准的建立健全【滞后】 C-2. 相关法律法规的建立健全【滞后】	高	弱	滞后
5	A-1. 消费者对智能驾驶的接受程度【低】 A-2. 消费者对辅助驾驶功能的需求（需人参与驾驶）【低】 A-3. 消费者对自动驾驶功能的需求（无需人参与驾驶）【低】 A-4. 消费者对车载智能应用系统功能的需求（如移动办公、数字消费、在线教育等）【低】 A-5. 新能源汽车的市场渗透情况【低】 B-1. 政府和企业的研发投入力度【强】 B-2. 智能路网设施的完备性【强】 C-1. 相关技术标准的建立健全【完善】 C-2. 相关法律法规的建立健全【完善】	低	强	完善
6	A-1. 消费者对智能驾驶的接受程度【低】 A-2. 消费者对辅助驾驶功能的需求（需人参与驾驶）【低】 A-3. 消费者对自动驾驶功能的需求（无需人参与驾驶）【低】 A-4. 消费者对车载智能应用系统功能的需求（如移动办公、数字消费、在线教育等）【低】 A-5. 新能源汽车的市场渗透情况【低】 B-1. 政府和企业的研发投入力度【强】 B-2. 智能路网设施的完备性【强】 C-1. 相关技术标准的建立健全【滞后】 C-2. 相关法律法规的建立健全【滞后】	低	强	滞后

续表

情景编号	各编号情景内容	A 市场对电气化和智能化的需求与偏好	B 研发投入和智能路网建设状况	C 制度体系的建立健全
7	A－1. 消费者对智能驾驶的接受程度【低】 A－2. 消费者对辅助驾驶功能的需求（需人参与驾驶）【低】 A－3. 消费者对自动驾驶功能的需求（无需人参与驾驶）【低】 A－4. 消费者对车载智能应用系统功能的需求（如移动办公、数字消费、在线教育等）【低】 A－5. 新能源汽车的市场渗透情况【低】 B－1. 政府和企业的研发投入力度【弱】 B－2. 智能路网设施的完备性【弱】 C－1. 相关技术标准的建立健全【滞后】 C－2. 相关法律法规的建立健全【滞后】	低	弱	滞后

您的基本信息：（若您已参与第一轮问卷填答，以下仅填姓名即可，谢谢！）

1. 姓名：＿＿＿＿＿＿＿＿＿＿＿＿＿＿＿＿＿＿

2. 职称/职务：＿＿＿＿＿＿＿＿＿＿＿＿＿＿＿

3. 单位：＿＿＿＿＿＿＿＿＿＿＿＿＿＿＿＿＿＿

4. 从事的工作领域（请在横线上勾填）：

（1）技术研发＿＿＿＿＿＿　　（2）学术研究＿＿＿＿＿＿

（3）市场营销＿＿＿＿＿＿　　（4）产业分析＿＿＿＿＿＿

（5）产品规划＿＿＿＿＿＿　　（6）行业监管＿＿＿＿＿＿

（7）其他：＿＿＿＿＿＿＿＿＿＿＿＿＿＿＿＿

5. 从事相关工作的年限：＿＿＿＿＿ 年

问卷至此结束，感谢您的支持！

附录 6 – 3　产业发展路线图问卷

> 敬启者：
>
> 　　本问卷是纯学术性的，向您征集影响智能汽车产业发展关键技术及市场、制度等因素的实现节点，以绘制"智能汽车产业技术路线图"。
>
> 　　此前，我们已进行了两轮问卷调查，完成了智能汽车产业发展情景分析，其结果有助于帮助您了解智能汽车未来发展趋势。我们先向您介绍"前序问卷结果"，然后再请您勾填技术路线图中各关键因素的实现节点。
>
> 　　由衷感谢您的鼎力支持，敬祝您：
>
> 　　诸事顺意！

前序问卷结果反馈

　　一、情景分析第一轮问卷：影响因素的重要性、驱动力的不确定程度和冲击程度。

　　我国智能汽车产业发展（2023～2035 年）影响因素重要性程度的调查结果是：技术维度的 3 个因素和政策维度的 3 个因素重要性程度较高（均值超过了 4.5）。

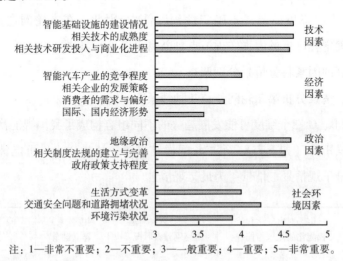

注：1—非常不重要；2—不重要；3—一般重要；4—重要；5—非常重要。

　　推动我国智能汽车产业发展（2023～2035 年）各驱动力的不确定程度和冲击程度调查结果是：1 个驱动力的不确定性和冲击程度同时为

"高""高"，7 个驱动力的不确定性和冲击程度同时为"中""高"（说明这些驱动力非常重要且未来发展趋势具有很强的不确定性，因此会左右智能汽车产业未来发展走势），将这 8 个驱动力归纳为 A、B、C 三个维度（A：市场对电气化和智能化的需求与偏好；B：研发投入和智能路网建设状况；C：制度体系的建立健全，如下图所示）。

A：市场对电气化和智能化的需求与偏好
A-1.消费者对智能驾驶的接受程度
A-2.消费者对辅助驾驶功能的需求
（需人参与驾驶）
A-3.消费者对自动驾驶功能的需求
（无需人参与驾驶）
A-4.消费者对车载智能应用系统功能的需求
（如移动办公、数字消费、在线教育等）
A-5.新能源汽车的市场渗透情况

B：研发投入和智能路网建设状况
B-1.政府和企业的研发投入力度
B-2.智能路网设施的完备性

C：制度体系的建立健全
C-1.相关技术标准的建立健全
C-2.相关法律法规的建立健全

本轮另外一个值得注意的调查结果是，除"智能路网设备的完备性"（高，高）、"相关技术标准的建立健全"（中，高）、"政府和企业的研发投入"（中，高）三个技术驱动力以外，技术力量方面的其他驱动力以及地域政治与经济环境方面的两个驱动力（不确定程度，冲击程度）均是（低，高），说明这些驱动力对智能汽车产业发展的影响大（冲击程度高），但发展态势稳定（不确定性程度低）。因此，在本轮问卷调查中，这类不确定程度低的因素实现节点判断将不区分情景进行；不确定性程度中或者高的因素将分情景分别调查。

二、情景分析第二轮问卷：三种情景。

A、B、C 三个维度可能发展趋势的不同组合构成了我国智能汽车产业发展情景矩阵（如下表），第二轮问卷结果为：情景 2 为最可能情景、情景 1 为最乐观情景、情景 4 为最悲观情景。

情景编号	市场对电气化和智能化的需求与偏好	研发投入和智能路网建设状况	制度体系的建立健全	问卷反馈结果
1	高	强	完善	最乐观情景
2	高	强	滞后	最可能情景
3	高	弱	完善	

续表

情景编号	市场对电气化和智能化的需求与偏好	研发投入和智能路网建设状况	制度体系的建立健全	问卷反馈结果
4	高	弱	滞后	最悲观情景
5	低	强	完善	
6	低	强	滞后	
7	低	弱	滞后	

　　三种情景下，市场需求和消费者偏好均为"高"；在最乐观情景和最可能情景下，研发投入和智能路网建设状况皆为"强"；除最乐观情景外，最可能和最悲观情景下，制度体系的建立健全均为"滞后"。

前序问卷调查结果反馈到此结束，谢谢！

问卷正文

　　问卷分三部分：第一部分，请您判断影响智能汽车产业技术路线演化关键技术的实现节点；第二部分，请您判断影响智能汽车产业技术路线演化其他关键因素实现节点，这部分的填答针对三个情景分别进行；第三部分，请您谈谈除问卷中所列关键因素，未来还有可能出现哪些影响智能汽车产业发展的重大事件，并判断其可能的发生时段。

　　一、请您勾填各关键技术的实现节点。

关键影响因素列表		短期（2021~2025年）	中期（2026~2035年）	长期（2036~2050年）
技术因素	智能汽车关键核心技术	多类别传感器融合感知技术成熟		
		汽车电子装置实现智能网联化		
		车载智能计算平台成熟应用		
		人工智能技术在车辆决策控制中成熟应用		
		智能汽车测试评价技术成熟		
		封闭区域示范运行有效开展		

续表

关键影响因素列表		短期 （2021～ 2025年）	中期 （2026～ 2035年）	长期 （2036～ 2050年）
技术因素	智能路网体系相关技术	通信接口和协议统一		
		车用无线通信技术成熟（LTE - V2X）		
		新一代车用无线技术成熟（5G - V2X）		
		窄带物联网（NB - IoT）在关键节点部署		
		高精度定位服务技术成熟		
		高精度车用基础地图成熟		
		交通大数据平台成熟应用		
		云计算技术在交通领域成熟应用		
		车载信息安全问题妥善解决		
地缘政治与经济环境		中美关系彻底走向缓和		
		芯片供应问题解决		

二、请您分别判断最乐观情景、最可能情景、最悲观情景下智能汽车产业各不确定性因素的实现节点。

☆请勾填最乐观情景下各因素的实现节点。

市场对电气化和智能化 的需求与偏好	研发投入和智能路网 建设状况	制度体系的建立健全
高	强	完善

关键影响因素列表			短期 （2021～ 2025年）	中期 （2026～ 2035年）	长期 （2036～ 2050年）
智能化新能源化共享化进程	智能化	初级智能化汽车普及			
		中级智能化汽车实现商业化			
		高级智能化汽车实现商业化			
	新能源化	新能源汽车新车占比达50%			
	共享化	智能汽车共享出行商业模式成熟			
投入与制度支持	投入力度	智能路网设施完备			
		政府和企业的研发投入力度减弱			

续表

关键影响因素列表		短期（2021～2025年）	中期（2026～2035年）	长期（2036～2050年）
投入与制度支持	法律法规体系	公共道路自动驾驶测试规范			
		智能汽车准入和使用方面的相关法律法规			
		相关技术标准体系建立健全			
		出台与中高级智能汽车相匹配的《道路交通安全法》			
		禁售燃油车			

☆请勾填<u>最</u>可能情景下各因素的实现节点。

市场对电气化和智能化的需求与偏好	研发投入和智能路网建设状况	制度体系的建立健全
高	强	滞后

关键影响因素列表			短期（2021～2025年）	中期（2026～2035年）	长期（2036～2050年）
智能化新能源化共享化进程	智能化	初级智能化汽车普及			
		中级智能化汽车实现商业化			
		高级智能化汽车实现商业化			
	新能源化	新能源汽车新车占比达50%			
	共享化	智能汽车共享出行商业模式成熟			
投入与制度支持	投入力度	智能路网设施完备			
		政府和企业的研发投入力度减弱			
	法律法规体系	公共道路自动驾驶测试规范			
		智能汽车准入和使用方面的相关法律法规			
		相关技术标准体系建立健全			
		出台与中高级智能汽车相匹配的《道路交通安全法》			
		禁售燃油车			

☆请勾填**最悲观**情景下各因素的实现节点。

市场对电气化和智能化的需求与偏好	研发投入和智能路网建设状况	制度体系的建立健全
高	弱	滞后

关键影响因素列表			短期（2021～2025 年）	中期（2026～2035 年）	长期（2036～2050 年）
智能化新能源化共享化进程	智能化	初级智能化汽车普及			
		中级智能化汽车实现商业化			
		高级智能化汽车实现商业化			
	新能源化	新能源汽车新车占比达 50%			
	共享化	智能汽车共享出行商业模式成熟			
投入与制度支持	投入力度	智能路网设施完备			
		政府和企业的研发投入力度减弱			
	法律法规体系	公共道路自动驾驶测试规范			
		智能汽车准入和使用方面的相关法律法规			
		相关技术标准体系建立健全			
		出台与中高级智能汽车相匹配的《道路交通安全法》			
		禁售燃油车			

三、请您谈谈除问卷中所列关键因素，未来还有可能出现哪些影响智能汽车产业发展的重大事件，并判断其大概的发生时段。

问卷正文至此结束，感谢您的支持！

您的基本信息：（若您参加过第一轮和第二轮的问卷调查，只需填写姓名）

1. 姓名：_____

2. 职称/职务：_____

3. 单位：_____

4. 从事的工作领域（请在横线上勾填）：

（1）技术研发_____　　　（2）学术研究_____

（3）市场营销_____　　　（4）产业分析_____

（5）产品规划_____　　　（6）行业监管_____

（7）其他：_____

5. 从事相关工作的年限：_____ 年

附录6-4　问卷调研访谈专家简况表

产业部门专家		
姓名	公司	职务
林×	开沃新能源汽车集团有限公司	董事
熊××	比亚迪汽车销售有限公司	副总经理
陈×	深圳市盈海汽车租赁有限公司	副总经理
张××	深圳市世纪通供应链股份有限公司	董事长
梁××	陆风汽车营销公司	市场总监
陆×	深圳同行者科技有限公司	市场总监
王×	太平洋资产管理有限责任公司	行业分析师

学术专家	
姓名	简介
陈×	清华大学经济管理学院教授、博士生导师 教育部人文社会科学重点研究基地——清华大学技术创新研究中心主任
李×	南开大学教授、博士生导师 中国财政科学研究院特聘教授
高×	电子科技大学资源与环境学院 研究员
曾××	元智大学管理学院教授、博士生导师 台湾科技管理学会第十九届院士
闵××	江苏大学智慧城市与特色小镇研究院经济发展部部长

技术专家		
姓名	单位	技术领域
陈×	清华大学苏州汽车研究院	产品规划
尚××	上海二秒科技有限公司	区块链

续表

技术专家		
姓名	单位	技术领域
李×	三维通信股份有限公司	5G
张××	上海汽车集团股份有限公司乘用车公司	车载智能装置
陈×	南京华东电子信息科技股份有限公司	传感器
陈××	毕威拓科技（北京）有限公司	Linux 操作系统
王×	IPLOOK Networks	网络通信
Gordon×	深圳云动数据有限公司	大数据、云计算
黄××	阿拉的（深圳）人工智能科技有限公司	人工智能
冯×	广东绿雀科技有限公司	无人驾驶
孙××	江苏科海智能系统有限公司	系统开发

政府部门专家	
姓名	单位
陈×	镇江市发展改革委
刘×	无锡市发展改革委

注：本表所列为三轮访谈全部受访专家信息，每位专家并非参加了全部三轮的访谈。

第七章　分情景市场扩散情况预测

　　本章研究在产业发展情景基础上展开，预测最可能、最悲观和最乐观情景下智能汽车（搭载 L3 级自动驾驶系统的新能源汽车）的扩散情况。三种情景的详细分析结果在第六章已有呈现，科学准确地预测智能汽车市场扩散情况的关键在于选择并根据情景分析结果修订市场扩散预测模型。

　　对于扩散模型的研究始于 20 世纪初，直至 20 世纪 60 年代研究进入活跃期，其中巴斯扩散模型（Bass diffusion model，简称 Bass 模型）是具有里程碑意义的研究成果。Bass 模型及其扩展模型是一种市场扩散分析工具，常被用作新开发的耐用消费品预测。根据艾瑞咨询发布的《中国智能驾驶行业研究报告》，2020 年中国新车辅助驾驶达到 L2 级别的仅有 12%，L3 级别的智能汽车尚未出现。而搭载 L1 级和 L2 级别自动驾驶系统的车辆并不是真正意义上智能汽车，它只可接管少部分、不连续的车辆控制任务，真正意义上的智能驾驶至少要达到 L3 级别，即车辆可以在一定情况下执行连续性驾驶任务，但 L3 级别有条件自动驾驶乘用车在 2023 年才开始逐步落地。因此在当前时期，中级智能化新能源汽车①是典型的创新产品且拥有广阔的市场前景，符合 Bass 模型对研究对象所要求的首次购买，不包括多件购买和复购的条件，可采用广义化的 Bass 模型预测其市场扩散情况。

---

　　① 　为使表达更简洁，本章后续内容有时直接将中级智能化新能源汽车表述为 L3 级智能汽车或智能汽车，不强调智能属性时仍称为新能源汽车。

第一节　市场扩散预测方法和研究思路

一、Bass 模型简介

（一）基础 Bass 模型及其广义化

对于扩散模型的研究始于 20 世纪初，直至 20 世纪 60 年代研究进入活跃期，其中 Bass 模型是具有里程碑意义的研究成果。Bass 模型的核心思想是创新采用者的采用决策独立于社会系统其他成员，除了创新采用者之外的采用者采用新产品的时间受到社会系统压力的影响，并且这种压力随着较早采用人数的增加而增加，巴斯（Bass）将这部分潜在采用者称为模仿者。巴斯（1994）提出的模型形式为：

$$n(t) = \frac{\mathrm{d}N(t)}{\mathrm{d}t} = p[m - N(t)] + \frac{q}{m}N(t)[m - N(t)] \qquad (7-1)$$

其中，$n(t)$ 为 t 时刻新采用产品的人数；$N(t)$ 为 t 时刻累计采用产品的人数；m 为市场容量，即扩散结束后市场中采用产品的人数；p、q 分别为创新系数和模仿系数，代表着创新采用者和模仿者在市场扩散中起到的作用大小；$p[m - N(t)]$ 是指在市场中未采用该产品的人里，由创新因素影响而采用该产品的人数；$\frac{q}{m}N(t)[m - N(t)]$ 指的是在市场中未采用该产品的人里，受到已采用者的影响而采用该产品的人数。

Bass 模型较好地反映了几乎所有新产品的市场扩散特征，适用范围很广，然而其考虑因素较少，尤其没有反映价格对新产品扩散的影响。因此巴斯于 1994 年提出了广义 Bass 模型，即在原模型基础上加入市场效能函数 $x(t)$，从而使得商家可以通过改变新产品价格、广告投入等策略影响新产品在市场中的扩散情况。改进后的 Bass 模型形式为：

$$n(t) = \left\{ p\left[m - N(t) \right] + \frac{q}{m}N(t)\left[m - N(t) \right] \right\} \times x(t) \qquad (7-2)$$

$$x(t) = 1 + \left[\frac{\Delta Pr(t)}{Pr(t-1)} \right]\beta_1 + \left[\frac{\Delta Adv(t)}{Adv(t-1)} \right]\beta_2 \qquad (7-3)$$

式（7-2）中各变量的含义与式（7-1）基础模型中的含义相同，式（7-3）市场效能函数 $x(t)$ 中的 $Pr(t)$ 表示 t 时刻的产品价格，$Adv(t)$ 表示 t 时刻厂商对该产品的广告投入，$\frac{\Delta Pr(t)}{Pr(t-1)}$ 表示 t 时刻相较于 $t-1$ 时刻价格变动的比率，$\frac{\Delta Adv(t)}{Adv(t-1)}$ 表示 t 时刻相较于 $t-1$ 时刻广告投入变动的比率，β_1、β_2 分别表示产品价格和广告投入变化对该产品扩散效果的影响。

（二）针对新能源汽车和智能汽车创新扩散的广义 Bass 模型

广义 Bass 模型中的市场效能函数 $x(t)$ 可以根据不同的创新产品将其表达式广义为不同的形式，在广义 Bass 模型提出之后，许多学者都针对其研究的新产品对市场效能函数 $x(t)$ 和模型中的其他参数进行了不同的广义化，在针对新能源汽车和智能汽车的产品扩散研究中，学者们对市场效能函数 $x(t)$ 做出了针对其研究产品的有特色的广义化，例如 $x(t)$ 广义为包含新能源汽车与传统汽车的相对价格、汽车购买成本、经济发展状况、充电桩建设情况、消费者意愿支付能力等变量的函数。也有对基础模型中的市场容量 m 和创新系数 p、模仿系数 q 进行的广义化处理。这些关于广义化研究都取得了有价值的结论，对丁 Bass 模型的应用有着积极的作用，对这些研究进行总结概括有利于了解并熟悉 Bass 模型在新能源汽车、智能汽车领域的应用，为本书研究提供有益的借鉴思路。

在 Bass 模型的各项参数中，市场容量 m 是一个极为重要的参数，它反映了该产品最终的扩散路径，决定了其销量最高点的位置。陈安琪等（2023）使用广义 Bass 模型对新能源汽车销量进行的研究发现，市场容量

m 与创新系数 p 的大小高度相似，m 值的确定对产品扩散的最终效果产生较大影响。因此便有研究将市场容量 m 广义为时变变量，即 $m = m[Pr(t)]^{-\eta}$，在此基础上建立了对新能源汽车未来销量进行预测的广义 Bass 模型。

除此之外，Bass 模型中的创新影响系数 p 和模仿系数 q 在对于新能源汽车和智能汽车的研究中也有着不同的含义。拉瓦萨尼等（Lavasani et al，2016）在其对智能汽车的研究中将 p 认为是风险承担能力，q 认为是文化和生活习惯偏好。有学者将 p 和 q 的含义与其他模型如 TIM 技术创新模型相结合，使该参数成为带有环境特征的函数方程。史乐峰等学者（2023）认为，创新影响系数 p 反映了电动汽车技术发展水平对电动汽车市场数量的影响，模仿系数 q 为外在影响系数，反映充电便捷程度对电动汽车市场数量的影响，并将电动汽车的续航里程和电动汽车的充电便捷程度分别作为 p 和 q 的核心影响因素。于海东（2019）则将创新影响系数 p 定义为时变参数 $p(t)$，他认为新产品从媒体宣传到人群认同存在一定滞后性，人群对电动私家车接受程度的增量与宣传力度成正比；而将模仿系数 q 广义化为与电动汽车在日常中的出现频率和潜在购买者身边电动私家车车主对电动私家车的评价相关的参数。

市场效能函数 $x(t)$ 在新能源汽车和智能汽车的扩散中也被广义为了不同的形式。一些学者将 $x(t)$ 保留式（7-3）的形式，但是将其中 β_1、β_2 所对应的产品价格和广告投入的变量进行了修改，例如将 $x(t)$ 广义化为购买成本+使用成本，或将 $x(t)$ 与政策环境、社会氛围、采购成本、后期使用成本、使用便利性等影响因素挂钩。也有学者改变了市场效能函数 $x(t)$ 的形式，如蓝晟（2019）认为，$x(t)$ 作为冲击函数，可以用来表示多种外部冲击对于扩散过程的影响，如政治、环境、技术方面的影响。可以将外部冲击分为两种：一种是来势强，但迅速减弱的冲击，可以用指数函数进行表示；另一种外部冲击形式被称为矩形冲击，只在某一时间段内对扩散过程有影响，且影响方向和程度在该时间段内保持一致，可以用线性函数表示。

（三）参数估计方法

Bass 模型提出后最早的参数估计方法是最小二乘法，随后相继有其他学者提出了非线性最小二乘法、最大似然法等参数估计方法。而这些方法存在着一定的局限性：第一，用于新产品市场扩散模型的参数估计时，常需要包括创新扩散峰值在内的大量数据，所以对于预测新产品市场扩散过程是没有多大帮助的。第二，只能用于新产品市场扩散模型的离散形式或有解析解的新产品扩散模型的参数估计。

文卡特桑和库马尔（Venkatesan and Kumar, 2002）首次采用了遗传算法对巴斯选用的 11 种产品的创新扩散再一次进行了实验，并认为遗传算法比最小二乘法、极大似然法和非线性最小二乘法预测效果更好，特别是对只能够提供产品早期信息的预测，效果要比其他算法更加准确。杨敬辉（2006）通过比较遗传算法和其他参数估计方法对中国移动用户数的预测，说明了遗传算法尤其在数据点较少，估计参数数量较大的情况下更容易收敛于全局最优解。

二、研究思路

本章研究不对模型形式做广义化改变，仅基于巴斯于 1994 年提出的广义化模型中的市场效能函数 $x(t)$ 的内容进行改造，将价格因素 $\dfrac{\Delta Pr(t)}{Pr(t-1)}$ 设定为智能汽车与传统汽车的相对价格，$\dfrac{\Delta Adv(t)}{Adv(t-1)}$ 转化为基础设施因素。本章研究的重点和特色是在最悲观、最可能、最乐观情景下设定价格因素、基础设施因素和市场容量三个参数值，以预测不同情景下中级智能化新能源汽车的市场扩散情况。不同情景下的参数值确定请专家参照产业发展数据和三种情景的设定进行选择。参数设定的具体内容在研究过程中详述，保证科学预测的另一个方面是如何拟合创新系数、模仿系数和市场效能函数中各因素的影响系数。

传统参数估计方法需要一定量的历史数据，但当前全球智能汽车发展都处于初步阶段，历史数据缺乏，遗传算法可解决数据观测点少的问题。根据中国科学技术发展战略研究院发布的《中美智能汽车研发比较分析》，美国和中国在智能汽车领域的研究占有绝对优势，美国在政策层面、基础研究和技术开发方面具有显著优势，领跑全球，虽然中美两国人口总量差异较大，但有学者通过对美国新能源汽车市场创新扩散研究表明，中美两国新能源汽车市场扩散情况最为接近，且以特斯拉 Model3 为代表的中级智能化新能源汽车在美国市场发展更为充分。故本章研究采用遗传算法估计美国市场扩散情况，借用模型拟合所得的创新系数 p、模仿系数 q、市场效能函数中影响因素系数 β_1 和 β_2 预测中国市场中级智能化新能源汽车的市场扩散情况。具体研究步骤如下。

首先，构建针对中级智能化新能源汽车市场扩散的广义 Bass 模型，并以遗传算法进行参数拟合。借助美国 L3 级智能汽车的扩散情况，考虑 L3 级智能汽车与非智能汽车相对价格、基础设施建设情况等影响因素，建立广义 Bass 模型，借用 L3 级智能汽车在美国市场的扩散数据以遗传算法进行参数拟合，得到 Bass 模型中的创新系数 p、模仿系数 q 及市场效能函数中的价格影响因素 β_1 和基础设施影响因素 β_2，构建针对 L3 级智能汽车市场扩散的广义 Bass 模型。

其次，通过专家访谈确定不同情景下中国市场的市场容量和市场效能函数中的价格因素、基础设施因素，搭建中国 L3 级智能汽车市场扩散的广义 Bass 模型。发放专家访谈问卷（见附录 7-1），请专家判断，在最可能、最乐观和最悲观三种情景下，中国 L3 级智能汽车市场的市场容量、智能汽车与非智能汽车相对价格演化、基础设施建设情况的看法，分析并设定上述参数，从而建立中国 L3 级智能汽车市场创新扩散的广义 Bass 模型。

最后，利用广义 Bass 模型预测中国市场中级智能化新能源汽车 2023~2030 年的销量情况，并对市场容量以及市场效能函数中的价格因素和基础设施因素进行灵敏度分析，以比较上述因素改变时对中国 L3 级智能汽车市场扩散情况的影响。

第二节　市场扩散预测模型

一、针对中级智能化新能源汽车市场扩散预测的模型修正

车辆本身的智能属性及路网设施的完善是推动新能源汽车产业智能化发展的关键因素，基于此，构建针对智能汽车市场扩散的广义 Bass 模型，并对式（7-3）的市场效能函数 $x(t)$ 做出针对性的修正，如式（7-4）所示。智能属性虽不易量化，但创新产品具备核心竞争力的属性或多或少会体现在价格因素中，自动驾驶功能是智能汽车与同级别传统汽车的主要区别，不同消费者对这一功能的心理价格预期不尽相同，因此智能汽车与非智能相对价格的变化将对消费者的购买决策产生影响。以达到 L3 级别的智能汽车与非智能汽车的相对价格作为市场效能函数中表示价格因素的变量。以新能源汽车为载体的智能汽车，充电便捷性是路网设施布设情况的重要内容，以充电桩普及情况的变化作为市场效能函数中表征基础设施情况的影响因素，替代原模型中的广告投入因素。据此，建立的针对智能汽车市场扩散的修正市场效能函数为：

$$x(t) = 1 + \left[\frac{\Delta L(t)}{L(t-1)}\right]\beta_1 + \max\left\{0, \left[\frac{\Delta Cp(t)}{Cp(t-1)}\right]\right\}\beta_2 \qquad (7-4)$$

其中，$L(t)$ = 智能汽车价格/非智能汽车价格，$Cp(t)$ = 新增充电桩的数量。β_1 为市场效能函数中的价格影响因子，β_2 为市场效能函数中的基础设施影响因子。因原模型中广告投入对产品扩散的影响只有当其为正值时才会产生积极影响，故将基础设施数量变动的影响设定为 $\max\left\{0, \left[\frac{\Delta Cp(t)}{Cp(t-1)}\right]\right\}$。

二、基于遗传算法的参数估计

（一）变量设定和数据选择

采用遗传算法，借用美国市场数据对修正后的广义 Bass 模型进行参数估计。模型中需要估计的参数包括市场容量 m、创新系数 p、模仿系数 q 和影响因素系数 β_1、β_2。但需要特别注意的是，市场容量 m 比较特别，它既可以由 Bass 模型内生拟合所得，也可以外生确定，同时创新系数 p 对 m 高度敏感，所以对 m 的估计会显著影响 p 的估计。研究认为，对于初期发展阶段的行业如果不预先外生设定潜在消费者数量，即 m 值，所得到的参数估计效果将会与实际相差较远，相反如果对其市场容量进行限定，可以得到更好的拟合效果和更合理的参数结果。中级智能化的新能源汽车是正处于发展初级阶段的创新产品，因此将 m 设定为外生变量，参考马西马尼和戈斯（Massiani and Gohs，2015）对美国智能汽车市场扩散研究中的做法进行设定：m 假定为当年美国市场轻轴距车辆销量的70%～90%，根据美国交通部官网数据，美国 2022 年轻轴距汽车销量为 2376000 辆①，因此设定 $m = 1900800$ 辆。

t 时刻新采用产品的人数 $n(t)$ 和 t 时刻累计采用产品人数 $N(t)$ 选择美国市场的纯电动车数据，理由如下：在中、美两个市场上，纯电动车都是新能源汽车的主力车型，也是智能汽车的最佳载具，其普及情况是智能汽车扩散的基础，在缺乏智能汽车特别是 L3 级以上智能汽车扩散历史数据的情况下，采用这一数据代表基础 Bass 模型中 t 时刻新采用产品的人数 $n(t)$ 和 t 时刻累计采用产品人数 $N(t)$ 是合理的选择。

对于市场效能函数 $x(t)$ 中智能汽车与非智能汽车相对价格这一变量的数据选择上，非智能汽车的车型不同会使得其价格变化较大，因此借鉴龙子泉（2016）的做法，选择具有竞争态势的代表车型计算相对价格。智

---

① 资料来源：美国交通运输部官网，https：//www.transportation.gov/。

能汽车方面，达到 L3 级别自动驾驶的特斯拉 Model 3 自 2016 年 4 月全球
首发以来占据了美国纯电动汽车销量的榜首，2021 年才被特斯拉 Model Y
所超越，是美国市场最具代表性的智能汽车车型。非智能汽车方面，选择
与特斯拉 Model 3 处于同一价位级别且形成竞争态势的宝马 3 系作为考察
对象。宝马 3 系和特斯拉 Model 3 在美国市场上都处于 40000~50000 美元
价位区间①，且宝马 3 系在美国市场非智能汽车中销量表现良好，是一款与
Model 3 对标竞品车型。因此，本章研究选取这两款车型作为智能汽车与非
智能汽车的代表是合理的。对于新能源汽车充电桩的统计，在美国市场上，
当前通俗意义上的充电桩主要是指电动汽车供电设备（electric vehicle serv-
ice equipment，EVSE），数据来源于美国能源部替代燃料数据中心。

　　虽然特斯拉 2013 年就开始布局自动驾驶系统，但真正大规模商业运
用是从 Model 3 车型落地开始，Model 3 全球首发是 2016 年下半年，因此
这部分研究中以 2017~2022 年的数据进行参数估计，这充分发挥了 Bass
模型能够对新出现的数据量较少的产品进行扩散预测的优势，特别是遗传
算法对这种状况的适用性更增加了预测的可行性和科学性。变量的具体设
置与数值如表 7-1 所示。

表 7-1　美国 2017~2022 年中级智能化新能源汽车市场相关数据

年份	纯电车销量 （辆）	Model 3 价格 （美元）	宝马 3 系价格 （美元）	充电桩数量 （台）
2017	104487	58000	38750	53117
2018	207062	53660	40250	64037
2019	233822	49160	40250	85079
2020	238540	47320	40750	106814
2021	459426	47190	41250	128474
2022	807200	54650	41450	143711

　　资料来源：纯电车销量数据来源于美国交通运输部官网，https：//www.transportation.gov/；
价格数据来源于美国汽车交易网站的公开资料（特斯拉 Model 3 价格：https：//teslamotors-
club.com/tmc；宝马 3 系价格：https：//www.usnews.com/；https：//www.caranddriver.com/）；
充电桩数量来源于美国能源部替代燃料数据中心，https：//afdc.energy.gov/data。

---

　　① 资料来源：特斯拉 Model3 价格：https：//teslamotorsclub.com/tmc；宝马 3 系价格：
https：//www.usnews.com/；https：//www.caranddriver.com/。

（二）参数拟合结果

设定遗传算法运行的规则为：交叉概率为75%，变异概率为2%，种群规模设定为200，停止准则为收敛容许误差小于$1.0E-6$则终止计算。将表7-1中的数据根据Bass模型的变量要求处理后通过遗传算法进行参数估计，模型的决定系数R^2为0.961，表明模型的拟合优度很好，可以使用。参数估计结果如表7-2所示。

表7-2　　　　　　　　智能汽车创新扩散模型的参数估计结果

参数	R^2	m	p	q	β_1	β_2
估计值	0.961	1900800	0.252	0.728	-10.976	14.66

创新系数p为0.252，虽然在其他学者的研究中，美国新能源汽车创新扩散的创新系数的估计都大约为0.001，与本章研究的0.252存在较大差距，不过上述学者所进行的研究主要聚焦于新能源汽车市场的创新扩散，新能源汽车与传统燃油车相比是一次差异较大的产品更新，许多消费者对新能源汽车可能存在着续航焦虑、保值率低等顾虑，因此在新能源汽车创新扩散中其创新系数是较低的，但是这里所研究的智能汽车是中级智能化的新能源汽车，其市场扩散建立在新能源汽车成熟发展的基础上，新能源汽车的普及为消费者进一步接受智能汽车做足了铺垫，因此智能汽车的市场扩散中创新系数为0.252能够体现消费者愿意作为智能汽车的创新采用者的意愿明显增强。此外模仿系数$q=0.728$明显大于创新系数，符合一般的创新扩散的情况，说明智能汽车的创新扩散在初期比较缓慢，而创新采用者达到一定数量后，受模仿作用而产生的新采用者会越来越多，最终呈现"S"型的发展趋势。虽然传统的广义Bass模型中对β的取值范围设定为$[-1,1]$，但是根据陈安琪等（2023）的研究，β的取值范围可以不限制，更可以体现β对消费者决策的影响。在本章研究中，价格影响因素β_1为负值，说明智能汽车与非智能汽车相对价格下降对产品扩散有积极影响；而基础设施影响因素β_2达到了14.66，说明以充电桩为代表的基础设施建设情况对智能汽车市场扩散产生较大影响。

　　图 7 -1 显示了通过遗传算法进行参数估计得到的美国市场智能汽车销量与实际销量的对比，2019 年的估计值与实际值之间存在一定差距，这是由于相对于 2019 年，在 2020 年时美国的智能汽车相对价格有所下降，充电桩数量也有所增加，故 Bass 模型认为 2019~2020 年应当存在一个销量的上升趋势。但实际情况为美国 2020 年纯电动汽车销量相比 2019 年几乎没有增加，从而导致了该预测值与实际值的偏离。而美国 2018~2020 年纯电汽车销量增长相对停滞的一个重要原因是作为美国纯电汽车第一大厂商的特斯拉在 2018 年销量相对 2017 年增长了近 100%，井喷式的销量增长抢占了较多市场需求，故 2018 年后电动汽车市场需求慢慢进入平稳期。而从 2020 年后随着市场需求的回归和政策、基建等方面的不断完善，美国纯电汽车的销量也稳步增加，Bass 模型的预测值与实际值也基本趋于一致。

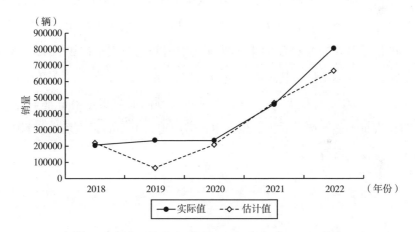

图 7 -1　美国智能汽车扩散模型的估计值与实际值的比较

　　资料来源：估计值由本章研究的广义 Bass 模型估计，实际值来源于美国交通运输部官网 https：//www. transportation. gov/。

三、中国市场中级智能化新能源汽车扩散模型的建立

　　中美两国智能汽车市场扩散具有相似性，且美国起步更早，因此，在缺乏历史数据的情况下，基于美国智能汽车扩散模型拟合的参数构建中国智能汽车市场扩散模型是合理的选择。虽然中美两国人口体量存在较大差

异，但由于中国区域经济发展不均衡，且不同地域温度、地形环境特征差别大，像智能汽车这样需要大量智能基础设置配套的创新产品，其早期扩散阶段更多地在东、中部地区推广，这在一定程度上弱化了两国人口体量的差异，提升了创新系数 p 和模仿系数 q 的一致性。另外，基于美国市场扩散模型拟合的结果显示，基础设施影响因素 β_2 显著高于价格影响因素 β_1，这主要因为当前智能汽车自动驾驶功能主要是依靠车机软件系统来实现的，因此即使当前智能汽车的价格较为高昂，但智能汽车的车主也可以通过后续的软件更新迭代来享受新型的自动驾驶技术，这使得智能汽车的车主更加关注相关基础设施的完善度。从本章基于消费端市场调查和产学研界的情景分析调查中可知，中国消费者在这一问题上也具备相似的认知，因此可借用美国智能汽车市场扩散模型拟合所得的价格影响因素 β_1 和基础设施影响因素 β_2。此外，任斌（2013）同样采用美国市场的创新系数、模仿系数和市场效能因素系数预测中国新能源汽车市场 2012～2020 年数据，将实际销量与其预测值进行对比，如图 7-2 所示，在 9 个预测点中，除了 2018 年和 2020 年外，其他点的预测值与实际销量基本吻合，说明在汽车类创新产品的扩散预测中，借用美国市场的相关系数预测中国市场具有现实可行性。

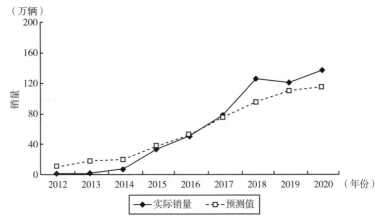

图 7-2　美国市场新能源汽车扩散相关系数应用至中国市场预测的效果

资料来源：预测值来源于任斌等（2013），实际销量来源于中国汽车工业协会官网—统计数据，http：//www.caam.org.cn/tjsj。

综上，构建中国市场中级智能化新能源汽车扩散模型如下：

$$n(t) = \left(0.252 \left[m - N(t) \right] + \frac{0.728}{m} N(t) \left[m - N(t) \right] \right) \times x(t) \quad (7-5)$$

$$x(t) = 1 - 10.976 \left[\frac{\Delta L(t)}{L(t-1)} \right] + 14.66 \max \left\{ 0, \left[\frac{\Delta Cp(t)}{Cp(t-1)} \right] \right\} \quad (7-6)$$

第三节 分情景市场扩散情况预测与分析

一、市场容量和市场效能函数影响因素

虽然中美两国在智能汽车扩散初期有着一定的相似性，但市场具体表现仍有差异，即便是在中国市场上，智能汽车产业未来的发展也存在一定的不确定性，情景分析中选择出了最可能、最悲观和最乐观三种情景，这里将在三种情景下分别确定市场容量 m 的值和市场效能函数中相对价格和基础设施情况的相关数据。具体做法是：给情景分析访谈中的 21 个受访专家提供关于市场容量、相对价格和充电桩的相关参考数据，请专家判断三种情景下至 2030 年的状况。这里需要说明的是，对中国市场智能汽车的预测是在缺乏历史数据的情况下，利用美国市场扩散模型拟合的参数展开，因中美市场的差异，这里仅假设在智能汽车市场扩散的初期中美两国存在一定的相似性，故预测仅至 2030 年。专家访谈中给出的关于市场容量和市场效能函数中的相关基础数据及反馈的结果如下，完整的访谈问卷内容如附录7 1所示。

（一）市场容量

如本章第二节拟合参数时所述，外生给定 m 值能得到更好的拟合效果。最悲观、最可能、最乐观情景下，不确定轴 A 都是"高"，即市场对智能汽车的需求和偏好都是积极的，因此对市场容量的判定不分情景分别进行，直接请专家判断中国市场中级智能化新能源汽车的市场容量。21

个专家判断结果的均值是1.3，其中有两位专家持非常乐观的态度，认为市场容量可达到2.3亿或者2.4亿辆，一位专家持较为悲观的态度，认为市场容量为7000万辆，其他18位专家给出的判断结果高度集中，所有21位专家判断结果的标准差是0.4，说明判断结果具有较好的一致性。根据专家判断结果，将市场容量 m 设定为1.3亿辆。

（二）价格因素

智能汽车与非智能汽车的相对价格方面，仍采用美国市场模型拟合的做法，选择典型车型进行对比。特斯拉和比亚迪在中国新能源汽车市场占据重要地位，特斯拉已经可以实现 L3 级自动驾驶功能，只是受限于中国市场对其自动驾驶的限制，目前尚无法实现人机共驾模式的实际应用。相信通过各方努力，加之中国政府推动自动驾驶技术发展的决心，L3 级自动驾驶功能完全落地只是时间问题。以特斯拉在 L3 级自动驾驶领域的技术成熟度及其在中国市场的销量份额看，选择其旗下车型作为智能汽车典型车型是最佳选择。L3 以下级别新能源车领域中，比亚迪当属典型代表，与特斯拉车型相对较少不同，比亚迪车型众多，其搭载超级混动技术的王朝系列和纯电驱动的海洋系列车型在各价位段都具有极强的竞争力。L3级车型选择特斯拉在中国市场销量最好的轿车 Model 3 和销量最好的 SUV Model Y 作为代表车型，L2 级车型则选择比亚迪与之对标的海豹和唐 EV 作为代表车型进行考察。如表 7 - 3 所示，Model 3 和海豹的价格比约为1.8，Model Y 和唐 EV 的价格比约为1.4，取两者的均值，约为1.6。模型拟合时以2022年价格比1.6：1为起始点，逐年递减至2030年比值。

表 7 - 3　特斯拉 Model 3、Model Y 与比亚迪海豹、唐 EV 价格比（2022 年）

L3 级车型	L3 级车型价格（元）	L2 级车型	L2 级车型价格（元）	L3：L2 价格比值
Model 3	403900	海豹	222800	1.812837
Model Y	435900	唐 EV	312800	1.393542

注：资料来源于懂车帝 App 提供的车型价格统计数据，因每个车型都有若干不同价格的款式，本章研究统一选择每种车型中销量最高的款式作为标的，Model 3 选择2022 款高性能全轮驱动版 + 完全自动驾驶选装，Model Y 选择 2022 款高性能全轮驱动版 + 完全自动驾驶选装，海豹选择 2022 款 700km 冠军版尊享型，唐 EV 选择 2022 款 730km 尊享型。

关于 2030 年价格比的设置，通过专家访谈在不同情景下分别给出。访谈前，核心研究小组首先基于其他智能产品扩散的经验讨论确定了最乐观情景的合理比值为 1：1。智能产品和非智能产品在获利模式上存在本质区别，非智能产品的获利模式是"单品毛利额 × 销量"，其获利主要依靠一次销售时售价与成本的差值，在产品后续使用中没有持续获利的驱动，智能产品的获利模式则是"用户数 × ARPU 值"，相较于销售中的一次价差，智能产品更看重用户数量及产品后续使用过程中的服务收费。基于此，智能汽车产品的这种商业模式成熟后，厂家可以将智能设备本身溢价的部分"白送给"消费者以期获得后期更多的服务收费，这意味着在智能汽车产业发展最乐观的情景下，智能汽车的价格将与非智能汽车持平，即价格比为 1：1。首先向专家询问是否认同这一观点，若认同，则请专家在此基础上判断最可能情景和最悲观情景下智能汽车的溢价比例。

21 位专家均认可上述观点，并在此基础上对最可能情景和最悲观情景下的情况进行了判断。结果显示，至 2030 年，最可能情景下，智能汽车比非智能汽车价格高 20%，最悲观情景下高 50%，即在最悲观情景下，专家认为智能汽车的价格下降空间不大，基本维持了目前与非智能汽车之间 1.6：1 的价格比。

（三）基础设施因素

在基础设施因素方面，充电桩数量可以参考车桩比的历史数据和充电桩建设的现实情况，首先请专家进行判断车桩比的数据，然后结合当年新能源汽车的规划预测数量确定充电桩数量，以确定市场效能函数中基础设施因素的变化情况。早在 2015 年国务院发布《国务院办公厅关于加快电动汽车充电基础设施建设的指导意见》中即提出"到 2020 年，基本建成适度超前、车桩相随、智能高效的充电基础设施体系"的目标，"车桩相随"意味着车桩比应达到或接近 1：1，适度超前意味着充电桩基础设施建设要走在新能源汽车市场扩散的前面，实现车桩比小于 1：1。但 2015 年时，中国新能源汽车保有量约为 58.32 万辆，充电桩约为 5.78 万台，车桩比约为 10∶1；此后，虽然充电桩建设步伐大幅提升，但新能源汽车销量也自 2015 年起高速增长，至 2020 年未能实现车桩比接近 1∶1 的目标；截至 2022 年底，车桩比为 2.5∶1，各年度车桩比数值如表 7 - 4 所示。

表 7 - 4　　　　中国市场新能源汽车保有量与充电桩数量
比例（车桩比）（2017～2022 年）

年份	2017 年	2018 年	2019 年	2020 年	2021 年	2022 年
车桩比	4∶1	3.2∶1	2.9∶1	2.9∶1	3∶1	2.5∶1

资料来源：中国充电联盟，http：//en. caam. org. cn：9527/；中华人民共和国工业和信息化部官网，https：//wap. miit. gov. cn/jgsj/ghs/zlygh/art/2022/art_158cc63ebe76470cbff2458c4328ea22. html。

在"双碳"目标的驱动下，国家推动新能源汽车发展的力度不断加大，工信部于 2020 年发布了《新能源汽车产业发展规划（2021～2035年）》，规划中提出计划 2025 年实现车桩比 2∶1，2030 年实现车桩比 1∶1 的目标。同时，根据上述规划中的预测，预计到 2025 年底，新能源汽车保有量将突破 7000 万辆，若按照车桩比 2∶1 来测算，2025 年底中国共需要充电桩 3500 万台，较之 2022 年底的 521 万台，还存在着约 3000 万台的缺口。充电桩的布设除了资金投入外，更重要的是需要停车位适配。而现实情况是随车配送的充电桩有很多送不出去，导致这一现象的原因就是有相当部分的消费者没有固定的私人停车位，无法安装充电桩。因此，相较于对创新产品价格下降的普遍预期，充电桩布设情况的变化更为复杂。加之基础设施影响因素的系数 β_2 较大，为更精准地模拟充电桩变化趋势，提升预测准确度，请专家分别判断 2025 年和 2030 年两个时间节点的车桩比。

综合 21 位专家的判断结果，在最可能情景下，2025 年车桩比将维持在 2.5∶1，2030 年车桩比接近 1∶1。在两个时间点上的最乐观情景中，在强有力的扶持政策加持下，可能完成上述目标的 120%，相应地，如果在政策支持力度疲软且路网设施投入强度不够的最悲观情景下，只能完成上述目标的 80% 左右。按照工信部的预测和规划，2025 年，新能源汽车的保有量为 7700 万辆，这意味着 2025 年最可能、最乐观和最悲观三种情景下，充电桩的数量分别为 3080 万台、3696 万台和 2464 万台；2030 年新能源汽车保有量为 1 亿辆，相应地，最可能、最乐观和最悲观三种情景下，充电桩的数量分别为 1 亿台、1.2 亿台和 8000 万台。2022 年是预测计算的起始年，以 2022 年充电桩的实际数量 521 万台作为起始点，先逐年变化至 2025 年的预测数量，再逐年变化至 2030 年的预测数量，作为市场效能函数中基础设施因素的变化情况。

二、分情景市场扩散情况预测

将市场容量数据代入预测模式，得到 2023 ~ 2030 年中国市场中级智能化新能源汽车市场扩散预测模型的具体表达式：

$$n(t)_i = \left(0.252 \left[130000000 - N(t)_i \right] + \frac{0.728}{130000000} N(t)_i \left[130000000 - N(t)_i \right] \right) \times x(t)_i$$

$$(7-7)$$

$$x(t)_i = 1 - 10.976 \left[\frac{\Delta L(t)}{L(t-1)} \right]_i + 14.66 \max \left\{ 0, \left[\frac{\Delta Cp(t)}{Cp(t-1)} \right]_i \right\}$$

$$(7-8)$$

i 取值为 1、2、3 时，分别代表最悲观情景、最可能情景和最乐观情景，不同情景下，相对价格下降和充电桩增加的幅度依据不同情景分别演化。三种情景下的预测结果如图 7-3 所示。

由预测数据和图 7-3 可以看到，三种情景下 2030 年均未出现销量的拐点，但不同情景下的增长速度存在较大差异。最乐观情景下，2023 年开始已经进入快速扩散期，2030 年年销量超过 2500 万辆。最可能和最悲观情景下，2024 年开始扩散速度加快，最可能情景下的市场扩散情况明显优于最悲观情景，最悲观情景下，年销量经历 2024 ~ 2027 年的高速发展期后，在 2027 年进入相对平稳的扩散阶段，到 2030 年时年销量约为 1000 万辆；最可能情景下增长走势与最悲观情景类似，增长速度更快，且在 2029 年又出现一次扩散速度的加速，到 2030 年时年销量已超过 1500 万辆。

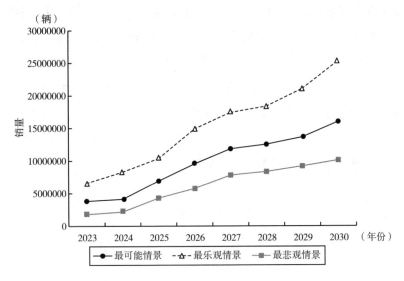

图 7 - 3　中国市场中级智能化新能源汽车（L3 级）

分情景销量预测（2023 ~ 2030 年）

资料来源：笔者根据本章研究预测值绘制。

三、相关因素的灵敏度分析

（一）价格影响因素与基础设施影响因素

继续对中国智能汽车市场在不同的价格影响因素 β_1 和基础设施影响因素 β_2 下扩散的情景进行分析，结果如图 7 - 4 所示。图 7 - 4a 是不同价格影响因子在最可能情景下的销量预测，可以发现，在价格影响因子为负值的情况下，其绝对值越大越有利于智能汽车的市场扩散；图 7 - 4b 是不同基础设施影响因子在最可能情景下的销量预测，可以发现，基础设施影响因子越大越有利于智能汽车的市场扩散。对比图 7 - 4a 和图 7 - 4b 可以发现，基础设施影响因子的变化对销量扩散的影响更大，分别在 - 10.976（价格影响因子）和 14.66（基础设施影响因子）的基础上以"1"为步长进行灵敏度测试，当价格因子的绝对值增加 1 时，年销量最多增加 50 万辆，测试达到最大影响因子（ - 12.976）的情况下，2030 年年销量约

为 1750 万辆，而当基础设施影响因子增加 1 时，年销量可增加约 300 万
辆，2030 年年销量超过 2700 万辆。

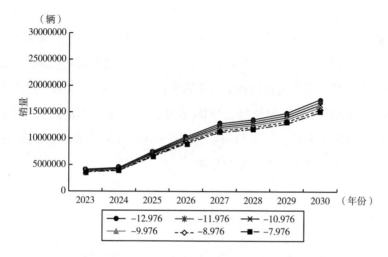

图 7 - 4a　不同价格影响因子下的销量预测

资料来源：笔者根据本章研究预测值绘制。

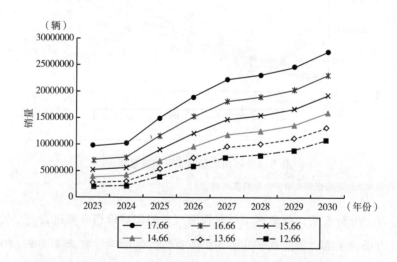

图 7 - 4b　不同基础设施影响因子下的销量预测

资料来源：笔者根据本章研究预测值绘制。

（二）市场容量

进一步分析市场容量对智能汽车市场扩散的影响，在 1.3 亿的预测数据基础上，以"10%"为步长做灵敏度分析，图 7–5 展示了从 $80\%m$ 变化至 $130\%m$ 的情况下，最可能情景下智能汽车市场扩散情况的变化，结果显示，如果市场容量能达到 1.7 亿辆左右（$130\%m$），2030 年的年销量将会从约 1600 万辆增加至超过 2000 万辆，如果市场容量仅约为 1 亿辆（$80\%m$），2030 年的年销量将减至 1200 万辆左右。可见，市场容量的大小对智能汽车市场扩散有重要的影响。

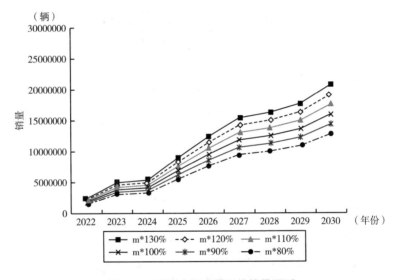

图 7–5　不同市场容量下的销量预测

资料来源：笔者根据本章研究预测值绘制。

以上分析表明，智能汽车与非智能汽车的相对价格、基础设施的完善以及市场容量都对智能汽车的市场扩散有较大的影响，在未来的 8～10 年的时间里，中国 L3 级智能汽车市场将会处于快速增长阶段。值得一提的是，以上的分情景预测和敏感度分析都表明了在各种情况下和市场因素影响因子下，中国 L3 级智能汽车的扩散仍未达到峰值，年销量未达到拐点。在 2030 年前，随着自动驾驶技术的发展，中国智能汽车市场会一直处于快速扩散的时期。

第四节 基于市场扩散情况预测的结论与启示

本章在创新扩散理论的基础上,由美国市场智能汽车扩散的时间序列数据应用遗传算法对模型参数进行了估计后,应用于中国智能汽车市场的创新扩散预测,建立了中国市场中级智能化新能源汽车市场扩散的广义 Bass 模型,对其自 2023～2030 年的销量情况进行了预测,并分不同情景和不同的参数敏感度进行了分析。将广义 Bass 模型和遗传算法使用在智能汽车市场的做法具有一定的借鉴意义,但研究过程仍存在一定的局限性。第一,由于 L3 级智能汽车商业化应用时间并不长,用于扩散模型参数拟合的数据样本点较少,对中国市场情况的预测只能建立在中美两国 L3 级智能汽车市场扩散早期具有类似发展轨迹的假设上,建立中国智能汽车的创新扩散模型,随着中国智能汽车相关技术、基础设施的不断发展,市场环境的变化,以及历史数据的积累,该模型的参数设定和影响因素可进行动态修正。第二,市场效能函数 $x(t)$ 中的影响因素仅考虑了智能汽车与非智能汽车的相对价格和以充电桩为代表的基础设施建设情况,但正如情景分析中讨论的结果,影响智能汽车市场扩散的因素包括社会、政治、经济、环境和技术等维度的诸多因素,模型中很难将这些因素尽数考虑在内。虽然模型设定与预测中存在上述局限性,但以广义 Bass 模型进行的预测和分析仍得到以下对产业发展有实际参考价值的结论与启示。

一、未来 8～10 年是 L3 级智能汽车的快速扩散期

本书研究结论表明,不论在哪种情景中,中国智能汽车的销量最晚在 2024 年扩散速度加快,可以认为 2023 年或 2024 年是中国 L3 级智能汽车市场普及的元年。从预测结果可知,至 2030 年,中国 L3 级智能汽车年销量仍处高位,并未达到扩散过程中的销量峰值,智能汽车作为集众多新技术于一体的典型创新产品刚刚进入市场,需要一定的时间来完成其扩散过

程。根据新能源汽车在中、美两国中市场扩散的经验，通常来说需要 10 ~ 15 年的时间才能完成创新产品的引入。而中国政府也在《智能汽车创新发展战略》等战略文件中提到了中国智能汽车未来的发展愿景：中国到 2025 年智能网联汽车销量占当年汽车总销量的 50% 以上，智能汽车产业体系基本形成，展望 2035 ~ 2050 年，中国标准智能汽车体系全面建成。但由于缺乏数据样本的问题，为提高预测的精准度，本章研究仅借鉴美国市场智能汽车扩散模型的拟合参数预测中国市场至 2030 年的销量情况，因此未能完整展示 L3 级智能汽车市场引入的全过程。但本章研究中涉及的预测点的数据与创新产品扩散以及中国政府在《智能汽车创新发展战略》中的愿景规划吻合，即未来 8 ~ 10 年是中国 L3 级智能汽车的引入期，其年销量逐年递增，结合情景分析的预测，预计 2035 年前后达到销量峰值。预测结果提供了具有参考价值的具体的年销量数据，可为国家制定相关产业发展规划和企业规划自身研发与生产目标提供客观参考。

二、提高潜在购买人群的数量对智能汽车市场扩散有重要影响

本章研究是基于潜在市场容量不变的假设建立的广义 Bass 模型，但现实中潜在市场容量与时间、技术发展程度、价格、消费者的认知等因素相关，随着中国智能汽车市场不断发展成熟，包括技术、商业模式和法规等方面的全面成熟，潜在市场容量可能会增加。潜在市场容量的改变会导致模型参数和形态发生改变，最终对中国未来智能汽车销量的预测产生影响。研究中通过市场容量的灵敏度测试进行了模拟和分析，在市场容量、价格和基础设施三个方面的灵敏度分析中，市场容量的单位步长变化对未来销量影响的程度最大，市场容量每增加 10%，可引起年销量增加 160 万辆左右，这一发现给予产业发展以重要启示，即政府、企业和社会各界应竭尽全力提升消费者对智能汽车的认可度，激发其潜在购买意愿，提高潜在购买人群的数据，这对智能汽车的市场扩散具有重要意义。

三、路网基础设施的完善比降价更有利于智能汽车的市场扩散

通过对价格影响因素 β_1 和基础设施影响因素 β_2 的敏感度分析表明，智能汽车与非智能汽车相对价格、基础设施完善程度对中国 L3 级智能汽车市场扩散具有明显的影响。随着价格影响因素和基础设施影响因素绝对值的不断增加，中国智能汽车的扩散速度也在迅速加快，这意味着想要推进中国智能汽车的创新扩散就必须加大研发力度、基础设施建设投入力度等。研发投入的增加可以进一步降低智能汽车的市场价格，使得智能汽车与非智能汽车相比具有更高的竞争力，也能在一定程度上增加消费者对当前并未完全成熟的智能汽车相关技术的接受程度，从而加速智能汽车的扩散过程。加大基础设施建设投入会提高智能汽车的使用便利性，降低消费者对智能汽车的使用难度和使用成本，从而促进其市场扩散。

参 考 文 献

［1］艾瑞咨询. 2021 年中国智能驾驶行业研究报告——汽车产业变革的浪潮之巅［R］. 上海：艾瑞咨询，2021.

［2］楚岩枫，朱天聪. 基于 Bass 模型和 GM（1，1）模型的我国电动汽车保有量预测研究［J］. 数学的实践与认识，2021，51（11）：21-32.

［3］高泽晋. 创新扩散视角下对百度 Apollo 智能驾驶开放平台的观察与研究［J］. 中国科技论坛，2020，295（11）：147-152.

［4］高泽晋. 后疫情时代中国智能驾驶创新扩散特征研究——基于创新扩散理论深度调研［J］. 科技进步与对策，2022，39（17）：1-9.

［5］郝凡浩，王铁男，赵超. 新产品公告与股票投资者反应——基于 Bass 模型的投资者行为模型［J］. 管理评论，2019，31（1）：48-61.

［6］胡文玉，王文举，刘用. 技术创新扩散动力机制及测度研究——基于 5 类城市（288 个地级以上城市）ICT 实证分析［J］. 技术经济，2020，39（9）：89-100.

［7］蓝晟. 基于广义 Bass 模型的我国新能源汽车发展策略研究［D］. 天津：天津大学，2019.

［8］李克强，戴一凡，李升波，等．智能网联汽车（ICV）技术的发展现状及趋势［J］．汽车安全与节能学报，2017，8（1）：1-14.

［9］李文唤．基于创新扩散和感知风险的纯电动汽车使用意愿影响因素研究［D］．徐州：中国矿业大学，2018.

［10］李小念．创新扩散理论下自动驾驶出租车接受意愿影响因素研究［D］．重庆：重庆交通大学，2022.

［11］龙子泉，常静敏，陈植元．激励政策对新能源汽车推广的影响研究——基于修正 Bass 模型的实证分析［J］．科技管理研究，2016，36（4）：138-144.

［12］任斌，邵鲁宁，尤建新．基于创新扩散理论的中国电动汽车广义 Bass 模型［J］．软科学，2013，27（4）：17-22.

［13］史乐峰，王松，吕胜男．充电设施运营商投资决策与电动汽车发展的交互作用机理研究［J］．管理评论，2023，35（1）：243-256.

［14］王弘颖．新能源产业主导技术的扩散机理研究［D］．哈尔滨：哈尔滨工程大学，2019.

［15］徐亚萍，李林．竞争市场中考虑顾客感知效用的新能源汽车长期扩散研究［J］．计算机应用研究，2021，38（5）：1482-1486.

［16］颜姜慧．智慧交通系统自组织演化视角下智能汽车发展路径研究［D］．徐州：中国矿业大学，2020.

［17］杨敬辉．Bass 模型及其两种扩展型的应用研究［D］．大连：大连理工大学，2006.

［18］于海东，张焰，潘爱强．电动私家车充电负荷中长期推演模型［J］．电力系统自动化，2019，43（21）：80-87.

［19］郑文江．中美智能汽车研发比较分析［J］．科技中国，2019，264（9）：16-20.

［20］朱顺琴．基于 Bass 扩展模型的制造业 RFID 技术扩散及策略研究［D］．南昌：南昌航空大学，2021.

［21］Chen A，You S，Liu H，et al. A sustainable road transport decarbonisation：The scenario analysis of new energy vehicle in China ［J］. International Journal of Environmental Research and Public Health，2023，20（4）：3406.

［22］SAE On-Road Automated Vehicle Standards Committee. Taxonomy and definitions for terms related to on-road motor vehicle automated driving systems ［J］. SAE Standard J，

2014, 3016: 1 - 12.

[23] Venkatesan R, Kumar V. A genetic algorithms approach to growth phase forecasting of wireless subscribers [J]. International Journal of Forecasting, 2002, 18 (4): 625 - 646.

[24] Bansal P, Kockelman K M. Forecasting Americans' long-term adoption of connected and autonomous vehicle technologies [J]. Transportation Research Part A: Policy and Practice, 2017, 95 (1): 49 - 63.

[25] Bass F M, Krishnan T V, Jain D C. Why the Bass model fits without decision variables [J]. Marketing science, 1994, 13 (3): 203 - 223.

[26] Cheng B, Zhang W, Lin Y, et al. Driver drowsiness detection based on multi-source information [J]. Human Factors and Ergonomics in Manufacturing & Service Industries, 2012, 22 (5): 450 - 467.

[27] Funke U H, Bass F M. A new product growth model for consumer durables [J]. Mathematical Models in Marketing: A Collection of Abstracts, 1976: 351 - 353.

[28] Laidlaw K, Sweet M, Olsen T. Forecasting the outlook for automated vehicles in the Greater Toronto and Hamilton Area using a 2016 consumer survey [J]. Retrieved on September, 2018, 3: 2018.

[29] Lavasani M, Jin X, Du Y. Market penetration model for autonomous vehicles on the basis of earlier technology adoption experience [J]. Transportation Research Record, 2016, 2597 (1): 67 - 74.

[30] Litman T. Autonomous vehicle implementation predictions [M]. Victoria, BC, Canada: Victoria Transport Policy Institute, 2017.

[31] Massiani J, Gohs A. The choice of Bass model coefficients to forecast diffusion for innovative products: An empirical investigation for new automotive technologies [J]. Research in Transportation Economics, 2015, 50 (8): 17 - 28.

[32] Mulder M, Mulder M, Van Paassen M M, et al. Haptic gas pedal feedback [J]. Ergonomics, 2008, 51 (11): 1710 - 1720.

[33] Noruzoliaee M, Zou B, Liu Y. Roads in transition: Integrated modeling of a manufacturer-traveler-infrastructure system in a mixed autonomous/human driving environment [J]. Transportation Research Part C: Emerging Technologies, 2018, 90: 307 - 333.

[34] Shabanpour R, Shamshiripour A, Mohammadian A. Modeling adoption timing of

autonomous vehicles: innovation diffusion approach [J]. Transportation, 2018, 45: 1607 – 1621.

[35] Simon H. ADPULS: An advertising model with wearout and pulsation [J]. Journal of Marketing Research, 1982, 19 (3): 352 – 363.

[36] Talebian A, Mishra S. Predicting the adoption of connected autonomous vehicles: A new approach based on the theory of diffusion of innovations [J]. Transportation Research, 2018, 95 (10): 363 – 380.

[37] Trommer S, Kröger L, Kuhnimhof T. Potential fleet size of private autonomous vehicles in Germany and the US [C] //Road Vehicle Automation 4. Springer International Publishing, 2018: 247 – 256.

[38] Wang H, You F, Chu X, et al. Research on customer marketing acceptance for future automatic driving—A case study in China city [J]. IEEE Access, 2019, 7: 20938 – 20949.

[39] Weiskircher T, Ayalew B. Frameworks for interfacing trajectory tracking with predictive trajectory guidance for autonomous road vehicles [C] //2015 American control conference (ACC). IEEE, 2015: 477 – 482.

[40] Xia Z, Wu D, Zhang L. Economic, functional, and social factors influencing electric vehicles' adoption: An empirical study based on the diffusion of innovation theory [J]. Sustainability, 2022, 14 (10): 6283.

附录 7 – 1　L3 级智能汽车市场发展情况预测问卷

敬启者：

　　本问卷是一份学术性问卷，用于"中国新能源汽车产业创新发展策略研究"的研究，请您判断中国 L3 级智能汽车至 2030 年的市场扩散情况。本问卷所有资料仅限学术用途，请您放心填答！

　　由衷感谢您的鼎力支持，敬祝您：

　　诸事顺意！

　　根据前序问卷调查结果，在由市场对电气化和智能化的需求与偏好、研发投入和智能路网建设状况、制度体系的建立健全 3 个不确定轴导出的 7 种情景中，中国智能汽车产业发展的最乐观、最可能、最悲观情景分别是情景 1、情景 2 和情景 4。三种情景下，市场需求和消费者偏好均为

"高";最乐观情景和最可能情景下,研发投入和智能路网建设状况皆为"强";除最乐观情景外,最可能和最悲观情景下,制度体系的建立健全均为"滞后"。各情景描述的具体内容如下表所示。

情景编号	市场对电气化和智能化的需求与偏好	研发投入和智能路网建设状况	制度体系的建立健全	问卷反馈结果
1	高	强	完善	最乐观情景
2	高	强	滞后	最可能情景
3	高	弱	完善	
4	高	弱	滞后	最悲观情景
5	低	强	完善	
6	低	强	滞后	
7	低	弱	滞后	

以上是前序问卷情况反馈,谢谢!

问卷正文

问卷需要您判断 L3 级智能汽车市场的三项内容:1. 市场容量;2. 智能汽车与非智能汽车的相对价格;3 充电桩建设情况。

一、市场容量

对市场容量的预测无须分情景进行,请您直接判断中级智能化新能源汽车(L3 级自动驾驶系统)在中国市场饱和时的容量是:_____ 亿辆。(以下资料供您参考:相关预测表明中国汽车市场饱和时可达到千人400~450 辆,按照 14 亿多人口计算,是 5.6 亿~6.3 亿辆。)

二、智能汽车与非智能汽车的相对价格

以特斯拉在中国市场销量最好的 Model 3 和 Model Y 作为考察对象,选择其对标车型比亚迪海豹和唐 EV 做价格对比,分别对比其相对价格并取平均值,2022 年该值为 1.6:1。

智能产品和非智能产品在获利模式上存在本质区别:非智能产品为"单品毛利额×销量";智能产品为"用户数×ARPU 值"。因此,智能产品更看重用户数量及产品后续使用过程中的服务收费，而非单品毛利额。基于此，核心研究小组认为，智能汽车产品的这种商业模式成熟后，厂家可以将智能设备本身溢价的部分"白送给"消费者以期获得后期更多服务收费的机会，这意味着在智能汽车产业发展最为乐观的情景下，智能汽车与非智能汽车价格持平。您是否认同？

1. 如不认同，请您判断至 2030 年，最乐观情景下智能汽车价格高出非智能汽车价格的比例：_____。

2. 如认同，请您在最乐观情景基础上判断：

最可能情景下智能汽车价格高出非智能汽车价格的比例：_____；

最悲观情景下智能汽车价格高出非智能汽车价格的比例：_____。

三、充电桩数量

中国市场新能源汽车保有量与充电桩数量比例（车桩比）（2017～2022 年）

年份	2017 年	2018 年	2019 年	2020 年	2021 年	2022 年
车桩比	4∶1	3.2∶1	2.9∶1	2.9∶1	3∶1	2.5∶1

资料来源：中国充电联盟、工信部等。

上表是 2017～2022 年的车桩比数据，请您判断 2025 年、2030 年两个时间节点的车桩比。

1. 2025 年的情况判断

（1）最可能情景下的车桩比是_____ ；

（2）最悲观情景下可实现上述目标的百分比_____ ；

（3）最乐观情景下可实现上述目标的百分比_____ 。

2. 2030 年的情况判断

（1）最可能情景下的车桩比是_____ ；

（2）最悲观情景下可实现上述目标的百分比_____ ；

（3）最乐观情景下可实现上述目标的百分比_____ 。

问卷至此结束，感谢您的支持！

第八章 研究总结和产业创新发展策略

第一节 研究总结及创新发展策略提出的思路

"智能化"这一关键词贯穿整个研究过程，它不仅体现在研究之初对研究背景的梳理中，还是对新能源汽车产业历史资料和现实数据分析后指向的未来方向。

在历史资料方面。第二次世界大战，特别是 20 世纪 70 年代第一次石油危机以后，新能源汽车产业逐步复苏，但发展缓慢，直到 20 世纪末开始逐渐爆发。不同于 19 世纪末到 20 世纪初的第一次爆发期是对汽车动力的探索和尝试，新能源汽车产业的再度爆发，是为即将到来的智能化时代做好电动化准备，即业界越来越认可的关于这一轮汽车工业革命分电动化上半场和智能化下半场的观点。同时，对既往科学文献的主路径分析除了得到充电问题是当前影响新能源汽车市场渗透关键因素的结论以外，还发现加载智能属性的电动车是新能源汽车产业未来的发展方向。

在现实数据分析方面。基于主路径分析挖掘的影响新能源汽车产业市场渗透因素形成调查问卷，考虑到智能化因素对产业未来发展的重要价值，将上述因素中关于汽车性能方面的因素分列成载具属性和智能属性两个方面。对问卷数据分析的结果显示，在众多因素中，充电基础设施和自动驾驶功能对消费者采购意愿有着显著影响。对中国市场消费者调查数据的分析与主路径分析结论一致，共同指向充电基础设施和智能化问题。

基于上述分析和结论，在产业未来发展情景预测时，重点聚焦在搭载智能属性的新能源汽车（即智能汽车）上。在具体预测分析实施之前，深入分析了新能源汽车和智能汽车的内涵与关联，以及智能汽车这一未来产品的特征。新能源汽车为智能汽车的发展做好了电动化准备，是智能汽车的最佳载具方案。但搭载智能属性的汽车，无法独立实现交通出行需求，需要智慧交通和智慧城市系统的支持，换言之，智能汽车具备明显的系统属性，它只是智慧交通系统的一个构成元素。如果从商业模式角度看，智能汽车是整个"系统"的流量接口，作为互联网产品的智能汽车和传统产品的盈利模式有着本质的区别。传统产品靠单品利润额和销售数量获利，而互联网产品则是靠各种后续服务收费获利。从商业模式角度讲，没有形成成熟的互联网产品获利模式之前，搭载智能属性的新能源汽车并不是真正的智能产品。

在对产业未来情景进行预测时，充分考虑了智能汽车的系统属性。情景分析预测结果显示，在最可能、最悲观和最乐观三种情景下，消费者对智能汽车的需求均表现出积极的态势，虽然在不同情景下，研发投入和智能路网建设、制度体系的建立健全等方面或有不同程度的减弱和滞后情况出现，但无论是技术力量的积蓄，还是交通环境问题愈演愈烈和地缘政治与经济环境的倒逼作用，都预示着中国智能汽车产业发展前景可期。对智能汽车市场扩散的预测数据显示，未来 8～10 年将是 L3 级智能汽车的快速扩散期，且改善路网基础设施状况比调价更有利于加速扩散。这一结论也与智能汽车的系统属性相吻合。

中国市场新能源汽车全面普及（新车销售占比超过 50%）约在 2030年前后完成，智能化进程的推进则取决于制度、技术和投入等方面发展壁垒的解决时间表。撇开人工智能技术造成的技术壁垒不谈，制度和投入方面的壁垒均可通过系统化的重构思维解决。在制度方面，一套与产业发展阶段相契合的制度体系可以扫清产业发展过程中的制度壁垒；在投入方面，可能出现的投入不足问题并非针对造车本身，而是为了实现智能交通出行需求须对整个路网设施的巨额投入，事实上，当前对于车辆本身的投入已经出现了过热的苗头。关于各种发展壁垒的具体解决措施已在第六章

第三节中有所涉及，这里将从智能汽车的商业模式特征和系统化属性角度给出一些策略方案。

第 二 节　创 新 发 展 策 略

一、打造契合产业发展趋势的商业模式

商业模式创新指通过利益相关者之间的相互作用，重整生产要素，为供应商、合作伙伴、顾客创造更高价值的过程。商业模式的创新属于制度的创新，且与技术创新密切相关，商业模式创新有利于引导技术创新更符合市场需求，其获利是技术创新研发投入的重要来源，为技术创新提供稳定的支撑平台。为破除新能源汽车智能化发展过程中智能路网设施投入不足的壁垒，具体的做法是：首先，以"互联网＋"的系统化思维重构车企的获利模式，引导车企参与智能路网建设投资；其次，参照高铁建设的模式，创新汽车产业生态的商业模式。

（一）以"互联网＋"思维重构车企获利模式，实现与智能路网运营公司利益的深度捆绑

如第五章第四节所述，传统产品和互联网产品在获利模式上有着本质的区别，在汽车领域，汽车企业传统的商业获利也是"利润总额＝单个产品毛利额×销售量"。但是，在经历了强势政策补贴和大量资本投入后，新能源汽车产业的发展进入了第三次高速发展期，搭载 L3 级自动驾驶系统的车辆进入商业化应用和快速扩散期，竞争日益加剧，单品毛利额很难提高，智能汽车相较于非智能汽车的价格下行趋势是业界和消费者的普遍预期，本书研究的受访专家也普遍认为在最乐观情景下，至 2030 年智能汽车的价格下降到与非智能汽车相当。因此，汽车产业的发展亟须以"互联网＋"的系统化思维重构车企的获利模式，实现从传统产品依靠单品毛利额和销量的获利模式向互联网产品的获利模式转变（互联网产品的获利

模式可表述为：利润总额 = 用户数 × ARPU 值）。

在这种模式下，企业的关注重心不再是单个产品的毛利额和汽车销售量，而是使用自己产品的用户数及从单个用户收取的服务费。用户数越多，提供服务的能力越强，获利能力越高。比如，通过车载智能装置观看电影、听音乐，甚至购物和点餐等均会产生服务费。服务费可由拥有互联网产品属性的智能汽车企业收取，然后按用户数提取后投入路网建设；也可由路网运营商统一运营，一部分收益用于路网建设，另一部分收益反哺智能汽车产业链上的相关企业。通过利润分配深度捆绑车企与路网相关企业，解决智能路网建设投入不足的问题。与此同时，智能汽车商业化落地问题也得以解决，因为只有完善的智能路网体系才能支持 L3 以上级别的智能汽车真正满足交通出行需求。

（二）参照高铁建设的模式，创新智能路网商业模式

一方面，智能汽车是智慧交通系统的一个元素，需要用系统的思维考虑其产业发展问题；另一方面，当智能汽车与共享经济模式深入融合后，智能汽车产业发展情景中描述的智能共享出行模式将成为智慧出行的常态，这带来的重大变化是，私家车消亡，汽车不再归个别消费者私人所有，产权归属于汽车生产商或租赁公司，个人只需满足交通出行需求即可。这样，汽车从产权上便类似于高铁列车，智能路网则类似于高铁轨道，智能汽车及智能路网融合后，可将智能汽车看作智能路网的运力，类似于高铁列车是高速铁路的运力，而非孤立部分。事实上，这也是深度捆绑智能路网和智能汽车相关企业合理性的一种解释。由智能路网和智能汽车组成的这部分智慧交通系统可参照高铁系统商业模式进行创新发展。依据国内外实践，高铁系统商业模式有如韩国和日本早期的完全国有模式，有如美国、英国、欧盟各国、日本现期的公私合作模式，有如我国台湾地区的基本私营模式。公私合作有利于分散风险和筹措资金，是当下的主流模式，又包括管理承包、"总成本"特许经营、长期"净成本"特许经营、基础设施分离等模式，高铁系统各种 PPP 商业模式风险分配和融资特征如表 8 - 1 所示。

表 8 – 1　　　　　　　　　　　高铁系统 PPP 商业模式特征一览

PPP 类型	风险分配	融资特征
管理合同	公营部门承担所有设计和建造风险，根据公营部门要求，承包商可能承担部分运营成本风险	公营部门承担除了承包商所需的营运资本外的所有融资。车辆可以租赁，但需要公共业主做担保
总成本特许经营	公营部门负责投资和承担需求风险，特许权承担特定需求风险范围内的运营风险	融资主要是公营的责任，特许权可以被要求提供融资，公共和私人部门可以用协议一致的方法分担
净成本特许经营	私营部门承担市场需求风险以及一部分根据特许权约定转移带来的投资风险	在公营承担或者担保的前提要求下，私营部门可以提供更多的资金
基础设施分离	公营部门承担基础设施投资风险，可以通过占用费将部分或全部的投资资本转给运营商，并且可以根据需要转移一部分需求风险	基础设施最初由公营部门融资，但是可以由占用费（使用费）偿还。运营商负责车辆融资

　　资料来源：笔者根据参考文献（钱桂枫，2012）整理。

　　此外，还有公营部门通过特许经营将建设、运营、市场风险全部转移给私营部门的特许经营模式，这些模式在具体实践中可相互融合运用，比如，随着运营的成熟，成本和市场需求可控度提高，特许经营的方式可由总成本转向净成本模式，进而转向基础设施分离模式，使私营部门逐步承担更多的风险和融资责任，当然也享受更多的收益。参照高铁经验，可将智能路网系统拆分成道路、智能化基础设施、智能化服务系统和智能汽车等部分（后文将前三者称为路网，智能汽车也是路网的一部分，体现路网的运力，后文简称为路网运力），从所有权、经营权和资金构成分析智能路网系统商业模式，如表 8 – 2 所示。

表 8 – 2　　　　　　　　智慧路网和智能汽车商业模式运作情况一览

项目	道路	智能路网基础设施	智能路网服务系统	智能汽车
所有权	国家所有	国家所有	国家所有	私有为主
运营权	路网总公司特许经营商	特许经营商	路网总公司特许经营商	各类运营商公平竞争运营
资金构成	以国有资本为主有特许权的民间资本	鼓励民间资本提高承担比例	国有资本有特许权的民间资本	以民间资本为主

　　注：笔者根据本书研究观点制表。智能路网基础设施指基站、路网等智能硬件设施；智能路网服务系统指导航定位、信息通信等数据服务软件系统。

参照铁路总公司成立国有资本独资的智能路网总公司，全面建设、运营、管理智能路网。依照已有高铁建设实践，没有完全依靠私营部门融资和修建高铁系统的成功案例，智能路网系统复杂程度不亚于高铁系统，智能网总公司应在推动路网规划和建设项目上发挥主导作用，并通过所有权安排、路权租赁、特许经营等方式吸引民间资本大量投入，完成包括智能化基础设施和服务系统在内的一整套路网建设。在中国，路网所有权应归国家所有，即由智能路网总公司代管，以保障交通系统安全可控，并承担国家规定的公益性运输任务。运力，即智能汽车部分可以私有为主，民间资本通过承担智能路网运输任务获取全部或部分运力收益，智能路网总公司获取部分运力收益以弥补建设投入，或将这部分运力收益让渡给参与路网建设的民间资本。当然，智能路网不同于一般路网，除了运力收益，智能路网系统既可以通过类似传统道路服务区经营获利，也可以通过提供数据信息服务等方式获利，其 ARPU 值更高。智能路网总公司的定位是不以营利为主要目的，将这些获利让渡给参与路网建设的民间资本获取，以最大限度引进民间资金，保证投入力度。需要注意的是，智能路网总公司虽然可不拥有智能汽车的所有权，但应对智能汽车进行全面监管，控制智能汽车上路行驶规范的制定，以保障路网系统的整体安全性。

二、以系统化思维提升产业发展环境

就车谈车的策略易被禁锢在消费引导、财政补贴、产业支持等某一方面，这种"头疼医头"的政策应对方式易造成盲目和重复投入，政策效果有限，2016 年曝出的"骗补"事件，仅中央财政就蒙受了超 10 亿元的损失①，这一惨痛教训曝出政策本身的不完善。在我们认识到新能源汽车是中国汽车工业向智能化发展的基础和过渡，智能汽车才是未来发展方向之后，一切的发展策略应围绕智能汽车这一终极发展目标服务。而智能汽车是具备"系统"属性的互联网产品，那么，相关发展策略应该以打造包括

---

① 资料来源：工信部. 新能源汽车骗补行为 规范产业发展秩序 ［EB/OL］. https：// www. miit. gov. cn/jgsj/zbys/qcgy/art/2020/art_f80e5c85920447fa846ce1c3f157c694. html，2016 – 12 – 20.

智能汽车在内的整个系统发展环境为目标，这主要包括提升和优化系统元素的数量和质量，加强相关技术的研发和商业化应用，以及配备完善的制度保障体系。

（一）以新的治理理念促进系统元素数量提升和质量优化

智能汽车是智慧交通系统的一个智慧细胞，它解决的是陆路无轨交通通达的问题，更大规模、更多种类的智能汽车将丰富整个系统的发展活力。除了陆路无轨交通，地铁、轻轨、高铁等陆路有轨交通，以及水陆交通和航空交通也是交通系统的一部分，这些部分智能化水平的提升意味着整个智慧交通系统的智能通信设备、智能化软件等的完善，同时也有利于提高智能汽车系统的智能化水平。因此，从系统的角度看，提升和优化整个交通系统各个元素的智能化水平是有利于汽车智能化发展的。这里的重点是聚焦在各种"智慧细胞"的研发、生产、推广上，从小的、分散的系统元素入手，完成整个系统的塑造。政府机构首先应转变治理理念，变集中式处理方式为分布式处理方式，变单向处理方式为循环处理方式（仇保兴，2016）；其次要依据市场规律，引导企业投资智能设备生产项目，支持企业、科研院所针对以 AI 技术为代表的智能化技术的研发及应用研究，提升系统元素的智能化水平。

"小"到芯片、"大"到充电桩和通信基站，是目前可以看到的影响新能源汽车智能化发展的关键智能化"系统元素"。关于芯片供应问题，没有其他路可以选择，唯有站在国家命运和国家安全的高度看待问题，自力更生、自主研发，在关键技术储备上、人才储备上保持极大的耐心和战略定力，从高等学校专业设置和招生开始进行人才储备和布局，支持企业自主研发和生产，稳扎稳打、步步为营。如果说芯片问题不仅是技术问题更涉及国家战略问题，那么充电桩问题相对简单，这主要是投入和城市设施规划的问题，当前在这个问题上的主要矛盾是公共充电桩布设需要大量的资金投入和合理的选址，私人充电桩布设需要相应的停车位。前者可通过创新智能路网商业模式得以解决，后者则更多地需要在分布式治理理念的指导下，通过老旧小区停车位改造、相关路段整理开辟公共停车位特别是夜间停车位等精准化的"细小"手段逐渐渗透。在通信基站方面,如果仅考虑国内情况,中国是全球第一个完成5G网络全覆盖的大国,随着5G技术的成熟及在更多领域的商业化应用,必将为国内市场智能化的汽车提供坚实可靠的技术支持。在这个方面,目前比较棘手的问题是国外市场,2021年中国新能源汽车以37万出口量成为全球新能源汽车出口第一大国,2022年以翻倍式的增长捍卫住了第一位置①,但随着L3级自动驾驶智能汽车的扩散,进口国考虑到信息安全问题,或将对中国汽车进行限制,如何在海外市场解决L3级以上汽车的系统支持问题是值得考虑的。因本书研究的重点是国内市场问题,这里仅提出该问题并未做深入分析。

(二)加强技术研发和商业化应用投入

智能汽车是新技术集合体,其关键核心技术除了包括与智能汽车本身相关的多类别传感器融合感知技术、汽车电子装置智能化相关技术、车载智能技术平台和人工智能技术等,还包括以物联网、移动互联、区块链、大数据和云计算等新一代信息通信技术在内的智能路网体系相关技术。这些技术是汽车实现"单机"智能和"网联"智能的关键,政府应加大技术研发投入力度,通过创新PPP模式撬动社会资本,引导企业加大研发投入和相关技术的商业化应用实际,从技术上保障整个系统的正常运转。这里需要特别注意的是,对关乎国计民生的技术、基础设施项目的运行,政府要确保绝对的控制力,以维护和保障国家安全。要妥善处理大数据运用带来的信息安全问题,推动智能汽车、智慧交通、智慧城市的稳步发展。

可以通过培育新型创新主体,充分挖掘创新资源,加强产、学、研、官、用等领域的开放合作,协同研发,加强智能汽车和智能路网核心技术攻关,尤其是集中一切优势资源突破人工智能技术壁垒。尽管人工智能技术成果应用的代表Alpha Go多次打败人类围棋世界冠军,引爆了人工智

---

① 资料来源:人民日报. 我国2022年汽车出口突破300万辆,产销连续14年稳居全球第一——乘势而上,汽车产业马力足 [EB/OL]. https://www.gov.cn/xinwen/2023-01/17/content_5737416.htm? eqid = b354221f000ec22a00000004645647de&wd = &eqid = a84c5fcf0000384300000003646f09ca, 2023-01-17.

能技术产业化浪潮，但就技术本身而言，人工智能技术尚存很多未突破的技术难点。加之制度、伦理方面的制约，其商业化应用的领域仍比较有限，是汽车实现高度智能化的壁垒。针对这一问题，可从以下三个方面着手：第一，加强对人工智能及配套技术的基础理论研究、产业共性技术研发的投入与支持力度，解决仅仅依靠市场驱动而存在的投入不足问题，推动人工智能理论创新。第二，加强包括信息基础设施、数据互联互通、技术标准和数据安全等方面的人工智能应用环境建设，同时，加快相关产业部门的数字化改造，为承接人工智能技术的最新研究成果奠定基础。第三，充分发挥政府在培育早期市场和引导科技伦理治理方面的积极作用，一方面，政府可通过采购、国防采办等方式，加速人工智能技术商业化早期市场的形成与发展，促进人工智能新技术、新模式走向成熟；另一方面，政府应积极构建覆盖全面、导向明确、规范有序、协调一致的科技伦理治理体系，防范人工智能在内的新一代信息技术对经济、社会的负面影响，促进科技向善，避免出现"人机对抗"等极端状况。此外，人工智能从部分替代到最终取代人类驾驶员的过程中，可以消除人类驾驶员由于疲劳、情绪等问题带来的交通安全问题，但同时也会导致过错主体难以认定的问题，需要重构相关法律制度。

（三）构建有利于"智能汽车系统"形成的制度体系

情景分析预测中，除最乐观状况，制度体系的建立健全进程滞后于市场和投入两个不确定性轴演化状态。在大力支持技术研发和投入，提升交通系统元素智慧性的同时，制度体系的建设应受到更多的重视。特别是L3级自动驾驶汽车逐渐普及，更需要相关制度的规范和保障，从系统的角度看，可以考虑首先打造符合系统特征的制度体系，然后以组织机构和区块链等技术措施保证其执行力。

1. 打造组织有力的制度体系

依照智能汽车发展所需的系统演化规律，打造组织有力的制度体系，当前"零散""缺失"的制度体系应向系统化方向发展完善，这样的制度体系包括根本制度、基本制度和具体制度三个层次：根本制度统领整个制度体系建设，是纲领性的制度，须由政府制定，这是制度体系的宏观层；基本制度支撑制度体系建设，处于中观层，起到承上启下的作用；具体制度是制度体系建设的基础，处于微观层。

关于系统化制度体系及其各层级的作用，可与广泛应用于智能手机的安卓（Android）系统进行类比，如图 8 - 1 所示。Android 系统架构分为四个层：Linux 内核层、系统运行库层、应用程序框架层、应用程序层。Linux 内核层和系统运行库层包括底层源代码、媒体库、C/C ++ 库等，是统领整个系统运行的底层架构，相当于制度系统的宏观层——根本制度。Android 系统的应用程序框架层是建立在 Linux 内核上的应用程序编程接口（application programming interface，API）架构，满足 API 接口协议的应用程序可接入系统，所有接入系统的应用程序都可以发布自己的功能块并且任何其他的应用程序都可以使用其发布的功能块，但这些都必须遵循 API架构接口协议的规则和安全性要求，相当于制度体系的中观层——基本制度。应用程序层即最广为人知的可满足用户各种应用需求的应用软件，如微信、QQ 等，可由不同的软件运营商提供，所以，必须符合 API 接口协议才可接入 Android 系统，比如适用于 iOS 系统（苹果手机操作系统）的微信不能安装在 Android 系统的手机上，这相当于制度体系的微观层——具体制度。

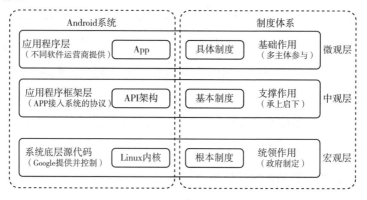

图 8 - 1　系统化制度体系分层级类比示意

资料来源：笔者根据参考文献（颜姜慧，2020）绘制。

　　"智能汽车系统"所需的制度体系，从具体内涵上看，类似《交通强国建设纲要》的制度法规构成了根本制度层，如《智能汽车创新发展战略》《国家综合立体交通网规划纲要》等制度法规构成基础制度层，《国家车联网产业标准体系建设指南（智能网联汽车）（2017）》《智慧高速公路技术标准》等则属于具体制度层，在基础制度层和具体制度层上还有很多有待填补的空白，而根本制度层也存在"智能化"内涵滞后的问题。分别对各层级制度建设给出具体建议。

　　第一，根本制度层应着重丰富"智能化"内涵。

　　根本制度层解决了整个制度体系"有法可依"的问题，其在整个制度体系中的地位是"宪法"级的，决定了整个系统最根本的运行准则。根本制度欠缺"智能化"内涵，将影响整个系统向着智能化演化的进程。比如，属于根本制度内容的《交通强国建设纲要》于 2019 年 9 月出台，该纲要提出了"大力发展智慧交通"的纲领性要求，但这个纲领性文件并未聚焦在"智能化"上，应从"智能化"角度重新审视，此纲领性文件中增加更多有关智能化的内容。可以在"推动大数据、互联网、人工智能、区块链、超级计算等新技术与交通行业深度融合。推进数据资源赋能交通发展，加速交通基础设施网、运输服务网、能源网与信息网络融合发展，构建泛在先进的交通信息基础设施。构建综合交通大数据中心体系，深化交通公共服务和电子政务发展。推进北斗卫星导航系统应用①"等现有内容基础上进行扩充。

　　第二，基础制度层应扮演好承上启下的角色，重点着眼于增加和完善制度内涵。

　　基础制度层的作用是将根本制度的原则性内涵"翻译"成具体制度能够理解的内涵，并给出具体制度"接入"整个制度体系的规范。"承上"是对接根本制度，"启下"是对接具体制度，以确保"有法必依"。就基础制度层目前情况看：第一，《智能汽车创新发展战略》（2018 年出台征

---

　　① 资料来源：国务院. 交通强国建设纲要（2019 年第 28 号）[EB/OL]. https：//www. gov. cn/gongbao/content/2019/content_5437132. htm? eqid = f5e5900e000454e50000000664636ab2, 2019 – 09 – 19.

求意见稿后，2020 年 2 月 10 日正式出台）与根本制度层衔接一致，从战略态势、战略纲领、战略任务、战略保障四个方面对具体制度的制定提出了详尽的要求，应该说，这是智能汽车系统领域目前智能化内涵最丰富，且最具针对性、最为全面的一套制度规范，在整个制度体系中起到很好的承上启下作用。第二，《国家综合立体交通网规划纲要》（2021～2050 年）也是基础制度层的重要组成部分，其内容重点聚焦在通过不同的交通方式搭建立体交通骨架网络，智能化内涵体现不足。第三，除了上述两个文件，这一层级还包括 2017 年出台的《新一代人工智能发展规划》等，对于早于根本制度出台的基础制度，应依照根本制度的纲领性要求适时修订，尚未出台的制度应遵循根本制度的框架。

第三，明确主体责任，加快制定和出台具体制度的进程。

可广泛吸纳有丰富实践经验的企业、行业协会、产业联盟尽快参与标准制定工作，但要特别注意各方力量的分工，政府、国有企业、民营企业和民间团体在不同重要程度和安全等级的具体制度制定中参与深度不同。将具体制度分为三个等级，各方力量的分工原则是：关乎国家安全问题的具体制度是第一等级，相关制度的制定必须由政府完全主导，国有大型企业可参与制定工作，民营企业和民间团体不参与，以确保国家安全；关乎系统整体安全性问题的具体制度是第二等级，相关制度的制定可由政府牵头，国有企业主导，民营企业和民间团体适当参与；相关产品和技术的一般性具体制度是第三等级，可广泛引导民营企业和民间资本深度参与，政府的必要监管可通过直接持股或国有企业持股的形式实施。

这里以《国家车联网产业标准体系建设指南（智能网联汽车）（2017）》为例具体说明。工信部于 2017 年牵头制定了《中国智能网联汽车标准体系》，该体系涵盖 4 大类 14 小类 99 项具体标准①。在这些具体制度中，第一等级如车载定位及导航系统接口技术，必须由政府完全主导，确保国家

---

① 该体系包括的 4 大类内容概况：100 基础（含 101 智能汽车的术语和定义、102 分类和编码、103 标识和符号）、200 通用规范（含 201 功能评价、202 人机界面、203 功能安全、204 信息安全）、300 产品与技术应用（含 301 信息感知、302 决策预警、303 辅助控制、304 自动控制、305 信息交互）、400 相关标准（含 401 通信协议、402 界面接口）。

战略安全；第二等级如基于 LTE – V 的中短程通信协议和通信接口、基于 5G 的广域通信协议和通信接口等，可由政府牵头、国有企业主导制定，确保不出现系统性安全问题。表 8 – 3 是各方力量参与具体制度层面的分工概况，另外，根本制度和基本制度也应由政府制定，这就形成了完整的制度体系构建分工标准。

表 8 – 3　　　　　　　　不同主体参与具体制度制定工作分工

等级	重要性	政府	国有企业	民营企业和民间团体
第一等级	关乎国家安全	主导	具体执行	不可参与
第二等级	关乎系统安全	牵头	主导	适当参与
第三等级	一般	监督	控股或持股	深度参与

注：笔者根据本书研究观点整理。

2. 设置专门机构，并以区块链等技术确保制度的有力执行

完善的制度体系还需要强有力的执行才能充分发挥其推动产业发展的功效。参照美国经验，应设置一个类似美国高速公路安全管理局（National Highway Traffic Safety Administration, NHTSA）的部门，赋予最广泛的政策提案权、监管权、执法权。权责分配的一致性有助于提高各项工作的针对性、准确性和行动效率，解决制度体系建设、执行、监管过程中存在的职能模糊问题。此外，保障各项制度被有效执行，还可以借助区块链技术的支持。区块链技术具有公共链公开透明、联盟链高效响应、私有链隐私安全保护的特点，在制度体系的构建和执行中，广泛采用区块链技术，以确保各种制度不被篡改地有效执行，做到"执法必严"。在区块链网络中，不严格执行制度体系内容的"坏"节点会被剔除出链条，用技术保障制度体系"违法必究"的能力。留下的节点都是"诚实可靠"的，是"好的"，这些"好的"节点确保了整个制度体系自发的正向演化趋势。基于区块链技术搭建的制度体系执行网络，从技术上保证了制度体系和整个系统的良性循环态势。

参 考 文 献

[1] 黄凯奇，兴军亮，张俊格，等. 人机对抗智能技术 [J/OL]. 中国科学：信

息科学：1 – 11［2020 – 04 – 13］. http：//kns. cnki. net/kcms/detail/11. 5846. TP. 2020
0410. 1717. 004. html.

［2］洪志生，薛澜，周源. 新兴产业发展中商业模式创新对技术创新的作用机理
分析［J］. 中国科技论坛，2015（1）：39 – 44.

［3］李晓华，曾昭睿. 前沿技术创新与新兴产业演进规律探析——以人工智能为
例［J］. 财经问题研究，2019（12）：30 – 40.

［4］仇保兴. 论深度城镇化——"十三五"期间增强我国经济活力和可持续发展
能力的重要策略［J］. 中国名城，2016（9）：4 – 11.

［5］齐卫平. 中国特色社会主义制度体系：框架建构和结构层次——兼论根本制
度、基本制度、重要制度的关系［J］. 思想理论教育，2020（3）：4 – 9.

［6］钱桂枫. 境外高速铁路商业模式的借鉴与启示［J］. 统计与决策，2012
（4）：177 – 180.

［7］王羽，宋瑞，杨晨光，等. 国内外智能汽车法律法规现状分析及发展建议
［J］. 汽车工业研究，2018（7）：4 – 11.

［8］颜姜慧. 智慧交通系统自组织演化视角下智能汽车发展路径研究［D］. 徐
州：中国矿业大学，2020.

［9］殷秋实. 智能汽车的侵权法问题与应对［J］. 法律科学（西北政法大学学
报），2018，36（5）：42 – 51.

［10］张韬略，蒋瑶瑶. 智能汽车个人数据保护——欧盟与德国的探索及启示
［J］. 德国研究，2019，34（4）：92 – 113，151.

［11］赵世佳，徐可，薛晓卿，等. 智能网联汽车信息安全管理的实施对策［J］.
中国工程科学，2019，21（3）：108 – 113.

［12］Johnson M W，Christensen C C，Kagermann H. Reinventing Your Business Mod-
el［J］. Harvard Business Review，2008，87（12）：52 – 60.

后　记

　　本书是国家社会科学基金项目"智能化背景下新能源汽车产业创新发展分阶段情景预测及策略研究"（项目号：18BJY034）的结项成果。立项之前，在采用主路径分析法对新能源汽车产业经济管理领域的科学文献进行分析的研究中，发现了一些有价值的结论：市场渗透影响因素的演化贯穿该领域相关研究的整个发展脉络，同时也揭示了产业发展的趋势与未来方向；制约市场渗透的关键因素从续航焦虑演化为充电问题（这一转化的时间点大约在2013年）；补贴对市场渗透的影响虽然也是一个重要的研究分支，但它不是关键因素，特别是在产业未来发展问题上它的作用更小；更具智能属性的新能源汽车是产业未来的发展方向。这些研究结论是课题申报时，在题目中冠以"智能化背景"这一关键词的原因，随着课题研究的深入开展，我们发现，无论是对产业发展历程的梳理、中国市场消费者的市场调查分析，还是情景分析时对产、学、研、官等领域专家的四轮访谈，都明确并强有力地指向了"智能化"，即存在从新能源汽车向智能汽车发展的产业趋势。因此，我们调整了产业发展情景预测的专家访谈问卷，将研究对象直接聚焦在智能汽车这一未来发展方向上，在此之前，利用整个第五章的内容阐述了这一转换的必要性以及新能源汽车和智能汽车之间的关联和特征，最终形成了这一在研究内容上看似有些"跳跃"的研究成果。

　　在书稿形成过程中，首先要感谢各位匿名评审专家，参与问卷调查的各领域专家和普通消费者，还要感谢为本书做出过实质性贡献的课题组成员，他们是：为研究提供行业数据支持和前沿分析的王磊先生（现任易米基金管理有限公司研究部总监）、参与第四章消费者调查问卷分析的田雨同学（江苏师范大学商学院研究生）、参与第七章分情景销量预测的杨文瑄同学（江苏师范大学商学院研究生）。最后，要特别感谢曾芳美教授和杨孝骏先生。2016 年笔者赴台访学，有幸得到元智大学曾芳美教授的指导，并受其引导开始关注新能源汽车产业发展的研究。曾教授并非课题组成员，但在课题研究过程中，持续不断、无私地提供主路径分析、专利文本挖掘等研究方法和情景分析访谈问卷设计等研究内容的指导，可以说，没有曾教授的引导和支持，我很有可能错过这一有价值的研究主题，也有可能无法顺利完成这一课题。杨孝骏先生是课题组成员和本书的合著者，他对产业发展深刻、独到的见解和对未来趋势的敏锐洞察，为研究提供了很多前瞻性和创造性的观点与内容。比如，早在 2016 年，我们刚开始涉入新能源汽车产业的相关研究时，他就断言搭载智能属性的纯电车型是新能源汽车的未来方向，常温超导材料的突破是引爆第四次工业革命即智能化革命的按钮（汽车的智能化是第四次工业革命的重要舞台）……

很多专家认为我们对"技术"认识和阐述的深刻程度是经管领域研究中少见的，这大概源于两位作者在本科阶段的工科教育背景，这也正符合当下研究的交叉融合趋势，也有专家认为我们的研究欠缺经济理论方面的分析，这些是我们之后坚持和努力的方向。

完稿之际，王芮同学对我说："也感谢我一下啊，我自主学习，你才能专注研究……"是的，要感谢我的女儿，也感谢所有支持我的家人和朋友。

颜姜慧